Lysa TerKeurst

Achterbahn der Gefühle

Über die Autorin

Lysa TerKeurst ist eine in den USA weithin bekannte Bestseller-Autorin und Rednerin. Sie leitet ihre eigene Organisation *Proverbs 31 Ministries* und hat mittlerweile 15 Bücher geschrieben. Eine halbe Million Frauen liest ihre täglichen Online-Andachten. Sie lebt mit ihrem Mann und ihren fünf Kindern in North Carolina.

Lysa TerKeurst

ACHTERBAHN DER GEFÜHLE

Warum uns Emotionen etwas zu sagen, aber nichts vorzuschreiben haben

Aus dem Englischen
von Elke Wiemer

GerthMedien

Was zwischen den lächelnden Momentaufnahmen
des Lebens passiert, ist nicht immer schön.
Das gebe ich gerne zu. Und ich liebe meine Freunde,
die den Mut haben, den Müll in ihrem Leben
ebenfalls zuzugeben. Euch, mit denen ich gemeinsam
diesen Weg der unvollkommenen Fortschritte gehe,
widme ich dieses Buch.

Inhalt

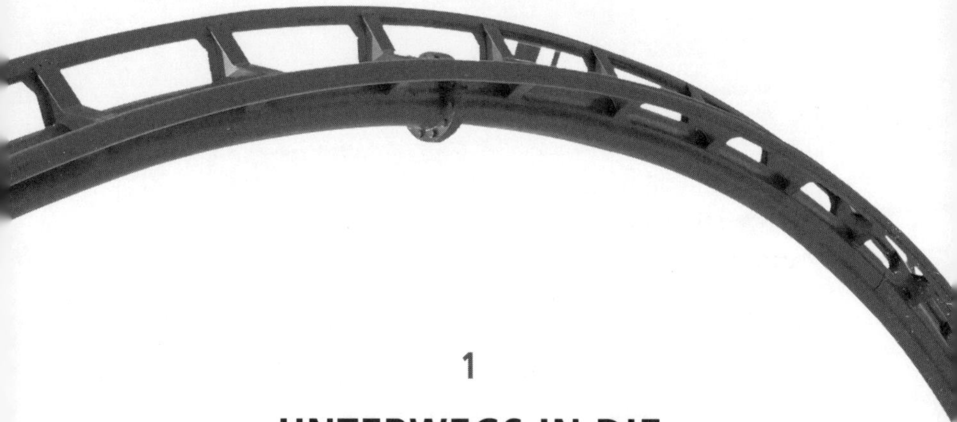

1

UNTERWEGS IN DIE UNVOLLKOMMENHEIT

Gefühle sind nichts Schlechtes. Aber erklären Sie das einmal morgens um 2:08 Uhr meinem Gehirn, wenn ich eigentlich schlafen sollte, statt mich mental selbst fertigzumachen.

Warum bin ich wegen der Handtücher im Bad eigentlich so ausgerastet? Handtücher, es waren einfach nur *Handtücher!*

Das große Badezimmer haben alle am liebsten. Obwohl meine drei Mädchen im oberen Stock ihr eigenes kleines Bad haben, kommen sie lieber runter in unser großes Bad. Und deshalb verschwinden des Öfteren einmal unsere Badetücher. Dann komme ich aus der Dusche, will nach dem frisch gewaschenen Badetuch greifen, das ich am Tag zuvor hingehängt habe, und stelle fest, dass es nicht da ist. Grrr. Also muss ich ein einfaches Handtuch nehmen. (Ein Handtuch! Können Sie nachempfinden, wie ich mich fühle?)

Und während ich mich mit besagtem Handtuch abtrockne, murmle ich vor mich hin: »Ich lasse die Mädchen nie mehr in unser Bad.«

Aber dann unternehme ich natürlich doch nichts, um etwas an

der Situation zu ändern. Und so wiederholt sich das Schauspiel immer und immer wieder.

Die Sache mit dem Badetuch – oder besser gesagt, mit dem fehlenden Badetuch – ging schon eine ganze Weile so, bevor mein Mann Art mit hineingeriet. Bis zu diesem Punkt war er irgendwie darum herumgekommen, sich mit einem Handtuch abtrocknen zu müssen. Aber an diesem Tag nicht. Und er war nicht gerade erfreut, als er in die leere Luft griff, wo eigentlich sein Badetuch hätte hängen sollen.

Da ich gerade in der Nähe war, bat er mich, ihm ein Badetuch zu holen. Also stapfte ich nach oben in der festen Überzeugung, dass ich alle Badetücher, die wir besaßen, in den Zimmern der Mädchen verstreut finden würde. Auf dem Weg dorthin bereitete ich im Kopf eine kleine Standpauke vor. Mit jeder Treppenstufe wurde ich entschlossener. Aber als ich dann von einem Zimmer ins nächste ging, fand ich keine Badetücher. Kein einziges. Wie konnte das sein? Völlig verwirrt ging ich schließlich in die Waschküche. Auch hier waren keine Badetücher. Wo zum Kuckuck ...? Mittlerweile spürte ich, wie sich meine Anspannung steigerte, als Art noch einmal nach einem Badetuch rief.

»Ich komme ja schon«, rief ich gereizt zurück und ging zum Wäscheschrank, in dem die Strandtücher lagen.

»Du musst das hier nehmen«, sagte ich und warf ihm ein großes Barbie-Strandtuch über die Duschtür zu.

»Was?«, fragte er zurück. »Schlafen da nicht die Hunde drauf?«

»Meine Güte, es lag frisch gewaschen und zusammengelegt im Wäscheschrank. Ich würde dir doch kein Handtuch geben, auf dem die Hunde gelegen haben!« Inzwischen klang meine Stimme schon ziemlich schrill, und es war recht offensichtlich, dass ich richtig genervt war.

»Mann. Ist es denn zu viel verlangt, wenn ich ein sauberes Badetuch haben will?« Art hatte eine Frage gestellt, aber für mich klang es mehr wie eine Aussage. Ein Vorwurf. An mich.

»Warum machst du das immer?«, schrie ich. »Du machst mir wegen solcher Kleinigkeiten Vorwürfe! Habe ich vielleicht die Badetücher genommen und weiß Gott wo versteckt? *Nein!* Habe ich die Hunde auf dem Barbie-Badetuch schlafen lassen? *Nein!* Und überhaupt ist das nicht das Barbie-Badetuch, auf dem die Hunde geschlafen haben. Wir haben nämlich *drei* Barbie-Badetücher! Es reicht mir jetzt mit den blöden Badetüchern. Das ist nicht meine Schuld!«

Beleidigt ging ich nach oben, um den Mädchen die Meinung zu geigen. »Nie, nie, niemals wieder werdet ihr die Badetücher aus unserem Bad benutzen! Habt ihr mich verstanden?!« Die Mädchen schauten mich an und waren sprachlos, dass ich mich wegen ein paar Badetüchern so aufregte. Dann beteuerten sie mir, dass sie besagte Badetücher nicht hatten.

Als ich wieder unten war, schnappte ich mir meine Handtasche, knallte die Haustür hinter mir zu und fuhr mit quietschenden Reifen wütend zu einem Treffen. Ein Treffen, zu dem ich nun zu spät kommen würde und zu dem ich überhaupt nicht in der Stimmung war. Wahrscheinlich ging es bei dem Treffen darum, dass man mit seiner Familie liebevoll umgehen soll. Ich weiß es nicht mehr. Für den Rest des Tages war ich auf jeden Fall wie benebelt.

Und jetzt ist es 2:08 Uhr und ich kann nicht schlafen.

Ich bin traurig über mein Verhalten heute. Ich bin enttäuscht wegen meiner mangelnden Selbstbeherrschung. Ich bin betrübt, weil ich meine Töchter beschuldigt und die Badetücher dann später im Zimmer meines Sohnes gefunden habe. Stellen Sie sich das nur vor! Und je öfter ich mir die Handtuchgeschichte durch den Kopf gehen lasse, desto mehr weigert sich mein Gehirn zu schlafen.

Das muss anders werden. Was habe ich nur für ein Problem? Warum habe ich meine Reaktionen so wenig unter Kontrolle? Erst schlucke ich alles hinunter. Dann explodiere ich. Und ich weiß nicht, wie ich das in den Griff kriegen soll. Aber gnade mir Gott, wenn ich es nicht in den Griff bekomme. Dann werde ich die Beziehungen, die mir am meisten bedeuten, zerstören, und mein Leben wird von Gereiztheit, Scham, Angst und Enttäuschung geprägt sein. Will ich das wirklich?

Soll auf meinem Grabstein einmal stehen: »An ihren guten Tagen war sie wirklich nett. Aber seien Sie versichert, an ihren schlechten Tagen kannte selbst die Hölle keine Wut wie die der Frau, die hier ruht«?

Nein. Das will ich nicht. Überhaupt nicht. So sollte meine Lebensgeschichte sich nicht anhören. Und deshalb liege ich nachts um 2:08 Uhr wach und schwöre mir, es morgen besser zu machen. Aber die Besserung erweist sich als trügerisch, und meine Vorsätze lassen angesichts täglicher Ärgernisse und unerfreulicher Dinge schnell nach. Mir kommen die Tränen und ich bin müde von meinen Besserungsversuchen. Immer wieder diese Versuche.

Wer behauptet eigentlich, dass Gefühle nichts Schlechtes sind? Ich habe das Gefühl, meine sind schlecht. Ich fühle mich am Boden zerstört und völlig entnervt. Um 2:08 Uhr habe ich mir geschworen, es ab jetzt besser zu machen, um 8:14 Uhr wieder, um 15:37 Uhr, um 21:49 Uhr und unzählige Male dazwischen. Ich weiß genau, wie das ist, wenn man in dem einen Augenblick Gott lobt und im nächsten seine Kinder anschreit – und dann sowohl die Last seines destruktiven Verhaltens spürt als auch die Scham über die eigene Machtlosigkeit, etwas zu ändern.

Ich weiß auch, wie es ist, wenn andere mir gegenüber die Beherrschung verlieren. Ich kenne den stechenden Schmerz der Respektlosigkeit und das Gefühl, am liebsten zurückschlagen zu wollen. Ja, die emotionalen Herausforderungen gehen weiter mit dieser unaufhörlichen Unsicherheit im Hintergrund, der Frage, ob mich jemand mag, mit meiner Müdigkeit, meinem Stress und meinen Hormonen.

Ich kenne eigentlich nichts anderes, als die Nerven zu verlieren. Und ich fange an mich zu fragen, ob sich das jemals ändern wird.

Diesen niederschmetternden Gedanken konnte ich nicht entkommen. Vielleicht kennen Sie sie auch. Und wenn Sie diesen Schmerz mit mir teilen, dann hoffe ich, dass ich auch meine Hoffnung mit Ihnen teilen kann.

Die Hoffnung auf den unvollkommenen Fortschritt

Es war das Gefühl, es nicht perfekt machen zu können, das mich davon abhielt, etwas zu verändern. Ich wusste, dass ich auch in Zukunft noch Fehler machen und dass die Veränderung nicht von heute auf morgen geschehen würde. Manchmal meinen wir Frauen, wenn wir nicht augenblicklich Fortschritte machen, wird sich nicht wirklich etwas verändern. Aber das stimmt nicht. Es gibt da die wunderbare Realität des *unvollkommenen Fortschritts.* An dem Tag, an dem ich entdeckte, was für eine wunderbare Hoffnung in dieser unvollkommenen Veränderung lag, erlaubte ich mir selbst zu glauben, dass ich mich verändern konnte.

Unvollkommene Veränderungen sind langsame Fortschritte mit viel Gnade – eben unvollkommener Fortschritt. Und davon brauche ich wirklich jede Menge. Und so wagte ich es, folgende Sätze in mein Tagebuch zu schreiben:

Fortschritt. Mach einfach Fortschritte. Es macht nichts, einmal zurückgeworfen zu werden und einen neuen Anlauf zu nehmen. Es ist in Ordnung, einen Strich zu ziehen und noch ein-

mal von vorne anzufangen – und noch einmal. Solange du den Strich jedes Mal ein Stückchen weiter vorne ziehst. Beweg dich vorwärts. Mach winzige Schritte, aber mach Schritte, damit du nicht stecken bleibst. Dann wird es Veränderung geben. Und es wird gut werden.

Diese ehrlichen Worte machten es möglich, meine eigene Geschichte ganz neu zu schreiben. Nicht, dass ich die Vergangenheit ausradiert hätte, aber ich wärmte sie nicht immer wieder auf, sondern schlug eine neue Seite auf. Eines Tages fing ich an, in einem Blog über meine unkontrollierten Gefühle und meinen unvollkommenen Fortschritt zu schreiben. Als Reaktion kamen ganz leise Kommentare meiner Leserinnen wie: »So geht es mir auch.«

»Die Nerven zu verlieren, entsteht bei mir aus einer Mischung aus Wut und Angst«, schrieb Kathy. »Ich glaube, zum Teil ist das ein antrainiertes Verhalten. So war mein Vater auch.« Courtney gab offen zu: »Ich verliere die Nerven, wenn ich das Gefühl habe, die Kontrolle zu verlieren, weil meine Kinder schreien oder sich streiten oder quengeln oder betteln und nicht auf mich hören. Ich liebe Stille, Ruhe, Gehorsam und Kontrolle. Wenn die Dinge nicht ›nach meiner Nase‹ laufen, verliere ich die Nerven, flippe aus und alles wird still. Und dann kommt das Bedauern.«

Und es kamen immer mehr Beiträge, die alle von den gleichen Kämpfen, den gleichen Enttäuschungen und demselben Bedürfnis nach Hoffnung handelten. Von Frauen mit Kindern und Frauen ohne Kinder. Von Frauen, die sich um ihre pflegebedürftigen Eltern kümmern, und von Frauen, die selbst diese pflegebedürftigen Eltern sind. Von Hausfrauen und berufstätigen Frauen. Es waren so viele Frauen, deren Alltagssituationen vollkommen verschieden waren, die aber im Grunde das gleiche Problem hatten.

Da wurde mir klar, dass vielleicht auch andere Frauen unvollkommene Fortschritte machen konnten. Und aus dieser Erkenntnis heraus entstand dieses Buch. Aber ich musste über die Ironie der Sache lachen. Ich hatte gerade erst ein Buch geschrieben, das *Made to Crave* (Mit Hunger/Sehnsucht geschaffen) hieß und davon handelte, wie wir unsere Bedürfnisse mit Gottes Hilfe statt mit Essen stillen können. Es war also ein Buch über das, was in unseren Mund hineinkommt. Und jetzt wollte ich ein Buch über das schreiben, was aus unserem Mund herauskommt.

Achterbahn der Gefühle handelt von meinem eigenen unvollkommenen Fortschritt. Es ist das überarbeitete Buch meiner Lebensgeschichte und in gewisser Weise ein neuer Anlauf, mit meinen unkontrollierten Gefühlen besser umzugehen.

Es ist das ehrliche Geständnis, dass es ein schwerer Kampf für mich war, meine Reaktionen unter Kontrolle zu bekommen. Aber schwer heißt nicht unmöglich.

Wie schwer etwas ist, hängt oft vom eigenen Blickwinkel ab. Nehmen wir zum Beispiel eine Eierschale. Von außen betrachtet wissen wir, dass eine Eierschale leicht zu zerbrechen ist. Aber wenn man die Eierschale von innen betrachtet, scheint sie eine undurchdringliche Festung zu sein. Für das rohe Eiweiß und das weiche Eigelb ist es unmöglich, durch die harte Eierschale zu dringen. Doch mit etwas Zeit und Brüten entsteht aus dem Eiweiß und dem Eigelb neues Leben, das schließlich die Eierschale durchbricht und sich aus ihr befreit. Und letzten Endes sehen wir, dass die schwere Aufgabe, die Eierschale zu durchbrechen, für das Küken gut war. Die Eierschale bot einen geschützten Ort, an dem neues Leben entstehen konnte, und ermöglichte es dem Küken dann, kraftvoll daraus hervorzubrechen.

Könnte das auch für unsere harten Schalen gelten? Sollten all diese Kämpfe mit unseren unkontrollierten Gefühlen und unserer Gereiztheit das gleiche Potenzial haben, neues Leben und neue Stärke hervorzubringen?

Ich glaube schon. Ich weiß es. Ich habe es erlebt.

Gefühle sind tatsächlich nichts Schlechtes.

Die Verheißung des Fortschritts

Gott hat uns Gefühle gegeben. Gefühle lassen uns etwas empfinden, während wir das Leben erleben. Durch unsere Gefühle können wir mit anderen verbunden sein. Wir lachen gemeinsam und kennen das Geschenk des Mitgefühls. Unsere Gefühle machen es möglich, dass wir Liebe als kostbares Geschenk tief in uns aufnehmen. Natürlich erleben wir auch negative Gefühle wie Traurigkeit, Angst, Scham und Wut. Aber möglicherweise sind auch diese Gefühle wichtig. Genauso wie wir die Hand zurückziehen, wenn wir auf eine heiße Herdplatte fassen, könnten auch diese Gefühle uns vor einer gefährlichen Situation warnen.

Aber ich darf auch nicht vergessen, dass Gott mir meine Gefühle gegeben hat, damit ich das Leben erleben kann, nicht damit ich es zerstöre. Für all das gibt es gute Regeln, und die lerne ich gerade.

Deshalb kritzelte ich mitten in meinen Kämpfen und aus der Tiefe meines Herzens einfache Worte aufs Papier: Worte über die Lektionen, die ich gelernt habe, Strategien, die ich entdeckt habe, Bibelverse, die ich angewendet habe, meine Unvollkommenheiten, die ich verstehen lerne, und über die Gnade, die ich angenommen habe. Ich habe über den Frieden geschrieben, den ich gefunden und wieder verlegt habe, die Fehler, die ich zugegeben, und die Vergebung, an die ich mich erinnert habe. Ich habe die Fortschritte, die ich gemacht habe, gefeiert.

Und das will dieses Buch versprechen: Fortschritte. Nicht mehr und nicht weniger. Wir werden keine augenblickliche Veränderung oder eine schnelle Lösung suchen. Wir werden Fortschritte anstreben. Fortschritte, die weit über die letzte Seite dieses Buches hinaus anhalten.

Wir werden diese Fortschritte gemeinsam durchleben. Sie sind nicht alleine. Ich bin es auch nicht. Ist das nicht gut zu wissen? Ist es nicht gut, diesen kleinen Freiraum zu teilen, in dem man verwundbar sein darf und sich eingestehen kann, was man in sich hineingestopft hat und zugeben kann, was man unkontrolliert ausgespuckt hat?

Es gibt sanfte Gnade für unsere unbeherrschten Gefühle. Wir müssen uns nicht unter der Last vergangener Fehler beugen. Denn wenn wir uns auf diese Weise beugen, zerbrechen wir. Und dabei hat es schon genug Zerbruch gegeben. Nein, wir wollen uns nicht unter der Last unserer Vergangenheit beugen, sondern wir wollen uns vor dem beugen, der eine hoffnungsvolle Zukunft für uns bereithält. Diese Zukunft wird voller Wahrheit sein, und Gott wird uns zeigen, wie wir unsere Gefühle für uns nutzen können, statt sie gegen uns wirken zu lassen.

In dieser Wahrheit liegt der Anfang unseres Fortschritts. Er ist eingebettet in die Erkenntnis, dass unsere Emotionen uns nutzen können, statt uns zu schaden. Und dann werden wir diesen Fortschritt pflegen, ihn hegen und zusehen, wie er sich entwickelt. Schließlich werden auch andere um uns herum ihn bemerken. Das ist Fortschritt, wunderbarer Fortschritt. Unvollkommener Fortschritt, aber es ist trotzdem ein Fortschritt.

Es gibt einen Grund, weshalb Sie dieses Buch lesen. Wir haben einen gemeinsamen Schmerz. Aber wir wollen auch gemeinsam einen langen Zug aus Gottes Becher der Hoffnung, der Gnade und des Friedens nehmen. Ein leeres Buch liegt bereit für ein neues Kapitel Ihrer Lebensgeschichte. Sie können beginnen, Ihre Geschichte neu zu schreiben. Und gemeinsam werden wir mutig sein, unsere unbeherrschten Erlebnisse aufsammeln und sie gegen etwas ganz Neues eintauschen. Neue Wege, neue Perspektiven, ein neues Ich. Es wird gut sein, diese unvollkommenen Fortschritte gemeinsam zu machen.

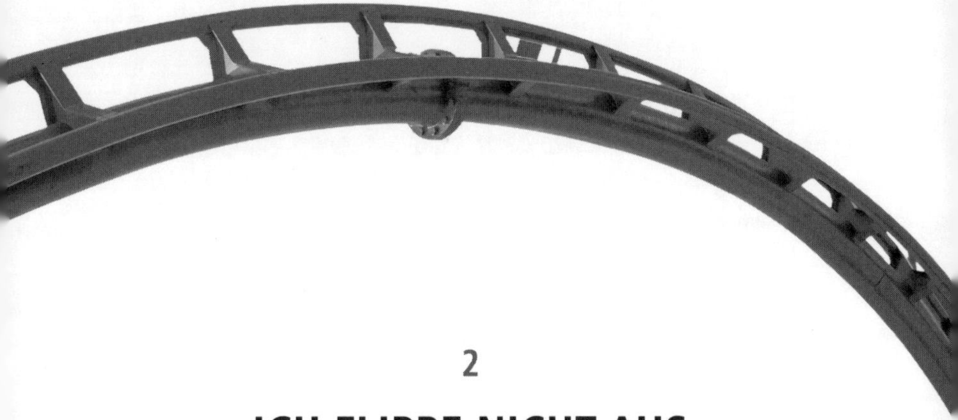

2

ICH FLIPPE NICHT AUS

In purer Panik drückte ich »Strg–Alt–Entf« auf meiner Tastatur und sagte beschwörend: »*Bitte!* Nein, nein, nein, nein!« Ich schaltete den Rechner aus und ließ ihn wieder hochfahren, in der verzweifelten Hoffnung, dass diese kleine Störung wirklich nur klein war.

»Bitte geh doch wieder«, fuhr ich eindringlich fort, in der Hoffnung, die empfindsamere Seite dieser Kiste anzusprechen, von der ich wirklich nicht wusste, wie ich sie reparieren sollte.

Meine Tochter wollte mir etwas wirklich Cooles am Computer zeigen, und so kuschelten wir uns aneinander und warteten darauf, dass die Internetseite sich aufbaute. Aber plötzlich blitzte ein schwarzes Fenster mit einer Warnung auf und bedeckte fast den ganzen Bildschirm. Es ist kein gutes Zeichen, wenn Ihr Computer verlangt, dass Sie 49,95 Dollar per Kreditkarte für Ihr Virenschutzprogramm zahlen sollen, weil Sie sich soeben etwas eingefangen haben, was nur mit seiner Hilfe behoben werden kann. Ich wusste, dass das Betrug war. Aber ich wusste ebenso, wer auch immer dahintersteckte, dem waren ich oder das Projekt, das ich diesen Freitag abliefern musste und das nun in diesem Rechner gefangen war, oder meine unkontrollierten und verworrenen Gefühle völlig gleichgültig. Irgendwelche Computergenies, die zu viel Zeit hatten und kriminelle Dinge im Schilde führten, hatten meinen Rechner gefangen genommen. Alles, was ich tat, um das Virus aufzuhalten, machte die Sache nur noch schlimmer.

Ich griff zum Telefon, um meinen Computerfachmann anzurufen, musste aber feststellen, dass mit dem Telefon auch etwas nicht stimmte. Das ganze Telefonbuch war gelöscht. Was? Das Telefon war noch nicht einmal in der Nähe des Computers! Wie konnten mein Telefon und mein Computer gleichzeitig spinnen?

Mein Puls fing an zu rasen. »Das – kann – doch – nicht – wahr – sein!«, schrie ich und schlug das Telefon in meine Handfläche. Ein bisschen Schütteln würde ganz bestimmt wieder in Ordnung bringen, was da drinnen durcheinandergekommen war. Ganz bestimmt.

Dann wurde alles aus unerklärlichen Gründen noch schlimmer. Ich hatte das Gefühl, der Text von Reinhard Mey, *Freitag, der 13.*, würde gerade Wirklichkeit, als zu all den technischen Problemen auch noch mein Hund anfing, sich auf dem Schlafzimmerteppich zu übergeben. Es musste natürlich auf dem Teppich sein. Im Untergeschoss sind neunzig Prozent des Fußbodens entweder Holzdielen oder Fliesen, die leicht sauber zu machen sind. Aber es konnte ja nicht leicht sein.

Nein.

Eines meiner Kinder würde mir bestimmt helfen. Aber alles was ich konnte, war so zu jammern, dass eines von ihnen sich erbarmte, das Hundechaos zu beseitigen, damit ich mich um das technische Armageddon kümmern konnte.

Es war zu viel. Das kam alles zu schnell. Das absolute Unwetter. Und obwohl ich mir selbst immer und immer wieder geschworen hatte, dass ich nicht in die Luft gehen würde, tat ich es doch.

»Nie, nie, niemals werde ich irgendeinem Kind in diesem Haus jemals wieder erlauben, meinen Computer anzufassen! Und wenn diese Hundekotze nicht weg ist, bis ich das nächste Mal in mein Zimmer komme, dann kommt der Hund weg!«

An diesem Abend würde ich wohl keine der Auszeichnungen aus Sprüche 31 erhalten.

Meine Kinder würden nicht aufstehen und mich glücklich preisen.

Mein Mann würde mich nicht rühmen.

Kein Lachen des kommenden Tages.

Stattdessen gab es nur Tränen und Bedauern. Jede Menge Bedauern. Und Hundekotze. Und einen kaputten Computer. Und ein spinnendes Handy.

Als ich ins Bett ging, fühlte ich mich, als hätte sich eine Wolke aus Abscheu um meinen Kopf gelegt. Dieser Tag nahm kein gutes Ende. Es gab nichts, was das wiedergutgemacht hätte. Ich hatte keine göttliche Offenbarung, wie ich das wieder hinbiegen konnte. Meine To-do-Liste war nur noch länger geworden.

Am nächsten Tag ging ich zu einem dieser echten Computercracks, in der Hoffnung, dass er nur einen Knopf drücken würde, und dann wäre alles wieder in Ordnung mit meinem Computer, meinem Telefon und meinem Hund. Das aber war vielleicht zu optimistisch gedacht.

Letzten Endes verstand er weder von Hunden noch von Handys etwas, und mit nur einem Knopfdruck war es bei meinem Computer auch nicht getan. Das gesamte Betriebssystem auf meinem Rechner war befallen. Allerdings konnte er das meiste von meiner Festplatte wiederherstellen. Er speicherte es auf eine externe Festplatte und von dort dann auf einen neuen Rechner. Ein neuer Rechner, der mich Geld kostete, das ich nicht vorgehabt hatte auszugeben.

Ich war zwar erleichtert, dass ich jetzt wieder einen funktionierenden Computer hatte, aber auch verärgert, dass all das überhaupt passiert war. Bis …

… einen Monat später mein neuer Computer gestohlen wurde. Ich weiß, das ist kaum zu glauben, aber schmerzlich wahr.

Unter Tränen rief ich ebenjenen Computercrack an. Entgegen jede Hoffnung und alle Vernunft fragte ich ihn, ob er vielleicht meinen alten, virenverseuchten Rechner noch hätte, damit ich die Daten noch einmal von dort herunterladen könne. Er bestätigte meine Befürchtungen – der Computer war verschrottet worden. Aber er erinnerte mich an die externe Festplatte, die er für den Datentransfer benutzt hatte. Plötzlich war das Computervirus für mich das Beste, was mir je passiert war. Dadurch war ich gezwungen gewesen, eine Sicherheitskopie meines gesamten Rechners auf einer externen Festplatte zu machen. An dem Tag, an dem mein neuer Computer verschwand, war diese externe Festplatte das größte Geschenk überhaupt. Hätte mein Computer nicht dieses Virus gehabt, hätte ich niemals eine komplette Datensicherung meines Rechners gemacht. Das Virus, das damals ein Fluch gewesen zu sein schien, wurde jetzt zu einem kostbaren Geschenk. Genau genommen war es sogar in mehrfacher Hinsicht ein Segen.

In diesem Augenblick wurde mir bewusst, wie entscheidend die Perspektive ist. Mitten in diesem erneuten Computerunglück blieb ich ganz ruhig! Das war ein seltenes und bestärkendes Gefühl. Wir werden im Verlauf dieses Buches noch viel über die Perspektive sprechen, denn die Perspektive ist der Schlüssel, um nicht die Fassung zu verlieren. Mir hilft die Perspektive nicht nur, meine gegenwärtigen Umstände aus einem ganz neuen Blickwinkel zu sehen, sondern auch zukünftigen Ereignissen ruhiger und gefestigter zu begegnen. Sie hilft mir, ein anderes Denkschema zu entwickeln. Und das ist nicht nur eine Theorie, die ich in meinem eigenen Leben beobachtet habe, sondern so hat Gott uns geschaffen.

Das Denkschema ändern

Die Gehirnforschung belegt, dass jeder bewusste Gedanke, den wir fassen, auf unserer internen Festplatte, der Großhirnrinde, gespeichert wird. Jeder Gedanke hinterlässt auf der Oberfläche seine Spuren. Wenn uns der gleiche Gedanke noch einmal kommt, so wird die ursprüngliche Spur noch vertieft und verursacht eine sogenannte Gedächtnisspur. Bei jeder Wiederholung des Gedankens wird diese Spur tiefer und tiefer und bildet schließlich ein fest eingeprägtes Denkschema. Verbindet man mit diesem Denkschema noch Gefühle, dann sind die Denkspuren ganz besonders tief.

Die meisten zufälligen Gedanken, die nicht an irgendwelche Gefühle geknüpft sind, vergessen wir wieder. Aber diejenigen, die wir oft denken und die mit einem Gefühl verknüpft sind, bleiben uns im Gedächtnis. Wenn wir zum Beispiel immer wieder gedacht haben, dass wir »genervt« sind, und wenn dieser Gedanke auch noch mit starken Gefühlen verbunden ist, dann vertieft sich die Gedächtnisspur, wenn wir diesem Gedanken häufig nachgehen. Das Gleiche gilt auch, wenn wir Dinge in uns hineinfressen – dann werden wir dieses Verhalten immer wieder wiederholen. Oder wenn wir schreien, werden wir immer wieder schreien.

Wir können erst dann andere Reaktionen entwickeln, wenn wir auch andere Gedankengänge entwickeln. Deshalb ist es auch so immens wichtig, unseren Verstand durch andere Gedanken zu erneuern. Und andere Gedanken gewinnen wir, wenn wir einen anderen Blickwinkel anwenden. Die Bibel unterstützt diesen Prozess, was eigentlich logisch ist, denn Gott hat schließlich den menschlichen Verstand geschaffen und weiß daher besser als jeder andere, wie er funktioniert.

Deshalb sagt eine grundlegende Lehre der Bibel, dass es möglich ist, sich vollkommen zu verändern, indem man sein Denkschema verändern lässt:

> *Passt euch in eurem Denken und Verhalten nicht einer Welt an, die Gott nicht kennt. Lasst euer Leben durch den Geist Gottes so umgestalten, dass ihr nicht nur alles mit anderen Augen seht, sondern auch erspüren könnt, was Gott mit euch in dieser oder jener Situation vorhat. Nur wenn Gott uns verändert, liegt uns alles daran, das zu tun, was ihm gefällt: das Gute, ja das Vollkommene.* Römer 12,2

Die Bibel lehrt uns außerdem, dass wir Gedanken annehmen oder auch zurückweisen können. Statt in unseren alten Denkstrukturen gefangen zu sein, können wir also unsere Gedanken gefangen nehmen und sie durch die Macht der Wahrheit in Christus verändern lassen:

> *Diese geistlichen Waffen können sogar das Denken gefangen nehmen und so zu Jesus führen, dass sich der Betreffende im Gehorsam Christus unterordnen kann.* 2. Korinther 10,5

Ich weiß nicht, wie es Ihnen geht, aber wenn ich begreife, wie mein Gehirn funktioniert, bekommen diese Verse eine ganz neue Bedeutung für mich. Gedanken gefangen zu nehmen und durch neue Gedanken verändert zu werden, ist nicht irgend so eine New-Age-Gehirnwäsche. Es ist biblisch und entspricht der Art, wie Gott unser Gehirn geschaffen hat. Ich kann nicht bestimmen, was täglich in meinem Leben passiert, aber ich kann bestimmen, was ich darüber denke. Ich kann zu mir selbst sagen: »Ich habe jetzt die Wahl zwischen destruktiven oder konstruktiven Gedanken. Ich kann Gedanken zulassen, die falsch sind, und dadurch alles noch schlimmer machen, oder ich kann Gott um eine bessere

Perspektive bitten, damit ich das Gute *sehen* kann, auch wenn ich mich nicht gut *fühle.*« Aber mit einer anderen Perspektive erkennen wir auch andere Denkweisen.

Durch mein Computerdebakel habe ich eine wichtige Lektion in Sachen Perspektive gelernt:

Auch wenn ich mich Dingen gegenübersehe, die ich nicht unter Kontrolle habe, muss ich deshalb nicht außer Kontrolle geraten.

Wenn ich außer Kontrolle gerate, werden meine Probleme nur noch größer. Oh ja, das habe ich unzählige Male so erlebt. Aber bei der Sache mit dem Computer wurde mir klar, wenn ich die Beherrschung verliere, wird es auch nicht besser. Vielmehr wird eine ohnehin schon angespannte Situation dadurch nur noch stressiger. Ja, ich muss nicht außer Kontrolle geraten, wenn ich mich Dingen gegenübersehe, die ich nicht unter Kontrolle habe. Das sollte von da an mein neuer Gedanke werden. Damit wollte ich eine neue Gedächtnisspur ziehen und mein neues Denkschema prägen.

Aber ich konnte das nicht einfach nur so sagen oder denken. Ich musste es glauben. Und um es zu glauben, musste ich in meinem Herzen eine Vertrauensfrage beantworten. *Konnte ich Gott vertrauen und glauben, dass er auch aus Dingen, die gar nicht gut aussehen, etwas Gutes machen kann?* Denn, wenn ich weiß, dass in jeder noch so chaotischen Situation etwas Gutes steckt, dann ist es für mich nicht mehr so wichtig, alles unter Kontrolle zu haben.

Sobald ich das Gute sehen kann, ist es natürlich leichter, die Zügel loszulassen. Aber wenn ich das Gute noch nicht erkennen kann, dann ist es eine Frage des Vertrauens, die Kontrolle aufzugeben. Auf jeden Fall muss ich nicht mehr ausflippen und versuchen, alles selbst zu lösen, wenn ich glaube – wirklich glaube –, dass Gott da ist und nur Gutes für mich will. Ich kann ruhig werden, weil ich weiß, dass Gott alles in der Hand hat. Was wiederum mit einschließt, dass ich mich Dingen gegenübersehen kann, die ich nicht unter Kontrolle habe, ohne selbst außer Kontrolle zu geraten.

Ja, das ist nicht leicht zu lernen, aber es ist sehr wichtig.

Josuas Frage

Als Josua vor den unüberwindlichen Mauern von Jericho stand, musste er lernen, mit etwas fertig zu werden, was sich seiner Kontrolle entzog, ohne dabei außer Kontrolle zu geraten. Ich weiß, das ist eine sehr bekannte biblische Geschichte, aber bevor Sie jetzt weiterblättern, weil Sie denken: *Kenn ich schon*, warten Sie bitte! Es gibt da eine Kleinigkeit an dieser Geschichte, die ich erst vor Kurzem entdeckt habe. Ich glaube, das, was mit Josua geschah, unmittelbar bevor er seiner Armee den Marschbefehl erteilte, ist die wichtigste Lektion in diesem Bibeltext.

Die Lektion ist in einer Frage versteckt, die Josua stellte und viel über seine Gedankenwelt verrät. Gleichzeitig ist es eine zentrale Frage, die wir auch uns selbst stellen sollten. Aber bevor wir uns mit ihr befassen, müssen wir zunächst den Kontext begreifen.

Gott hatte Josua die Anweisung gegeben, dass die Israeliten Jericho einnehmen sollten. Aber es gab da noch ein gewaltiges Problem. Jericho war von einer riesigen Stadtmauer umgeben, die die Stadt schützte.

Als ich diesen Sommer in Rom im Vatikan war, bekam ich einen Eindruck davon, was eine Stadt mit einer Stadtmauer ist. Es war unglaublich. Ich stand am Fuß dieser Mauer, die mehrere Stockwerke hoch war, und dachte an Josua und wie er sich wohl gefühlt hatte, als er vor der Stadtmauer von Jericho gestanden hatte, die noch mächtiger gewesen war. Und ich spürte die Last des Unmöglichen.

Wenn Sie Josua wären, der seinen Schlachtplan entwerfen musste, dann würden Sie sehen, dass Jericho auf einem Hügel gebaut und von einem Wall und einer fünf Meter hohen Grundmauer aus Felsbrocken umgeben war. Auf dieser Grundmauer war dann noch eine zwei Meter dicke und acht Meter hohe Mauer aus gebrannten Backsteinen errichtet. Diese Mauer alleine war schon sehr einschüchternd, aber es war nicht die einzige Befestigung, die man überwinden musste. Um diese Mauer herum war eine zweite, ähnlich gebaute, etwa fünfzehn Meter hohe Mauer errichtet. Wenn Sie am Fuß dieser äußeren Mauer gestanden hätten, hätten Sie den Eindruck gehabt, dass diese beiden Mauern zusammen bestimmt 25 Meter hoch waren. Ganz zweifellos war es den Israeliten nicht möglich, diese Befestigungsanlage aus eigener Kraft zu überwinden.[1]

Stellen Sie sich vor, Sie schauen auf diese Mauern, Sie fühlen die Last der Aufgabe, die vor Ihnen liegt, und Sie wissen, dass Sie dem Volk einen Plan bekannt geben müssen, der nach menschlichem Ermessen überhaupt keinen Sinn ergibt. Diese Situation wird in der Bibel folgendermaßen beschrieben:

In Jericho hatte man aus Angst vor den Israeliten sämtliche Tore fest verriegelt. Niemand kam mehr heraus oder hinein. Da sprach der Herr zu Josua: »Ich gebe die Stadt, ihren König und seine Soldaten in eure Gewalt. Sechs Tage lang sollt ihr jeden Tag einmal mit allen kampffähigen Männern um die Stadt ziehen. Nehmt die Bundeslade mit! Lasst sieben Priester mit Widderhörnern in der Hand vor ihr hergehen! Am siebten Tag sollt ihr siebenmal um die Stadt ziehen, und die Priester sollen die Hörner blasen. Wenn der lang gezogene Signalton des Widderhorns ertönt, so stimmt ein lautes Kampfgeschrei an! Dann wird die Stadtmauer einstürzen, und ihr könnt von allen Seiten nach Jericho eindringen.« Josua 6,1-5, (Hfa)

Das ist alles?

Das sollte er den Männern erzählen, deren Väter diese Mauern schon gesehen hatten und dann in Kadesch-Barnea berichteten, die Städte in Kanaan seien »Festungen, die bis zum Himmel reichen« (5. Mose 1,28)?

Können Sie sich die Beiträge bei Twitter und Facebook vorstellen und die Nachrichtenmeldungen? Josua will sechs Tage lang jeden Tag einmal um die Stadt marschieren und am siebten Tag noch sieben Mal und dabei mit irgendwelchen Hörnern tröten. Nach dem Marsch und dem Getröte werden die Männer schreien und dann stürzt die Mauer ein – diese riesige unüberwindbare Mauer von Jericho. Sie wird einfach einstürzen. Fertig.

Wenn es für Josua jemals eine Situation gegeben hat, in der er sich überwältigt fühlte, weil er einer vollkommen unkontrollierbaren Situation gegenüberstand, dann war es dieser Zeitpunkt. Der Plan war verrückt. Ohne ein Wunder von Gott würde das niemals funktionieren. Josua wäre blamiert. Sein Volk wäre geschlagen. Und für diejenigen, die nicht glaubten, hätte sich der Gott Israels damit als Hirngespinst von Josuas lebhafter Fantasie erwiesen.

Das nenne ich Druck.

Aber das gehört alles zu der Geschichte, die Sie wahrscheinlich kennen. Wo ist jetzt der Teil, der nicht so bekannt ist? Über den nicht so häufig gesprochen wird? Nicht so häufig gepredigt wird? Wo ist die entscheidende Frage, von der ich gesprochen habe?

Sie steht am Ende von Josua 5, als Josua die Stadtmauer betrachtet und seinen Marschbefehl von Gott erhält.

Da steht er nun. Und vor ihm ist die Mauer.

Trotz seiner langjährigen Militärerfahrung hatte er noch nie einen Angriff gegen eine Stadt geführt, die so gut auf eine ausgedehnte Belagerung eingerichtet war. Von allen befestigten Städten Kanaans war Jericho wahrscheinlich sogar die uneinnehmbarste. Und dann war da noch die Frage der Bewaffnung. Israels Armee hatte keine Kriegsmaschinen zur Belagerung, keine Rammböcke und keine Katapulte. Ihre einzigen Waffen waren Steinschleudern, Pfeile, Bogen und Speere – was sich gegen die Mauern von Jericho wie Spielzeug ausnahm. Dennoch wusste Josua, dass er die Schlacht um Jericho gewinnen musste, denn nachdem sie den Jordan überquert hatten, konnten die Israeliten sich nirgendwohin zurückziehen. Sie konnten auch nicht einfach an der Stadt vorbeiziehen, denn dann wären ihre Frauen, Kinder, Herden und ihr Hab und Gut in Gilgal leichte Beute gewesen.[2]

Während er noch diesen schwierigen Gedanken nachhängt, sieht sich Josua plötzlich einem Mann mit einem Schwert gegenüber. Die Bibel verrät uns, dass es kein gewöhnlicher Mensch ist, sondern der »Befehlshaber über das Heer Gottes« (Josua 5,14, Hfa) – Gottes Gegenwart in Menschengestalt. Als Josua sieht, dass der Mann zum Kampf gerüstet ist, fragt er ihn: »Gehörst du zu uns oder unseren Feinden?« (Josua 5,13, Hfa).

An dieser Frage erkennen wir Josuas Zögern. Sie gewährt uns einen kurzen Einblick in seine Gedanken. Er braucht Bestätigung. Es ist eine sehr ehrliche Frage, aber sie zeigt mir auch, dass Josua nicht voller Glauben und Gewissheit war. Wenn er das gewesen wäre, hätte er nicht gefragt. Aber er hat gefragt. Und an dieser Stelle erwarten wir, dass Gottes Gegenwart ihm natürlich bestätigt: »Josua, ich bin bei dir, für dich und auf deiner Seite!«

Aber da liegen wir falsch.

Als er gefragt wird: »Gehörst du zu uns oder unseren Feinden?«, erwidert der Mann: »Zu keinem von beiden«.

Warum?

Weil Josua dem falschen Mann die falsche Frage gestellt hat. Die eigentliche Frage war nicht, auf wessen Seite Gott stand. Die eigentliche Frage hätte Josua sich selbst stellen müssen:

»Auf wessen Seite bin *ich*?«

Das Gleiche gilt für uns. Wenn wir uns einer Situation gegenübersehen, die wir nicht unter Kontrolle haben, dann sollten wir uns fragen: »Auf wessen Seite stehe ich?« Wird unsere Antwort dann zeigen, dass wir auf Gottes Seite sind, oder nicht? Wenn wir entschlossen sind, auf Gottes Seite zu stehen, ganz gleich, was geschieht, löst das auch die Vertrauensfrage in unserem Herzen. Und wenn wir fest in unserem Vertrauen in Gott verwurzelt sind, dann können wir uns Situationen gegenübersehen, die außer Kontrolle sind, ohne selbst außer Kontrolle zu geraten. Wir haben nicht immer alles fest in der Hand, aber wir können uns an Gott festhalten. Das liegt auf jeden Fall in unserer Macht.

Josua hat das getan.

> *Die Priester trugen die Bundeslade, sieben von ihnen gingen vor der Bundeslade her und bliesen immerzu die Hörner, die Soldaten marschierten voraus, und alle Übrigen folgten. Wie am Vortag zogen die Israeliten einmal um Jericho herum und kehrten dann in ihr Lager zurück. Das taten sie insgesamt sechs Tage lang. Am siebten Tag brachen sie bereits bei Sonnenaufgang auf und zogen wie zuvor um die Stadt herum, an diesem Tag jedoch siebenmal. Beim siebten Mal, als die Priester die Hörner bliesen, rief Josua dem Volk zu: »Schreit, so laut ihr könnt! Der Herr gibt euch Jericho!«* Josua 6,12-16 (Hfa)

Und dann stürzten die Mauern von Jericho ein. Sie waren nicht mehr unüberwindbar.

Mir gefällt der Gedanke, das Wort *unmöglich* aus meinem Vokabular zu streichen. Ganz besonders in Bezug auf meine Probleme mit der Gereiztheit. Ich bin auf Gottes Seite. Das kann ich durch meine Reaktionen und mein Verhalten zeigen. Ich kann mich Situationen gegenübersehen, die außer Kontrolle sind, ohne selbst außer Kontrolle zu geraten.

Eine richtige Entscheidung

Während ich an jenem Abend wartete, bis der Computercrack die Daten von der externen Festplatte auf ein anderes Notebook hochgeladen hatte, ging ich mit meiner Tochter Ashley auf der anderen Straßenseite in ein Einkaufszentrum. Einkaufszentren mit ihren Menschenmengen und den chaotischen Angeboten von einem Geschäft nach dem anderen, die mich alle dazu verleiten wollen zu kaufen, zu kaufen und zu kaufen, sind nicht gerade meine Lieblingsorte. Aber mitten in diesem Durcheinander sah meine Tochter zu mir auf und meinte: »Weißt du, was ich an dir so mag? Du flippst nicht aus, wenn etwas Schlimmes passiert.«

Ich hätte am liebsten geweint.

Denn Tatsache ist, dass ich schon viel zu oft ausgeflippt bin. Und ich hasse es. Aber irgendwie hat diese eine richtige Entscheidung, nicht auszuflippen, als mein Computer gestohlen wurde, das Bild, das meine Tochter von mir hat, verändert. Sie hat mich auf einen anderen Weg gebracht. Eine einzige richtige Entscheidung. Ein unvollkommener Fortschritt.

Wenn mich dieses eine Erlebnis mit Ashley meinen Computer kosten musste, dann würde ich ihn sofort noch einmal hergeben. (Anmerkung für Jesus: *Das soll kein ernsthafter Vorschlag sein. Ich glaube, ich habe meine Lektion gelernt und muss mir vorerst einmal keinen neuen Computer mehr kaufen.*)

Ich kann mich Situationen gegenübersehen, die außer Kontrolle sind, ohne selbst außer Kontrolle zu geraten.

Ich muss nicht ausflippen.

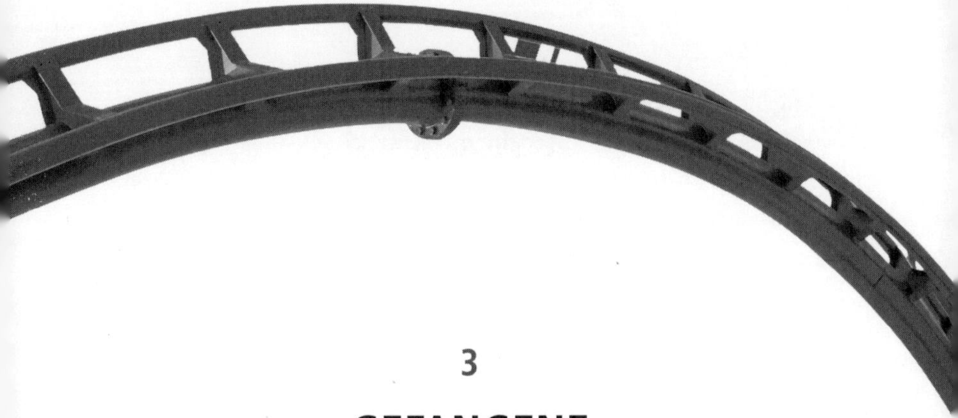

3

GEFANGENE

Es wurde still im Gerichtssaal, als der Richter sich anschickte, das Urteil zu verlesen. Nach all dem Hoffen, Beten, Warten und Wünschen, man könnte die Dinge ändern, nach allem Bitten um Gnade, war es jetzt so weit. Der Moment war gekommen. Es stand auf diesem Blatt Papier. Das Urteil für meine Freundin Christina.

Mein Herz hämmerte wild, während ich vor mich hinstarrte. Ich sah nur ihren Hinterkopf, der auf ihrem leidvoll zusammengesunkenen Körper saß. Christina stand auf. Und der Richter begann zu sprechen.

Noch vor drei Jahren hatten Christina und ich stundenlang in Billigläden nach Bildern und Kleinkram gesucht, um mein Haus zu dekorieren. Wohnungen mit wenig Geld hübsch zu gestalten, war Christinas große Kunst. Sie war meisterhaft, wenn es darum ging, in einem Haufen fehlerhafter, zigmal durchwühlter, reduzierter Sachen Schätze zu entdecken. Irgendwie sah sie einen Wert in diesem eigentlich bereits aussortierten Krimskrams, der sich meinem Blick entzog.

Sie konnte die Schönheit an diesen Schätzen erkennen, wenn man sie nur aus dem Regal voller Nippes nahm und in eine andere

Umgebung brachte – auf ein Regal in meinem Haus, in eine Ecke in meiner Küche oder auf meinen Nachttisch.

»Vertrau mir«, sagte sie dann immer, »das wird wunderschön. Du wirst schon sehen.«

Und das macht einen wahren Künstler aus: die Fähigkeit, nicht nur zu sehen, was *jetzt ist*, sondern auch, was *sein könnte*.

»Oh Gott«, flüsterte ich, »bitte hilf Christina, das auch jetzt zu tun – nicht nur zu sehen, was ist, sondern auch das, was sein könnte.«

Die Tränen liefen mir übers Gesicht, als der Richter verkündete, dass sie ins Gefängnis musste.

Ins Gefängnis.

Das Wort klang hart. Christina hatte noch drei Monate Zeit, um Vorkehrungen für ihre Familie zu treffen, und dann würde ihr bisheriges Leben für mindestens ein Jahr vorbei sein. Vielleicht auch für länger.

Christina war in einen Immobilienschwindel verwickelt worden, den sie weder angezettelt noch wirklich durchschaut hatte. Aber sie übernahm die volle Verantwortung für ihre Fehler und musste jetzt teuer dafür bezahlen: mit ihrer Freiheit.

Diese wunderbare Freundin und Mutter von zwei kleinen Kindern, diese Künstlerin mit gutem Geschmack stand unmittelbar davor, eine Nummer in einem Gefängnis zu werden.

Als ich an diesem Tag den Gerichtssaal verließ, überlegte ich, wie ich Christina trösten konnte. Mir fiel nichts ein. Was sie getan hatte, war falsch. Das hatte ich begriffen. Sie hatte es begriffen. Und wir wussten beide, dass das Konsequenzen haben würde – es *musste* Konsequenzen haben. Aber trotzdem war ich bei dem Gedanken, dass Christina ins Gefängnis gehen sollte, am Boden zerstört.

Eine Strafgefangene. Dieser Stempel, der ihr aufgedrückt wurde, sagte so viel. Ich wollte nicht, dass das meine Freundin für den Rest ihres Lebens definieren würde. Würde diese Frau, die an den kaputten, weggeworfenen Dingen der Welt immer noch etwas Schönes entdeckte, auch noch die Schönheit ihres eigenen Lebens sehen können? Würde ich sie eines Tages wieder sagen hören: »Vertrau mir, das wird schön. Du wirst schon sehen.«?

Würde ich auch noch in all dem Zerbruch etwas Schönes für sie sehen können? Oder würde dieser Abschnitt ihres Lebens sie für immer bestimmen und sie als die Frau abstempeln, die im Gefängnis war?

Abgestempelt

Stempel sind etwas Schreckliches. Sie halten uns in Schubladen gefangen, aus denen wir nur schwer wieder herauskommen. Ich muss es wissen. Ich war zwar noch nie eine Strafgefangene mit einer Nummer, aber ich habe mich selbst abgestempelt und mich dadurch selbst in Schubladen gesteckt. Vielleicht kennen Sie auch einige Stempel wie die folgenden:

Ich bin immer wütend.
Ich bin immer frustriert.
Ich schreie oft.
Ich unterdrücke alles.
Ich bin genau wie meine Mutter.
Ich bin total fertig.
Ich will es immer allen recht machen.
Ich bin ein Trottel.
Ich bin unsicher.
Ich bin total genervt.

Diese Liste könnte ich noch unendlich fortsetzen.

Ich habe an einer völlig unerwarteten Stelle eine einprägsame Lektion über Stempel gelernt – in einem Kinderbuch. Das ist absolut lächerlich, denn ich bin (sagen Sie das nicht meinen Kindern) ganz groß darin, Seiten zu überspringen und meine eigene Geschichte zu erfinden. Müde Mamas machen das so. Umso erstaunlicher ist es, dass ich dieses Buch tatsächlich Wort für Wort gelesen habe.

Max Lucados Buch *Du bist einmalig* ist wunderbar. Vielleicht kennen Sie es auch. Die Hauptperson, Punchinello, gehört zu den Wemmicks, einem Volk von kleinen Holzpuppen, die ihr Leben damit verbringen, sich gegenseitig graue Punkte oder goldene Sterne anzukleben. Punchinello hat mit den hässlichen grauen Punkten zu kämpfen – eine negative Bewertung – die die anderen ihm ankleben. Der große Augenblick in der Geschichte kommt, als jemand Punchinello verrät: »Die grauen Punkte bleiben nur kleben, wenn du es zulässt.«

Ich weiß, dass es eine Kindergeschichte ist, aber ich muss zugeben, dass diese Worte auch für mich als Erwachsene eine Erleuchtung waren. *Stempel bleiben nur haften, wenn ich es zulasse.* Das war eine echte Offenbarung, ganz besonders in Bezug auf die Stempel, die ich mir selbst aufgedrückt habe. Diese Stempel fangen mit einem Hauch von Unzufriedenheit mit mir selbst an. Aber letzten Endes wird daraus eine Zwangsjacke der Selbstverdammnis.

Als ich über den hässlichen Stempel nachdachte, den Christina vielleicht für den Rest ihres Lebens tragen würde, wurde mir klar, dass sie an jenem Tag nicht die einzige Gefangene im Gerichtssaal war. Ich saß dort in meinem eigenen, selbst gemachten Gefängnis und war eingesperrt hinter den vielen, vielen Stempeln, die ich mir selbst über die Jahre hinweg aufgedrückt hatte. Ich hatte mich mit der Lüge abgefunden, ich würde mein Leben lang eine Sklavin meiner Gefühle sein. Und ich sagte Dinge zu mir selbst, die ein anderer niemals zu mir sagen dürfte:

Du bist so _______________.
Du machst immer _____________________.
Das wird nie besser werden.
Du bist einfach ____________________.

In die Lücken habe ich selbstverurteilende Dinge eingesetzt, die mich immer weiter nach unten zogen.

Da ist zum Beispiel mein Kampf mit der Ordnung. Monatelang war mein unordentlicher Kleiderschrank die Ursache einer inneren Auseinandersetzung. Tag für Tag habe ich seine Tür aufgemacht und gedacht: *Grrrrr! Warum bin ich nur so unordentlich? Warum kann mein Kleiderschrank nicht aussehen wie der von* XY? Ich glaube, sie hat nie Probleme, Ordnung zu halten. Ich bin einfach so chaotisch.

Ich habe mich selbst als chaotisch abgestempelt und habe mich dann auch mit dem Gedanken abgefunden, immer chaotisch zu bleiben.

Das Gleiche habe ich mit der Neigung unserer Familie, zu spät zu kommen, gemacht. Ich hasse es, spät dran zu sein. Aber mit fünf Kindern zu irgendetwas pünktlich zu kommen, ist nun mal eine Herausforderung. Aber anstatt mich dieser Herausforderung zu stellen und Gegebenheiten zu schaffen, um rechtzeitig aus dem Haus zu kommen, war ich einfach nur niedergeschlagen. *Ich bin wieder zu spät, und ich werde immer zu spät sein. Warum sollte ich also überhaupt versuchen, rechtzeitig dran zu sein?* Ich habe mich selbst als unpünktlich abgestempelt und mich damit abgefunden, immer zu spät zu kommen.

In dieser Zwangsjacke von Kämpfen steckte eine Frau, die sich sehnlichst wünschte, von all diesen selbstzerstörerischen Stempeln frei zu sein. Es gibt also Gefängnisse, die ihre Insassen auch ohne Gitterstäbe gefangen halten. Ihre Insassen müssen nur denken, dass sie auch tatsächlich dorthin gehören. Eine Seele, die glaubt, sie könne sich nicht befreien, wird sich auch nicht befreien.

Doch was kann man dagegen tun?

Wir kennen unsere Schwachstellen, und wir stempeln uns selbst automatisch ab – das kommt von ganz alleine. Wir beurteilen uns nach unserem Handeln, denn wir kennen es nicht anders.

Ich kannte es nicht anders, bis ich etwas anderes entdeckte.

Die unvollendete Skulptur

Es geschah wieder einmal an einem unerwarteten Ort. Genauso selten, wie ich Kinderbücher von vorne bis hinten durchlese, gehe ich auch in Museen. Aber ich hatte einige faszinierende Dinge über Michelangelos *David* gelesen und nahm mir vor, mir einmal das Original in der Galleria dell'Accademia in Florenz anzusehen.

Während der zwei Stunden, die ich mich in der Schlange von Touristen anstellen musste, hatte ich reichlich Zeit, mir die Broschüre über die Skulptur des *David* durchzulesen. Zu meinem Erstaunen stellte ich fest, dass Michelangelo die Arbeit an der Statue gar nicht begonnen hatte – er war noch nicht einmal geboren, als die Statue in Auftrag gegeben worden war. Das Projekt, aus dem fast sechs Meter hohen Marmorblock eine David-Figur zu schaffen, war ursprünglich einem Künstler namens Agostino di Duccio aufgetragen worden. Aber nachdem er grob den Rumpf, die Beine und Füße herausgehauen hatte, gab er das Projekt aus unerklärlichen Gründen auf. Zehn Jahre später wurde der Künstler Antonio Rossellino damit beauftragt, die Skulptur fertigzustellen. Sein Vertrag wurde dann aber aufgehoben. Es sollte dann noch fast 25 Jahre dauern, bis der damals gerade 26-jährige Michelangelo den Meißel in die Hand nahm und es zu glauben wagte, er könne daraus ein Meisterwerk schaffen.

Manche Quellen behaupten, er habe während seiner Beschäftigung mit diesem Projekt seinen *David* nie verlassen. Über zwei Jahre arbeitete er an dem Marmorblock und schlief daneben, während ihn die Figur aus dem unbehauenen Stein zu rufen schien.

Als der 5,17 Meter große *David* schließlich fertig war, soll Michelangelo gesagt haben: »Ich habe in dem Marmor einen Engel gesehen und so lange daran gearbeitet, bis ich ihn befreit hatte.«

Auf die Frage, wie er die Statue geschaffen habe, soll Michelangelo gesagt haben: »Ganz einfach: Man muss nur alles Gestein weghauen, das nicht aussieht wie David.«

Und jetzt war ich kurz davor, sie mit eigenen Augen zu sehen – die Skulptur, die 1504 fertiggestellt und von vielen ein Wunder der Kunst genannt wurde. Ich blieb in dem schmalen Hauptgang stehen, etwa zehn Meter von *David* entfernt. Da die übrigen Besucher dort nicht stehen bleiben wollten, verursachte ich einen kleinen Verkehrsstau. Wir hatten draußen in der prallen Sonne gewartet, und jetzt, da wir endlich drinnen waren, wollte sich niemand mehr noch weiter aufhalten lassen.

Ich konnte verstehen, warum alle an mir vorbeieilten. Warum sollte irgendjemand stehen bleiben und das betrachten, was mich so faszinierte, nämlich die weitaus weniger beeindruckenden, unfertigen Skulpturen entlang des Ganges? Warum sollte man sich grob behauenen Steinblöcken mit halb fertigen Skulpturen zuwenden, wenn nur wenige Schritte weiter die vollkommene Skulptur überhaupt stand? Wer würde hier stehen bleiben? Wer würde sie überhaupt bemerken?

Nur eine Frau, die in diesen Steinblöcken ein lebhaftes Abbild ihres Inneren erkannte. Ich stand im Schatten einer dieser unvollendeten Skulpturen, die treffenderweise *Gefangene* heißt. Und ich stand da und starrte sie an.

Ich legte den Kopf schräg, während ich sie auf mich wirken ließ. Mir war es wichtig, dass dieses Erlebnis nicht nur wie eine sanfte

Brise durch mich hindurchwehte und wieder vergessen war. Ich wollte, dass es wie eine Sturmbö war, die mich zwar nicht umwarf, aber doch die Vorurteile, die sich so fest an meine Seele geheftet hatten, mit sich riss. Ich spürte es tief in meinem Innern. Diese wenig beachtete Skulptur war ich – eine unfertige Gefangene, die noch im Stein festsaß, einen Stempel aufgedrückt bekam und für alle sichtbar in einem Gang stand, der schließlich zu echter Größe führte.

Dann drehte ich mich um und sah den Gang entlang zu David, dieser Statue, die von einem wahren Künstler vollendet worden war. Und während ich darauf zuging, flüsterte ich: »Bitte, Gott, bearbeite mich. Ich will nicht für immer in Stein gefangen sein. Ich will frei sein. Ich will zu der Person werden, die du vor Augen hast.«

In diesem Augenblick erkannte ich eine Wahrheit, die ich schon vor langer, langer Zeit hätte erkennen sollen: *Es ist wunderbar, wenn der Meister an einem arbeitet.* Gott lässt die Augenblicke, in denen wir unsere Fassung verlieren, nicht zu, damit wir uns selbst einen Stempel aufdrücken und dann stecken bleiben. Er lässt diese Augenblicke zu, um uns zu zeigen, wo er noch an uns arbeiten muss. Anstatt mich also mit Sätzen wie: »Ich bin so ein Chaot«, selbst zu verurteilen, könnte ich sagen: »Ich lass Gott an mir arbeiten. Ich lass ihn den Stein weghauen, damit ich nicht länger gefangen bin, sondern ans Licht kommen und die sein kann, die er sich gedacht hat.« Gott ruft uns heraus – heraus aus der Finsternis, heraus aus den Situationen, von denen wir dachten, dass sie nie anders würden, heraus aus den Dingen, in denen wir feststecken.

Lassen Sie sich von der Vergangenheit nicht abstempeln

Eine meiner liebsten Bibelstellen, die bestätigt, dass Gott uns aus der Finsternis herausruft, ist 1. Petrus 2,4-5+9:

> *Ihr hattet nun ein Fundament für euer Leben gefunden, Jesus, den Eckstein, der von den Menschen zwar als unbrauchbar ausgemustert worden war, den Gott aber als kostbaren Stein zurückgeholt hat. So lasst euch selbst mit ihm zusammen als lebendige Steine zu einem geistlichen Haus zusammenfügen. In diesem Haus seid ihr gleichzeitig die auserwählte Priesterschaft, die Gott durch Jesus Christus geistliche Opfer darbringt, an denen Gott seine Freude hat. … Ihr aber seid ein von Gott auserwähltes Volk, eine königliche Priesterschaft, sein Eigentum, damit ihr einer gottlosen Welt verkündet, wie herrlich Gott an euch gehandelt hat, als er euch aus der Finsternis heraus in sein wunderbares Licht gerufen hat.*

Diese Worte schrieb der Apostel Petrus. Petrus bedeutet »Fels«, aber sein eigentlicher Name war Simon, was »unstet, ausweichend« bedeutet. Ich kann mich der tieferen Bedeutung nicht entziehen, dass Petrus, der »Fels«, nicht sein ganzes Leben lang »unstet« bleiben musste. Er ließ Gott an sich arbeiten. Bedenken Sie, dass Petrus derjenige war, der es wagte, aus dem Boot zu steigen und auf dem Wasser zu gehen. Dann bekam er Angst, fing an zu sinken und schrie zum Herrn, er solle ihn retten. Innerhalb von Sekunden wandelte er sich vom Mutigen zum Gescholtenen, der für seine Zweifel zurechtgewiesen wird (Matthäus 14,22-32).

Petrus war auch derjenige, der seinen Herrn so leidenschaftlich liebte, dass er sein Schwert zog und dem Tempeldiener, der Jesus verhaften wollte, das Ohr abschnitt (Johannes 18,10). Und dann, nur sieben Verse später, stellen wir fest, dass der gleiche Petrus leugnet, Jesus überhaupt zu kennen: »›Bist du nicht auch ein Anhänger von dem da?‹ Da Petrus unbedingt dabei sein wollte, entgegnete er nur kurz: ›Nein, natürlich nicht‹« (Johannes 18,17).

Das klingt ziemlich ausweichend für mich.

Aber nicht für Jesus. Jesus sah in ihm einen mutigen Mann, der nur etwas behauen werden musste. Jesus sah einen Mann, der, wenn er erst einmal behauen war, mutig das tun würde, was andere nicht taten. Jesus sah Petrus nicht, wie er war, sondern wie er sein konnte.

Ganz sanft meißelte Jesus ihn zurecht. Nachdem Petrus Jesus verleugnet hatte und Jesus gekreuzigt und auferstanden war, führten Petrus und Jesus eine Unterhaltung, in der wir sehen, wie Jesus ihn zurechtmeißelt. Dreimal hat Petrus Jesus verleugnet. Dreimal fragte Jesus Petrus, ob er ihn liebt. Ich kann den Meißel des Meisters förmlich hören, wie er die Ecken abschlägt und glättet.

Nach dem Frühstück fragte Jesus ganz unvermittelt Simon Petrus: »Simon, Sohn von Johannes, liebst du mich mehr als diese hier?« »Ja, Herr, du weißt, dass ich dich liebe.« Jesus entgegnete darauf: »Weide meine Lämmer.« Dann fragte er ihn ein zweites Mal: »Simon, Sohn von Johannes, liebst du mich?« »Ja, Herr, du weißt, dass ich dich liebe.« Jesus sagte darauf: »Sei ein Hirte für meine Schafe.«

Und dann stellte er ihm ein drittes Mal die Frage: »Simon, Sohn von Johannes, liebst du mich?« Petrus war betroffen und traurig, dass Jesus ihn ein drittes Mal »Liebst du mich?« gefragt hatte. Zu sehr erinnerten ihn diese drei Male daran, dass er genauso oft geleugnet hatte, Jesus überhaupt zu kennen. Also erwiderte er: »Herr, du weißt alles. Du weißt also auch, dass ich dich liebe.«
Johannes 21,15-17

Später in der Apostelgeschichte sehen wir den behauenen Petrus. Er ist mutig, überzeugt und bereit, das Werk zu tun, zu dem sein Meister ihn geschaffen hat:

> *In diesem Augenblick trat Petrus zusammen mit den übrigen elf vor und begann mutig und entschlossen zu sprechen: »Meine jüdischen Freunde und alle, die ihr gerade zu Besuch in Jerusalem seid, hört genau zu und lasst meine Worte zu euch durchdringen …« Ähnlich eindringlich und überzeugend sprach Petrus weiter und drängte seine Zuhörer: »Lasst euch herausholen aus dieser verdrehten Generation! Diese Generation ist auf einem falschen Weg! Wendet euch von ihrer Verkehrtheit ab und lasst euch retten!« Eine große Zahl von Menschen öffnete sich für das, was Petrus ihnen über Jesus gesagt hatte. Noch am selben Tag ließen sie sich taufen. Am Ende dieses Pfingstfestes war die Gemeinde Jesu um dreitausend Männer und Frauen gewachsen.* Apostelgeschichte 2,14+40-41

Hier klingt er für mich gar nicht mehr nach dem unsteten Simon. Er ist Petrus, der behauene Petrus, durch dessen mutige Predigt dreitausend Menschen ihr Leben Jesus geben und sich taufen lassen – an einem einzigen Tag!

Der Apostel Paulus ist ebenfalls ein Mann, der sich nicht von seiner Vergangenheit abstempeln ließ. Aus Saulus, dem Christenverfolger, wurde Paulus, der Verfasser von weiten Teilen des Neuen Testaments! In seinem Brief an die Epheser schrieb er: »Wir sind so oder so seine ureigenste Schöpfung, ins Leben gerufen durch Jesus Christus, damit wir in dieser Welt all die guten Dinge tun können, die Gott schon im Voraus für uns vorbereitet hat« (Epheser 2,10).

Paulus war Gottes Schöpfung. Petrus war Gottes Schöpfung. Wir sind Gottes Schöpfung! Gott bearbeitet uns, erneuert uns, befreit uns aus unserem steinernen Gefängnis, in dem wir uns so miserabel fühlen, damit wir gute Dinge tun können. Dinge, die Gott schon *im Voraus für uns vorbereitet hat.* Das heißt, dass er am besten weiß, wie er in uns den Charakter schafft, den wir brauchen, um unserer Berufung gerecht zu werden.

Oh, wenn wir doch das gezielte Klopfen seines Meißels hören und es Gnade nennen könnten:

> *Wir sind aus reiner Gnade erlöst worden. Das Einzige, was wir Gott entgegenbringen mussten, war unser Vertrauen. Nichts von alldem, was Gott uns geschenkt hat, haben wir uns selbst verdient. So kann auch niemand auf die Idee kommen, er hätte Gott gegenüber irgendwelche Rechte, weil er sie sich verdient hat. Wir sind so oder so seine ureigenste Schöpfung, ins Leben gerufen durch Jesus Christus, damit wir in dieser Welt all die guten Dinge tun können, die Gott schon im Voraus für uns vorbereitet hat. Epheser 2,8-10*

Stimmt das wirklich? Werde ich die Gnade erkennen und spüren und es Gnade nennen, wenn ich die Beherrschung verliere? Auch wenn ich Jesus durch mein Verhalten verleugne, so wie Petrus? Wenn meine Vergangenheit alles andere als gottgefällig ist, so wie bei Paulus? Werde ich die Gnade, durch die ich im Glauben errettet bin, annehmen? Kann ich mich selbst als Gottes Schöpfung sehen und die guten Dinge tun, zu denen ich berufen bin?

Nennen Sie es Gnade

Sind Sie bereit, sich selbst als Gottes Schöpfung zu sehen und die guten Dinge zu tun, zu denen Sie berufen sind? Lassen Sie mich Ihnen erzählen, wie ich das ganz praktisch umgesetzt habe. Erinnern Sie sich noch an den chaotischen Schrank, der dazu geführt hat, dass ich mich selbst als chaotisch abgestempelt habe? Als ich mich selbst als chaotisch abgestempelt hatte, wurden meine Gefühle noch chaotischer. Ich war noch gereizter und leichter aus der Fassung zu bringen. Um die Ursachen für meine Gefühle zu entwirren, tat ich drei Dinge:

1. Ich erkannte den Stempel, den ich mir selbst aufgedrückt hatte, als Lüge, die mich fertigmachte.

Die Wahrheit ist: Mein Schrank war chaotisch. Die Lüge ist: Ein chaotischer Schrank bedeutet, dass ich grundsätzlich chaotisch bin. Die Wahrheit ist: Ein chaotischer Schrank bedeutet nicht, dass ich grundsätzlich chaotisch bin. Es bedeutet, dass ich ein Kind Gottes mit einem chaotischen Kleiderschrank bin.

Gnade. Ich kann sie erkennen. Ich kann sie spüren. Ich kann es Gnade nennen.

2. Ich entschied mich, diese Tatsache als Anlass zum Handeln zu sehen, nicht als Anlass, mich selbst fertigzumachen.

Ein chaotischer Schrank heißt, dass ich irgendwann einmal die Notbremse ziehen und mir Zeit nehmen muss, ihn aufzuräumen. Und wenn ich nicht weiß, wie ich Ordnung hineinbringen kann, dann muss ich mir jemanden suchen, der darin gut ist, um mir zu helfen. Und genau das habe ich getan. Meine Freundin Lisa hat die Geistesgabe des Schrankaufräumens. (Gibt es das?) Ich habe mein Kleingeld gespart, um sie dafür zu bezahlen, dass sie zu mir kommt und ihre gottgegebene Gabe mit mir teilt.

Gnade. Ich kann sie erkennen. Ich kann sie spüren. Ich kann es Gnade nennen.

3. Ich habe den aus dieser Entscheidung zum Aufräumen entstandenen Schwung genutzt, um noch mehr Dinge anzugehen.

Als ich die Ärmel hochgekrempelt hatte und diese eine Sache in meinem Leben angegangen bin, hat mir das Mut gemacht, auch noch andere Dinge in Angriff zu nehmen. Oh, welchen Mut und welche Kraft es einem gibt, wenn man einmal irgendwo anfängt! Können Sie heute nicht vielleicht mit einer kleinen Sache beginnen?

Gnade. Sie werden sie erkennen. Sie werden sie spüren. Sie werden es Gnade nennen.

Christina lernte die Kraft der Gnade im Gefängnis kennen. Nachdem sie einige Monate inhaftiert gewesen war, schrieb mir Christina: »Lysa, mir geht es wirklich gut! Ich habe solchen Hunger nach Gottes Wort, und Gott gebraucht mich, um mit den Frauen hier zu beten und ihnen von ihm zu erzählen. Die Panik, die ich vor dem Gefängnis hatte, habe ich Gott anvertraut, und anstelle dieser Angst habe ich jetzt Kraft, Frieden und Hoffnung für die Zukunft. Gott hat mir gezeigt, weshalb ich hierherkommen *musste*! Er hat mich dazu gebracht, Buße zu tun für Dinge, von denen ich nicht einmal wusste, dass sie mich seit Langem gefangen gehalten hatten.«

Gnade. Eine Frau kommt ins Gefängnis und wird dort von ihren wahren Fesseln befreit.

Meine Gedanken wanderten zurück zu jener Stille damals im Gerichtssaal. Zurück zu den tröstenden Worten, die ich sagen wollte, aber nicht fand. Zurück zu meinen Tränen und Fragen und zu meiner Angst, dass Christina jetzt für immer als Strafgefangene abgestempelt sein würde. Jetzt kann ich Gottes kunstvolle Arbeit sogar in dem Schweren, das Christina erlebt, erkennen. Christina hat Entscheidungen getroffen, die sie ins Gefängnis gebracht haben, aber Gott hat ihr gerade an diesem Ort Freiheit geschenkt.

Lassen Sie Gott an sich arbeiten. »Vertrau mir«, sagt Gott, »es wird wunderschön. Du wirst schon sehen.«

Gnade. Sie kann sie erkennen. Sie kann sie spüren. Und sogar im Gefängnis kann sie das, was sie erlebt, Gnade nennen.

Ich bin kein großer Liebhaber von Gedichten, aber hin und wieder fällt mir ein Gedicht in die Hände, das das, was Gott mich gelehrt hat, wunderbar wiedergibt. Meine Freundin Genia hat folgendes Gedicht in ihrem Andachtsbuch entdeckt und gleich gewusst, dass es für mich war:

Die Luft ist still, die Musik ungehört;
Schönheit verbirgt sich im unbehauenen Stein;
nur des Meisters Hand, des Künstlers Meißel allein
bringt Musik hervor und Schönheit, die betört.
Großer Meister, lege Hand an uns,
damit die Musik in uns nicht verhallt!
Großer Künstler, bearbeite uns,
damit dein Bild in uns nicht für immer verborgen bleibt.[13]

Ja, unser Meister, bitte wende deinen Meißel an.

Und mit diesen Gedanken setzen wir unsere Reise auf dem Weg des unvollkommenen Fortschrittes fort. Ich weiß nicht, welcher Stempel Ihnen aufgedrückt wurde oder welchen Stempel Sie sich selbst aufgedrückt haben, aber glauben Sie mir, wir können sie loswerden.

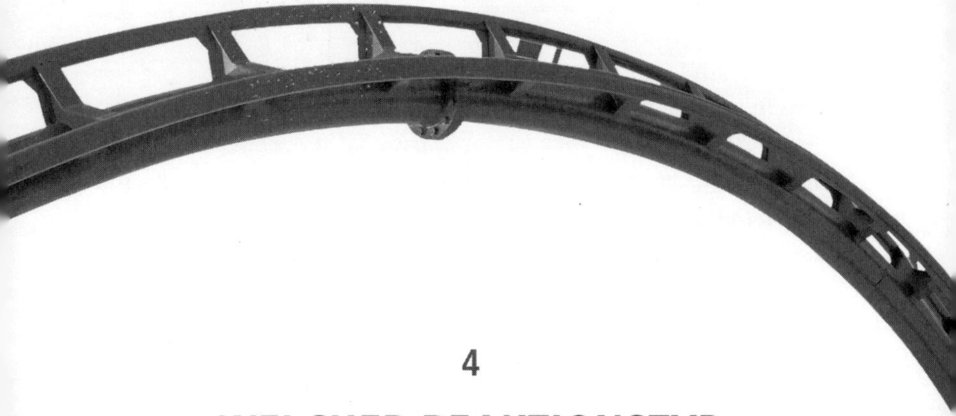

4

WELCHER REAKTIONSTYP SIND SIE?

Bin ich eher der Typ, der gleich in die Luft geht, oder der, der alles unterdrückt und in sich hineinfrisst?

Ich wusste, dass ich diese Frage für mich beantworten musste, um mich meinen unkontrollierten Gefühlen zu stellen. Gefühle halten nicht still. Sie sind sehr aktiv – und sie gehen mit uns durch. Ich musste also herausfinden, wohin meine Gefühle mich führten, um zu wissen, warum ich manchmal die Nerven verlor.

Während ich mich mit der Frage nach dem Explodieren oder Unterdrücken beschäftigte, wurde mir klar, dass es mir nicht leichtfiel, mich selbst zu beschreiben. Ich musste mich selbst definieren, aber nicht, um mich in eine Schublade zu stecken, sondern um die Wahrheit zu erkennen und zu benennen. Es gibt einen großen Unterschied zwischen sich selbst abstempeln und die eigenen Tendenzen beschreiben. Wenn wir uns abstempeln, sagen wir: »Ich bin die Summe meiner Schwächen.« Dass das weder gesund noch produktiv ist, haben wir bereits besprochen.

Sich selbst zu beschreiben, heißt dagegen: »Meine Schwächen sind Teil der Gleichung, aber sie sind nicht das Endergebnis.« Es ist sowohl gesund als auch produktiv, wenn wir herausfinden, welche Schwächen uns dazu veranlassen, negativ zu reagieren, wenn wir unter Stress stehen, andere uns auf die Nerven gehen, wir in Konflikten stecken, verletzt sind oder andere verletzen, unseren Hormonen ausgesetzt sind oder von unseren Gefühlen überwältigt werden.

Auf den ersten Blick scheint das nicht so schwer herauszufinden zu sein. Es scheint zwei verschiedene Reaktionen zu geben: Entweder man explodiert oder man unterdrückt seine Gefühle.

Explodieren heißt, man kehrt seine Gefühle nach außen. Eine Welle von Gefühlen kommt auf, sprudelt aus uns heraus und bringt eine ganze Reihe von *Liebenswürdigkeiten* mit sich – harte Worte, strenge Blicke, eine laute Stimme, Verurteilungen, demonstrative Gesten wie zum Beispiel Türen knallen oder mit der Faust auf den Tisch schlagen. Aber lassen Sie sich gesagt sein: Es gibt auch Menschen, die leise explodieren. Man muss nicht laut werden, um anderen wehzutun. Das geht still genauso schnell und direkt. Das Erkennungszeichen des explodierenden Typs sind nicht die Dezibel, sondern eine Reaktion, die sich *im Augenblick* gut anfühlt, weil man damit Dampf ablassen kann. Aber wenn wir merken, wie wir andere beleidigt und verletzt haben, kommen anschließend schwere Schuldgefühle über uns.

Ja, es tut uns leid, dass wir explodiert sind. Aber wir werden diese Schuldgefühle entweder zurückweisen, indem wir jemand anderem die Schuld an unserer Reaktion zuschieben, oder wir kehren sie nach innen, indem wir uns schämen. So oder so fühlt sich das Explodieren im Moment gut an, aber langfristig schrecklich.

Unterdrücken bedeutet, die Gefühle nach innen zu kehren. Wir schlucken und unterdrücken unsere verletzten Gefühle, nicht um sie dann zu verarbeiten und loszulassen, sondern um uns in unserem Leid zu suhlen. So ähnlich wie eine Auster auf einen Fremdkörper reagiert, legen wir Lage um Lage an verletzten Gefühlen über die Sache, bis daraus eine Art Stein entsteht.

Aber dieser Stein ist keine Perle. Es ist ein Stein, mit dem wir letzten Endes entweder eine Mauer bauen oder ihn aus Rache nach jemandem werfen.

Nachdem ich also gründlich über diese Definitionen nachgedacht, Tausende Reaktionen auf meine Blog-Beiträge über unkontrollierte Gefühle untersucht, und mich ehrlich geprüft habe, bin ich zu dem Schluss gekommen, dass es nicht nur zwei, sondern vier Reaktionstypen gibt, die ich bedenken musste:

- Der explosive Typ, der sich selbst die Schuld gibt,
- der explosive Typ, der anderen die Schuld gibt,
- der Unterdrücker, der Mauern baut,
- der Unterdrücker, der Steine für die Vergeltung sammelt.

Können Sie sich in einer dieser Kategorien wiederfinden? Ich schon. Schon als ich sie aufschrieb, wurde mir die ganze Sache klarer.

Vier Arten unkontrollierter Reaktionen

Nachdem ich diese vier Typen definiert hatte, wollte ich wissen, welcher Typ ich war. Jetzt wurde es richtig interessant.

Ich stellte fest, dass ich zu allen vier Typen passte!

Je nach Situation und mit wem ich es zu tun habe, ändert sich meine Reaktion. Ich weiß, dass unkontrollierte Reaktionen ihren Preis haben. Irgendwie schätze ich den Preis instinktiv ein und entscheide dann, in welcher Situation oder bei wem ich es mir leisten kann zu explodieren, oder wann ich lieber alles unterdrücke und so tue, als sei alles in Ordnung.

Ich bin nicht stolz darauf und behaupte auch nicht, dass irgendeine dieser Verhaltensweisen gut ist. Aber lassen Sie mich für einen Moment meine Rolle als christliche Rednerin und

Autorin ablegen und einfach nur Ihre zutiefst ehrliche Freundin sein. Um meiner selbst willen ist es wichtig, die Karten offen auf den Tisch zu legen. Also werde ich mein Herz jetzt weit öffnen und einmal meine unkontrollierte Seite zeigen. Ich werde jeden dieser Typen erklären, aber nicht wissenschaftlich distanziert, sondern mit ehrlichen Beispielen aus meinem eigenen Leben. In diesem Kapitel werde ich die vier Typen klar beschreiben, und in den nächsten beiden Kapiteln werden wir uns damit beschäftigen, wie jeder dieser Typen unvollkommene Fortschritte machen kann. So, jetzt wird es etwas unansehnlich, aber ich weiß, dass Sie mich verstehen werden, und deshalb liebe ich Sie.

Der explosive Typ, der sich selbst die Schuld gibt

Gegenüber Fremden bin ich meistens der explosive Typ und schäme mich hinterher, weil ich nicht christlicher reagiert habe.

Wenn ich einem Fremden gegenüber gereizt bin, werde ich meist nicht laut und ziehe auch nicht die Aufmerksamkeit anderer auf mich. Das entspricht nicht meiner Persönlichkeit. Aber wenn jemand grob, respektlos oder streitsüchtig ist, dann kann ich sehr streng reagieren. Ich tue das vielleicht ganz ruhig, aber ich lasse keinen Zweifel daran, dass ich mit dieser Person gerade nicht zufrieden bin. Wie ich schon sagte, vertreten die explodierenden Typen ihren Standpunkt nicht immer laut, sondern sie gebrauchen ihre Wortwahl und ihren Tonfall, um dafür zu sorgen, dass der andere *spürt*, was sie meinen.

Als kürzlich bei einer Fluglinie der Koffer meiner Freundin Holly verloren ging, wurde ich dazu ausersehen, zum Schalter zu gehen und nachzufragen. Als die Dame am Schalter mich kommen sah, hob sie abwehrend die Hand und sagte mit schneidender Stimme: »Sie brauchen gar nicht zu mir zu kommen. Durchsuchen Sie zuerst den Stapel da links!«

So viel zum Thema Service. Pflichtbewusst durchsuchte ich den

Stapel herrenlosen Gepäcks, aber es war kein Koffer dabei, der auch nur annähernd so aussah wie Hollys. Also schickte ich mich an, wieder zum Schalter zu gehen

»Sie haben ja gar nicht gesucht!«, schrie mich die Frau hinterm Schalter an. »Ich habe Ihnen doch gesagt, Sie sollen den Stapel *durchsuchen.*«

Ich musste schlucken. Heftig schlucken.

»Ich habe den Stapel durchsucht, und ich versichere Ihnen, dass der Koffer, den ich suche, nicht dabei ist«, sagte ich.

Sie verdrehte die Augen, winkte mich zu sich und gab sich weiterhin alle Mühe, so zu tun, als sei es meine Schuld, dass Hollys Koffer verloren gegangen war. Ich habe versucht, damit klarzukommen, und habe es noch einmal versucht, und dann hatte ich es satt.

»Hören Sie«, erwiderte ich scharf, »ich bin hier die Kundin. Ihrer Fluggesellschaft ist unser Gepäck abhandengekommen. Ich wünschte, ich müsste jetzt nicht hier sein, aber es ist nun mal so, und es ist *Ihre Aufgabe*, mir zu helfen. Und genau das möchte ich von Ihnen, dass Sie Ihre Aufgabe erledigen.«

Ich wurde nicht laut. Aber ich wurde sehr nachdrücklich. Ich ließ es zu, dass die Situation meine Reaktion bestimmte, und ging dann verärgert, aber mit einem Gefühl der Gerechtigkeit wieder weg. Bis ich eine Stunde später dieses nagende Gefühl hatte, es vermasselt zu haben. Ich dachte an einige meiner sanftmütigen Freundinnen, die niemals so scharf reagiert hätten oder verärgert gewesen wären: *Amy hätte sich niemals so verhalten. Samantha hätte die Gelegenheit genutzt, um den wenig Liebenswürdigen Liebe zu zeigen. Anne wäre so gnädig gewesen, dass auf der Stelle eine Erweckung ausgebrochen wäre, und Jahre später hätte die Frau erzählt, wie sich damals, als diese freundliche Frau in ihr Büro gekommen war, ihr ganzes Leben verändert hätte.*

Grrr. Schuldgefühle schlichen sich ein und flüsterten: »Schau dich nur an mit all deinem Bibelstudium. Zu was ist das jetzt gut gewesen? Wozu bist du überhaupt gut?« Das bedrückende Gefühl in meinem Inneren ließ mich mit dem Gedanken zurück, dass ich mich wohl niemals wirklich ändern würde. Und schon lief ein altbekannter Gedanke durch eine tief eingegrabene Gedächtnisspur in meinem Gehirn: *Wahrscheinlich werde ich diesen unkontrollierten Gefühlen, die mich überkommen, immer hilflos ausgeliefert sein.*

Was für eine Lüge!

Wenn Sie diese Lüge schon einmal geglaubt haben, dann klammern Sie sich jetzt an folgende Wahrheit: Schon alleine die Tatsache, dass Sie dieses Buch lesen, ist das Anzeichen für einen gewaltigen Fortschritt. Weigern Sie sich, sich der bedrückenden Angst hinzugeben, die diese Art der Selbstverdammnis mit sich bringt. Aber nehmen Sie jede Schulderkenntnis, die Sie haben, an. Selbstverdammnis macht uns niedergeschlagen. Schulderkenntnis setzt das größtmögliche Potenzial zur Veränderung frei.

Der explosive Typ, der anderen die Schuld gibt

Wenn ich meinen Kindern gegenüber gereizt bin, dann explodiere ich meistens und gebe dann ihnen die Schuld, weil sie es so weit getrieben haben.

Ich kann in bester Laune aufwachen und entschlossen sein, heute meinen Mama-Heiligenschein strahlen zu lassen, und schon wenige Minuten später legt sich dieser Heiligenschein wie eine Schlinge um meinen Hals. Kennen Sie das? Hier ein Beispiel von so einem Tag, an dem fünf Kinder eine einzige Mutter dazu gebracht haben, mehr als nur ein bisschen gereizt zu sein …

Ich hatte den Kleineren gesagt, sie sollten ihre Schuhe anziehen, aber als ich dann nach dem Schlüsselbund griff und gehen wollte, liefen natürlich alle noch auf Strümpfen herum. In der Zwischenzeit hatte mein Sohn einen Keks in Alufolie in die Mikrowelle gelegt, und aus der Küche kam ein so beißender Gestank, dass ich keine Luft mehr bekam. Ganz zu schweigen davon, dass ich beim Öffnen der Mikrowelle entdeckte, dass das Innere, das aus Kunststoff ist, völlig geschmolzen war.

Mein anderer Sohn hätte schon vor drei Tagen zehn Dollar für irgendein Schul-T-Shirt zahlen müssen, und alle anderen Kinder hatten bereits bezahlt. Während ich meine Handtasche durchwühlte und dabei flüsterte: *Bitte hilf mir, zehn Dollar zu finden. Bitte, bitte mach, dass irgendwo zehn Dollar in meiner Handtasche sind*, stand ich plötzlich vor einem viel größeren Problem. *Himmel noch mal, wo war nur mein Geldbeutel? Pfeif auf die zehn Dollar! Wo, um Himmels willen, habe ich nur meinen Geldbeutel gelassen?!*

Die bestrumpften Kinder fingen an zu weinen. Der Mikrowellenschmelzer meckerte, dass *meine* Mikrowelle *sein* Frühstück verdorben hätte. Und wenn der Zehn-Dollar-Junge noch einmal gesagt hätte, dass er Geld braucht, dann hätte ich ihm gesagt, dass er sich das Geld sonstwo hinstecken kann. Und jetzt war auch noch mein Geldbeutel weg.

Typisch TerKeurst. Ich stellte mir vor, wie unser Name auf einem riesigen Plakat über dem Schuleingang stand: »Die TerKeursts sind chaotisch. Sie kommen zu spät. Sie tragen zwei verschiedene Schuhe. Sie stinken fürchterlich. Vorsicht!«

Allerdings Vorsicht!

Als wir endlich im Auto saßen, um jeden dorthin zu bringen, wo er hinmusste, hatte ich die Nase voll.

»Wenn ihr eure Schuhe anziehen würdet, wenn ich es euch sage, und wenn ihr mir zuhören würdet, wenn ich euch zum hundertsten Mal sage, dass man nie, nie, nie, niemals Alufolie in die Mikrowelle tun darf, und wenn ihr mir rechtzeitig vorher sagen würdet, dass ihr Geld braucht, und wenn ihr mich mal nur eine Minute in Ruhe lassen würdet, damit ich mich konzentrieren kann und meinen Geldbeutel nicht verlege und dann das Gefühl habe, gleich wahnsinnig zu werden (Luft holen), dann wäre das für uns alle *viel besser!* Aber nein – das ist ja nicht möglich. Es ist ja so typisch für uns, dass wir verrückt, chaotisch und total durcheinander sind!«

Ich versuchte noch ein schnelles »Aber ich liebe euch« einzuwerfen, als alle ausstiegen und in die Schule gingen. Meine Stimmung war am Boden, und ich gab den Kindern die Schuld an dem Chaos, das mich so gereizt machte. Und später bereute ich es – so sehr.

Und wieder beschlich mich dieses niederdrückende Gefühl, dass ich es niemals schaffen würde, mich zu ändern: *Wahrscheinlich werde ich diesen unkontrollierten Gefühlen, die mich überkommen, immer hilflos ausgeliefert sein.*

Was für eine Lüge!

Der Unterdrücker, der Mauern baut

Bei meinen Freunden und Eltern tendiere ich dazu, Dinge zu unterdrücken und Mauern zu bauen.

Ich telefonierte mit einer Freundin, weil wir über eine Sache sprechen mussten, die zwei unserer Kinder betraf. Sie hatten sich über irgendetwas gestritten. Ich weiß nicht einmal mehr, worum es dabei ging, aber ich weiß noch ganz genau, warum die Sache so eskalierte, dass ich beschloss, unsere Beziehung sei nicht mehr vertrauenswürdig.

Ich dachte, wir hätten ein richtig gutes Gespräch darüber gehabt, wie wir unseren Kindern helfen könnten, ihren Streit beizulegen. Wir entwarfen einen Plan, wie sie die Sache bei ihrem Kind ansprechen wollte und wie ich die Sache bei meinem Kind ansprechen wollte. Wir beendeten das Gespräch sehr positiv.

Ein paar Stunden später rief sie zurück. Ich verpasste ihren Anruf und der Anrufbeantworter schaltete sich ein. Sie hinterließ mir eine kurze Nachricht, wie das Gespräch mit ihrem Kind gelaufen war und dachte, sie hätte die Verbindung dann beendet.

Das hatte sie aber nicht, und mein Anrufbeantworter nahm ihr Geschimpfe über mich, meine Kinder und meine Familie im Allgemeinen auf.

Ich war sprachlos. Mehr als sprachlos.

Ich starrte in den Himmel hinauf und wünschte, ich wäre so leicht wie eine Wolke und könnte einfach davonschweben.

»Damit kann ich nicht umgehen«, sagte ich zu mir selbst. »Ich weiß nicht, was ich dazu sagen soll oder wie ich es sagen soll.« Also sagte ich nichts. Kein Wort. Ich unterdrückte alles und versteckte mich hinter einer Mauer. Nach diesem Zwischenfall lächelte ich, wenn ich sie sah, aber ich blieb auf Distanz. Sie spürte, dass etwas nicht in Ordnung war, aber als sie mich darauf ansprach, log ich.

»Es ist alles in Ordnung«, sagte ich. Aber das war es eben nicht. Ganz und gar nicht.

Je mehr die Kommunikation zwischen uns erlosch, desto mehr erlosch auch unsere Freundschaft. Und ich bereute es – so sehr. Wieder beschlich mich dieses niederdrückende Gefühl, dass ich es niemals schaffen würde, mich zu ändern: *Wahrscheinlich werde ich diesen unkontrollierten Gefühlen, die mich überkommen, immer hilflos ausgeliefert sein.*

Was für eine Lüge!

Der Unterdrücker, der Steine für die Vergeltung sammelt

Bei meinem Mann sammle ich meistens Steine, um mich bei späteren Streitigkeiten mit ihnen zu rächen.

Als Art und ich befreundet waren, bemerkte ich, dass er gerne Sport trieb. Ich musste kein Einstein sein, um zu erkennen, dass ich mehr Zeit mit ihm verbringen konnte, wenn ich plötzlich auch sportbegeistert war. Und genau das wünschte ich mir so sehr. Also fing ich an zu laufen. Ich war noch nie gut im Laufen gewesen, aber weil ich ernsthaft verliebt war, halfen mir die Schmetterlinge im Bauch, den Schmerz zu überwinden und mit meinem Prinzen Schritt zu halten.

Hierzu noch eine ganz wichtige Anmerkung: Ich liebte ihn. Ich liebte es, Zeit mit ihm zu verbringen. Laufen liebte ich allerdings nicht. Und als wir dann heirateten und die ganze Zeit zusammen sein konnten, wollte ich nicht mehr laufen gehen. Nie wieder.

Art war verwirrt von meiner Lockvogeltaktik. Und ich war verärgert, weil er so darauf bestand, dass wir weiter zusammen laufen gingen. Jedes Mal, wenn er mich fragte, ob wir laufen gehen, hatte ich lächelnd eine Ausrede bereit und bewahrte so den äußeren Frieden. Aber innerlich schluckte ich jedes Mal ein wenig Bitterkeit hinunter. *Er sollte mich lieben, ganz gleich, ob ich mit ihm laufe oder nicht.* Lächeln und hinunterschlucken. *Er sollte mich nicht dauernd fragen.* Lächeln und hinunterschlucken. *Er gibt mir das Gefühl, dass seine Liebe nicht bedingungslos ist.* Lächeln und hinunterschlucken. *Ist seine Liebe tatsächlich an Bedingungen geknüpft? Wenn ja, dann haben wir Eheprobleme.* Lächeln und hinunterschlucken. *Ich glaube, wir haben Eheprobleme.* Und das Lächeln und Hinunterschlucken ging immer weiter.

Jedes Mal, wenn ich lächelte und schluckte, entstand ein kleiner bitterer Stein, der schwer auf meiner Seele lag und nur auf den richtigen Augenblick wartete, um hervorgeholt zu werden und mich mit all den Beweisen dafür, wie sehr er unserer Ehe schadete, zu rächen.

Was als leichte Verstimmung anfing, entwickelte sich über die Jahre hinweg zu einem andauernden Problem, das jedes Mal an die Oberfläche kam, wenn mir dieser Gedanke kam, dass seine Liebe nicht bedingungslos war. Einmal geschah das an einem Tag, an dem er mir etwas zum Mittagessen mitbrachte. Ich stand wegen eines Abgabetermins unter Zeitdruck, und mein Mann bot mir an, mir mein Lieblingsgericht aus dem Schnellrestaurant mitzubringen. Ich bestellte ein mit Hühnerbrust belegtes Sandwich und eine Cola. Eine normale Cola.

Aber er brachte mir ein Sandwich mit einer Cola Light.

Als ich auf dem Deckel des Bechers die Markierung für Cola Light sah, kamen all meine Unsicherheit und mein Groll, die ich über die Jahre hinweg unterdrückt hatte, aus der dunkelsten Ecke meiner Seele hoch und ich bombardierte ihn mit meinen Rachesteinen.

»Du meinst also, ich sei dick?!«, der erste Stein zum Beweis. »Du denkst, ich bin faul!«, wieder ein Stein zum Beweis. »Du hättest mich gern anders!«, der nächste Stein zum Beweis. »Du wünschst dir, du hättest mich nie geheiratet!«, und noch ein Stein zum Beweis. *Zack! Zack! Zack! Zack!*

Das alles wegen einer Cola Light. Eine Cola Light, die er mir freundlicherweise mitgebracht hatte. Meine Güte. Und schließlich bereute ich es wieder – so sehr.

Und wie ich schon sagte, beschlich mich wieder das gleiche niederdrückende Gefühl, dass ich es niemals schaffen würde, mich zu ändern: *Wahrscheinlich werde ich diesen unkontrollierten Gefühlen, die mich überkommen, immer hilflos ausgeliefert sein.*

Was für eine Lüge!

Ein gesundes Seelenleben

Ich bin nicht stolz auf all diese Reaktionen, die ich hier beschrieben habe. Igitt, oder? Ja, aber es sind keine Stempel, die ich mir selbst aufdrücke. Es sind Dinge, die ich an mir erkannt habe, damit ich meine unkontrollierten Gefühle und gereizten Reaktionen durch die Kraft Jesu heilen lassen kann.

Es ist mir auch wichtig klarzustellen, dass ich hier nur über meine gereizten Reaktionen spreche. Wenn meine Gefühle ausgeglichen sind, bin ich wie das kleine Mädchen in dem Film *The Help*, dem die liebenswerte Aibileen zuflüstert: »Du bist freundlich. Du bist klug. Du bist wichtig.«

Jesus hat aus mir einen freundlichen Menschen gemacht, der andere ermutigt und jeden inspirieren will, der sich mir auf mehr als drei Meter nähert. Jesus hat mich klug genug gemacht, um zu wissen, dass ich ihn brauche – dringend. Jesus hat uns allen die wichtige Aufgabe übertragen, ihn in dieser Welt zu vertreten, und das bedeutet, dass wir ihn überall da repräsentieren, wo wir auch sind.

Ja, freundlich, klug, wichtig – das bin ich. Und so handle und reagiere ich auch oft. Aber nicht immer. Ganz besonders dann nicht, wenn ich gereizt bin und mein Inneres nicht mehr intakt ist.

Wenn wir aber unsere gereizten Reaktionen verarbeiten wollen, geht es dabei vor allem darum, dass wir unser Seelenleben wieder ins Gleichgewicht bringen müssen. Und dieses Gleichgewicht erlangen wir durch eine von Gott geprägte Aufrichtigkeit. Mithilfe dieser Aufrichtigkeit werden die Leidenschaft des explodierenden Typs und das Bedürfnis des Unterdrückers nach Frieden vor Jesus gebracht, und dort kommen Aufrichtigkeit und tiefes Gottvertrauen zusammen und gleichen sich gegenseitig aus.

Wenn ich explodiere, bin ich zwar aufrichtig, aber ich lasse mich nicht durch mein Gottvertrauen zügeln, weshalb ich in solchen Situationen meine aufrichtigen Gefühle vielleicht auch nicht richtig einschätze. Ich mag zwar ehrlich zugeben, wie ich mich fühle, überschätze oder missverstehe dabei aber trotzdem die Tatsachen. Ich mag es vielleicht als gerechtfertigt empfinden, mit meinen Gefühlen so herauszuplatzen und nichts zu verbergen, und ich mag sogar stolz darauf sein, ganz *ich selbst* zu sein. Das alles passiert unter dem Vorwand, ehrlich zu sein und nichts zu unterdrücken. Aber Ehrlichkeit, die nicht der Wahrheit entspricht, ist in Wirklichkeit gar keine Ehrlichkeit. Sie ist nur ein

Gefühlsausbruch. Deshalb brauchen wir eine Ehrlichkeit, in die Gottes Perspektive miteingebunden ist – eine Ehrlichkeit unter der Kontrolle des Heiligen Geistes – wenn wir zu einem wirklich gesunden Seelenleben kommen wollen.

Unter Christen wird diese Art der unausgeglichenen Ehrlichkeit oft mit kleinen Ausreden wie diesen entschuldigt: »Ehrlich gesagt,...«, »Ich meine ja nur,...«, »Wenn ich ehrlich sein soll,...« oder »Die Wahrheit tut manchmal auch weh«.

Wie sehr muss es Gott schmerzen, wenn er zusehen muss, wie seine Kinder ihr Gottvertrauen außen vor lassen, das doch unsere Ehrlichkeit ausgleichen sollte. Wie traurig muss Gott sein, wenn er mich so erlebt. Und unsere Freunde. Und die anderen Mitarbeiter in der Gemeinde. Und die Gemeindeleiter. Und die Gemeindemitglieder. Manchmal tun wir es alle.

Aber genauso sehr muss es Gott schmerzen, wenn er künstliches Gottvertrauen sieht, das nicht durch Ehrlichkeit im Gleichgewicht gehalten wird. Doch genau das passiert, wenn wir Dinge hinunterschlucken und so tun, als sei alles in Ordnung. Das Positive am Hinunterschlucken ist, dass wir friedliebend wirken. Aber wenn wir das auf Kosten der Ehrlichkeit tun, dann hegen wir eine zerstörerische Bitterkeit, die schließlich an die Oberfläche kommen wird. Entweder greift sie unsere Gesundheit an und drückt sich später in einer Vielzahl emotionaler und körperlicher Störungen aus oder sie staut sich auf und bricht dann zur großen Überraschung aller, die uns für friedliebende Menschen halten, explosionsartig hervor.

»Mir geht es gut« zu sagen, um den Frieden zu wahren, wenn es uns in Wirklichkeit gar nicht gut geht, ist nicht ehrlich. Es mag für den Augenblick fromm wirken, aber es ist eine falsche Frömmigkeit. Wahrheit und Gottvertrauen gehen immer Hand in Hand. In dem Augenblick, in dem wir beides voneinander trennen, verlieren wir unsere gesunde innere Balance und öffnen der Unausgeglichenheit die Tür, die dann unweigerlich dazu führt, dass wir die Fassung verlieren.

Ich will Ihnen einmal zeigen, wie sich eine gesunde innere Balance in einer der Situationen ausgewirkt hätte, von denen ich Ihnen gerade erzählt habe. Ich hätte die Freundin anrufen können, die unwissentlich auf meinem Anrufbeantworter herumgeschimpft hatte. Ich hatte es zwar nicht in der Hand, wie sie reagieren und sich verhalten würde, aber mein Verhalten und meine Reaktion hatte ich sehr wohl in der Hand. Ich hätte ihr freundlich erzählen können, was ich gehört hatte und hätte sie bitten können, mir zu erklären, was genau sie damit meinte. Ich hätte ihr Vergebung anbieten und dabei gleichzeitig ehrlich zugeben können, dass sie mich verletzt hat.

Ich will damit nicht sagen, dass dadurch unsere Beziehung gerettet worden wäre. Wenn wir jemandem vergeben, heißt das deshalb nicht, dass die Person weiterhin zu unserem engsten Freundeskreis gehört. Vergebung ist Pflicht, Versöhnung ist freiwillig. Aber ich glaube, ich hätte dadurch zumindest die Kommunikation aufrechterhalten können und hätte mir die monatelange innere Unruhe erspart. Im Gegenzug hätte es ihr die Verwirrung erspart, als sie einerseits eine Barriere zwischen uns verspürte, ich aber andererseits behauptete, es sei alles in Ordnung. Wir hätten dadurch beide wachsen und reifer werden können und hätten vielleicht sogar einige Probleme aus der Welt geschafft und unsere Freundschaft wiederhergestellt. Ich weiß nicht, was ich verpasst habe, aber ich bin entschlossen, in Zukunft mit einer gesunden inneren Balance zu leben. Eine solche Balance anzustreben, hat viel damit zu tun, auf unsere Worte zu achten.

Die Bibel warnt uns davor, wie wir unsere Worte einsetzen:

Die allermeisten Tiere lassen sich vom Menschen bändigen – selbst Vögel, Kriech- und Meerestiere –, doch kein Mensch kann die Zunge zähmen. Sie ist ein ungebändigtes Übel, das tödliches Gift verbreitet. Jakobus 3,7-8

In anderen Worten bedeutet das, dass wir grundsätzlich all unsere unkontrollierten Reaktionen der Kraft und der Wahrheit Jesu anvertrauen sollten. Selbst wenn wir unseren Verstand und unseren Willen noch so sehr anstrengen, können wir aus uns heraus nicht zähmen, was wir nach außen hin sagen (explodieren) oder in unserem Innern erleben (schlucken). Unsere Selbstbeherrschung alleine kann unsere Zunge und unsere unkontrolliert hervorbrechenden Gefühle nicht zähmen.

Jakobus wendet sich anschließend direkt an die explodierenden Typen, deren mangelnde Beherrschung und schonungslose Ehrlichkeit zu sehr verwirrenden Botschaften führen:

Mit unserer Zunge preisen wir Gott, unseren Vater, und mit ihr ziehen wir gleichzeitig über Menschen her, obwohl doch jeder Mensch nach dem Ebenbild Gottes von ihm aus Liebe erschaffen wurde. Meine Schwestern und Brüder, es gibt nicht den geringsten Grund, sich so zu verhalten! Fließt etwa bei einer Quelle aus ein und derselben Öffnung gutes Trinkwasser und ungenießbares Schmutzwasser? Trägt etwa ein Feigenbaum auch Oliven oder ein Weinstock Feigen? Genauso ist es unmöglich, dass eine Salzwasserquelle Süßwasser hervorsprudeln lässt. Jakobus 3,9-12

Autsch, autsch, autsch. Einen Moment. Ich muss mir erst mal meine Zehen halten, auf die mir Jakobus gerade auf eine gute Art getreten ist. Ich liebe es, wie er uns nicht nur vor dem warnt, was nicht sein sollte, sondern dann auch beschreibt, wie wir uns wieder von den Momenten erholen können, in denen unsere explosive Ehrlichkeit nicht durch unser Gottvertrauen gezügelt wurde.

Gibt es jemanden unter euch, den man als weise und verständig bezeichnen könnte? Dann soll er das anhand seines guten Lebenswandels in aller Zurückhaltung unter Beweis stellen.
Jakobus 3,13

Und das ist die perfekte Lösung, um unsere Ehrlichkeit gleichzeitig auch gottgefällig zu machen. Unsere Worte sollen mit Zurückhaltung und Weisheit gesprochen werden. Wenn wir zurückhaltend sind, dann erkennen wir, dass unsere Ehrlichkeit nicht einseitig sein darf. Wir bemühen uns, die Situation auch vom Blickwinkel des anderen zu sehen. Und wenn wir weise sind, dann halten wir inne und überlegen uns unsere Worte genau, um den Kern der Sache zu treffen, ohne den Kern unseres Gegenübers zu verletzen.

Aber Jakobus hat außerdem noch einen Rat für die Unterdrücker:

Wenn ihr aber von bitterem Neid und selbstsüchtigem Ehrgeiz erfüllt seid, dann rühmt euch nicht damit, weise zu sein. Das wäre eine Lüge! Denn Neid und Selbstsucht haben nichts mit der Weisheit von Gott zu tun, sondern sie sind irdisch, gottlos und teuflischen Ursprungs. Denn wo Eifersucht und selbstsüchtiger Ehrgeiz herrschen, führt das in die Zerstörung und bewirkt alle möglichen schlechten Taten. Jakobus 3,14-16

Auwei, jetzt muss ich mir wieder die Zehen halten und den Kopf dazu. Die innere Haltung, die Jakobus hier beschreibt, hat ihren Ursprung in Neid und Ehrgeiz. Auf den ersten Blick bin ich mir nicht sicher, ob das auf alle Situationen zutrifft, in denen ich etwas hinuntergeschluckt habe. Aber wenn ich mir die Eigenschaftswörter davor anschaue – *bitter* und *selbstsüchtig* – dann trifft das genau den Kern jeder Situation, in der ich etwas hinuntergeschluckt habe. Ich unterdrücke etwas, um mich selbst zu schützen, indem ich mir den Konflikt vom Leibe halte. Aber wenn ich etwas unterdrücke und mit meinen Gefühlen nicht ehrlich bin, dann wird aus diesem Selbstschutz ganz schnell Selbstsucht, und der ungelöste Konflikt führt zu Bitterkeit. Hören Sie noch einmal auf den weisen Rat von Jakobus:

> *Die Weisheit, die Gott schenkt, verändert das Leben eines Menschen: Es wird vor allem aufrichtig sein, lauter, friedliebend, freundlich, gehorsam, voll von Barmherzigkeit, vorurteilsfrei und ohne jede Heuchelei.* Jakobus 3,17

Ich liebe diese Eigenschaften! Sie beinhalten eine Weisheit, die den Hinunterschlucker zu einem intakten Inneren führt. Aber der letzte Punkt ist ein Volltreffer: ohne jede Heuchelei. Anders ausgedrückt, unsere Friedensbemühungen müssen aufrichtig sein.

Ja, wir wünschen uns ein gesundes Seelenleben, eine Ehrlichkeit, die auf Gottes guten Rat vertraut. Und ein gesundes Seelenleben wiederum bringt unsere unkontrollierten Reaktionen wieder ins Gleichgewicht. Es macht uns zu echten Friedenstiftern, zu Menschen, die nichts hinunterschlucken oder explodieren, sondern die ehrlich und auf eine gottesfürchtige Art über das reden, was sie erleben. Das Leben eines echten Friedenstifters bringt eine ganze Reihe wunderbarer Dinge hervor: richtige Dinge, in Gottes Weisheit gegründete Dinge, gesunde Dinge. Es ist interessant, dass Jakobus genau mit diesem Gedanken endet: »Ein solches Leben wird viele gute Früchte bringen. Eine dieser Früchte ist die Gerechtigkeit, die Gott dort schenkt, wo jemand selbst Frieden stiftet« (Jakobus 3,18).

Ich gebe gerne zu, dass es sehr schwierig sein kann, sich mit diesen vier Reaktionen auseinanderzusetzen, die mit unserer Persönlichkeit so eng verbunden sind. Es gibt keine schnellen

Lösungen oder einfachen Rezepte, die uns für die Auseinandersetzung mit unseren gereizten Reaktionen ein gutes Ende garantieren. Aber wenn ich herausfinden kann, wie ich reagiere, und mir über mögliche gute Lösungen Gedanken mache, dann fühle ich mich sehr viel eher in der Lage, mit meinen unkontrollierten Gefühlen umzugehen und dabei innerlich gesund zu bleiben.

Vielleicht wäre jetzt eine gute Gelegenheit, dieses Kapitel noch einmal durchzugehen und sich zu jedem Reaktionstyp ein paar Notizen zu machen. Denken Sie einmal an verschiedene Menschen in Ihrem Leben und wie Sie auf sie reagieren. Geht es Ihnen wie mir, nämlich so, dass Sie sich in allen vier Reaktionstypen wiederfinden, oder identifizieren Sie sich nur mit ein oder zwei dieser Typen? Lesen Sie jetzt nicht sofort das nächste Kapitel, sondern lassen Sie sich von Gott erst einmal all das zeigen, was er Ihnen an dieser Stelle zeigen möchte. (Wenn Sie Hilfe bei der Bestimmung Ihres Reaktionstyps oder Ihrer Reaktionstypen brauchen, lesen Sie den Anhang ab Seite 231.) Und wenn Sie sich die Mühe gemacht haben, Ihr Inneres unter die Lupe zu nehmen, dann sind Sie jetzt bereit für den nächsten Schritt. Dort werden wir jeden einzelnen Reaktionstyp noch einmal genauer untersuchen.

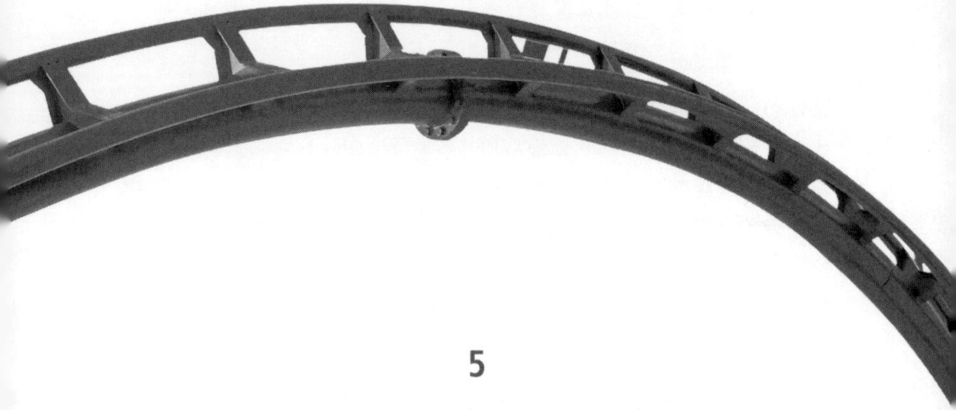

5
DER EXPLOSIVE TYP

Ich stand im Kaufhaus in der Schlange vor der Kasse, als mir die Dame hinter mir auf die Schulter tippte und sagte: »Ma'am?«

Ich drehte mich lächelnd um und überlegte, ob wir uns wohl kannten. Oder vielleicht wollte sie mich fragen, wo ich die schöne Kette gefunden hatte, die ich im Begriff war zu kaufen. Oder vielleicht hatte ich hinsichtlich meiner Gereiztheit bereits so gute, wenn auch unvollkommene Fortschritte gemacht, dass sie mir gleich sagen würde: »Sie sind freundlich. Sie sind klug. Sie sind wichtig.«

Oh ja, das wünschte ich mir.

Entschuldigend flüsterte sie: »Ma'am, wissen Sie, dass Ihr Oberteil auf links gedreht ist?«

Na toll.

Ist das nicht das wahre Leben? Man steht an der Kasse, um sich eine Halskette zu kaufen, und aus heiterem Himmel trifft einen der Satz: »Ihr Oberteil ist auf links gedreht.« Mein Oberteil war deshalb auf links gedreht, weil ich an jenem Morgen beim Anziehen durch eine schmerzhafte Unterhaltung, die mir die ganze Zeit durch den Kopf ging, abgelenkt gewesen war. Ich hatte eine Mail von einem explosiven Typ bekommen, und die hatte mich aus dem Konzept gebracht. Anstatt nach dem Lesen erst einen Moment lang innezuhalten, rief ich die Absenderin sofort an und versuchte dabei ruhig zu bleiben. Betonung auf: *versuchte*. Aber letztlich blieb ich nicht ruhig. Meine aufbrausenden Gefühle verwirrten mich. Ihr Tonfall verwirrte mich. Es verwirrte mich, dass sie eine Sache, die eigentlich keine große Sache war, so aufbauschte. Und letztlich beeinflusste all meine Verwirrung sogar die Art wie ich mich anzog.

Bei Ihnen ist es vielleicht nicht das auf links gedrehte Oberteil. Vielleicht ist es die Handtasche, die hinunterfällt und dann ihren ganzen Inhalt entleert. Ihr Geldbeutel, fünfundsechzig alte Kassenzettel, ein halb gegessenes Brötchen, Kleingeld, Kaugummis, noch mehr Münzen und auch noch zwei Tampons und ein Lippenstift fallen heraus. Und das passiert Ihnen, als Sie gerade auf dem Basar Ihrer Gemeinde etwas kaufen wollen. Super. Und natürlich steht auch noch Ihre Mutter neben Ihnen und meint tröstend: »Von mir hast du das aber nicht. Meine Güte, warum hast du denn ein solches Durcheinander in deiner Handtasche? Du solltest besser gleich noch etwas von dem Lippenstift da auftragen, während du dich danach bückst. Du siehst so blass aus.« Und die Anspannung steigt. Es braucht nicht mehr viel, um den Bogen zu überspannen, und Sie werden explodieren. Wieder mal.

Oder vielleicht haben Sie Ihrem Kind im Supermarkt einen Wunsch abgeschlagen und jetzt nutzt es die Aufmerksamkeit in der Öffentlichkeit, um sich schlimmer zu benehmen als jemals in seinem ganzen Leben. Während Sie möglichst unauffällig versuchen, die zappelnden Arme, Beine und die Rotznase Ihres schreienden Kindes zu bändigen, sind Sie selbst am Rande des Zusammenbruchs und fragen sich: *Wo, um Himmels willen, kommt das nur her? Gerade eben habe ich noch ganz ruhig überlegt, ob ich Hähnchen oder Gemüsesuppe zum Abendessen mache, und im nächsten Augenblick ziehe ich die verurteilenden Blick aller auf mich. Ich würde am liebsten mit meiner Handtasche um mich schlagen und schreien. Schreien! Schreien!*

Das ist das Komplizierte an ungebändigten Gefühlen. Sie kommen aus dem Nichts und überrumpeln uns. Deshalb ist es so wichtig, sich auf das vorzubereiten, was ganz sicher beim nächsten Mal im Kaufhaus passieren wird, oder bei einem unberechenbaren Familientreffen, oder in einem Auto voller Kinder, oder im Umgang mit schwierigen Arbeitskollegen. Oder wenn Sie in der nächsten Bibelstunde neben der Dame mit der ganz besonderen Gabe der Entmutigung sitzen. Oder wenn die Kreditkartenabrechnung doppelt so hoch ausfällt, als Sie erwartet hatten – und zwar ganz ohne falsche Buchungen.

In diesen und Hunderten anderer Situationen, von denen wir sicher einander berichten könnten, kommen solche ungebändigten Gefühle hoch. Und wenn sie hochkommen, dann warten sie nicht still auf weitere Anweisungen. Sie sind in Bewegung – entweder drängen sie nach außen, wenn wir explodieren, oder nach innen, wenn wir Dinge schlucken.

Wie ich im letzten Kapitel erzählte, kann ich explodieren und mir dann später Vorwürfe machen, weil ich nicht geduldiger war. Ich kann auch explodieren und anderen die Schuld geben oder jemand sein, der alles hinunterschluckt und Mauern baut, oder jemand sein, der alles hinunterschluckt und anschließend Steine für einen Rachefeldzug sammelt.

Aber an diesem Punkt will ich nicht stehen bleiben. Und Sie sicher auch nicht. Deshalb wollen wir in den nächsten zwei Kapiteln überlegen, was wir dagegen tun können. Als Erstes geht es um den explosiven Typ, der sich Vorwürfe macht.

Der explosive Typ, der sich Vorwürfe macht

Dieses schrecklich träge Gefühl flehte geradezu darum, den Wecker an meinem Handy auszuschalten und mich noch einmal umzudrehen. Ich war für einen weiteren vollen Tag einfach noch nicht ausgeschlafen genug. Einen *sehr* vollen Tag. Im Halbschlaf fing ich an, meine To-do-Liste für diesen Tag durchzugehen. Meine fünf Kinder mussten in fünf verschiedene Schulen gebracht werden. Eines von ihnen brauchte Nachhilfe in Mathe. Das andere hatte am Vortag seine Zahnspange zerbrochen und brauchte dringend einen Termin beim Kieferorthopäden. Irgendwo musste ich noch eine Telefonkonferenz dazwischenquetschen, während ich mit meinem Teenie-Sohn Autofahren übte.

Um Himmels willen! Wie sollte ich an einer Telefonkonferenz teilnehmen, während ich alle fünf Minuten nach Luft schnappte und »Stopp!« schrie? Gut, dann musste ich die Telefonkonferenz auf später verlegen, wenn ich alle Pausenbrote geschmiert und alle Kinder aus dem Haus gescheucht hatte, um nicht zu spät zu kommen. Ständig waren wir zu spät. Und wenn ich nicht augenblicklich aufstand, würden wir wieder zu spät kommen.

Mein Trägheitsgefühl hatte sich mittlerweile in blanke Erschöpfung verwandelt, und dabei hatte der Tag noch gar nicht richtig angefangen. Ich griff nach dem Handy, um auf die Uhr zu schauen, und sah, dass über Nacht einige E-Mails eingetroffen waren.

Eine Stimme in meinem Inneren warnte mich: Lass dich nicht auf die lauten Forderungen dieser Welt ein, bevor du ein paar leise Worte mit Gott gewechselt hast. Diesen schlauen Rat hatte ich am vergangenen Wochenende meinem Publikum gegeben. Ein Teil in mir wollte den Rat befolgen, aber der größere Teil in mir wollte es nicht.

Meine Neugier siegte, und ich öffnete eine der Mails, während ich ins Bad ging, um die Wanne volllaufen zu lassen und dann zu meinem Kleiderschrank, um etwas zum Anziehen auszusuchen. Um niemanden bloßzustellen, habe ich die Einzelheiten dieser Geschichte geändert. Aber meine Reaktion gebe ich so wieder, wie sie tatsächlich war.

Der erste Satz der Mail lautete: »Schäm dich!«

Wie nett.

Die Mail war von der Mutter einer Klassenkameradin aus der weiterführenden Schule meiner Tochter, die zutiefst beleidigt war, weil ihre Tochter nicht zum Geburtstag meiner Tochter eingeladen worden war. Beachten Sie besonders zwei Worte in diesem Satz, die im Herzen vieler Mütter tiefe Ängste auslösen: *weiterführende Schule*. Muss ich dazu noch mehr sagen?

Es spielte ja keine Rolle, dass meine Tochter schon das ganze Schuljahr Schwierigkeiten mit diesem Mädchen gehabt hatte, weil sie sie immer wieder verletzte. Es war auch egal, dass wir beschlossen hatten, nur die Mädchen aus ihren Klassenlehrerstunden einzuladen, zu denen dieses Mädchen nicht gehörte. Und es spielte auch keine Rolle, dass wir sie gerne eingeladen hätten; aber meine Tochter hatte vor Angst, sie würde sie an ihrem Geburtstag wieder so verletzen wie in der Schule, einen Weinkrampf bekommen.

Also luden wir sie nicht ein. Ich will damit nicht sagen, dass diese Entscheidung richtig war. Aber es steckte ganz sicher keine böse Absicht dahinter. Wir hatten so oft versucht, diesem Mädchen unsere Freundschaft und Liebe anzubieten, und meine Tochter hatte es einfach satt, immer nur verletzt zu werden von ihr. Es war keine leichte Entscheidung gewesen, und ich habe sie nicht leichtfertig getroffen.

Aber ich hatte nun mal diese Schäm-dich-Mail bekommen – genau an dem Tag, an dem ich so erschöpft gewesen war und versucht hatte, alle rechtzeitig überall hinzubringen. Und ich hatte nicht nur diese Schäm-dich-Mail bekommen, sondern die Mutter dieses Mädchens hatte mir auch noch ganz klar zu verstehen gegeben, dass sie meine Tochter vor den Rektor zitieren lassen würde, um von ihm ermahnt zu werden, zu ihrer Tochter nett zu sein.

Ich weiß nicht, wie man *Depp* genau definiert. Aber wenn man ziemlich angespannt ist und dann auch noch Verärgerung dazukommt, scheint die passende Beschreibung für diese Situation zu sein, dass ich mich fühlte, als würde ich von ihr zum Deppen gemacht.

Und so fühlte ich mich schon zu Beginn eines neuen Tages wie ein Depp.

Normalerweise halte ich mich als Elternteil einer Mittelstufenschülerin aus allem raus. Und ich gestehe auch bereitwillig ein, dass meine Kinder hin und wieder zurechtgewiesen oder korrigiert werden müssen. Aber an diesem Tag sah ich mich schon, wie ich dieser Person, die mich verletzt hatte, die passende Antwort erteilen würde. Diese Mutter hatte mich mit Verletzungen überhäuft. Die Waage schlug eindeutig zu meinen Gunsten aus. Also war es nun an mir, sie jetzt auch mit Verletzungen zu überhäufen. Dann wäre die Sache wieder ausgeglichen, und durch die ausgleichende Gerechtigkeit würde ich mich nicht mehr wie ein Depp fühlen. Aber etwas in mir fühlte sich trotzdem nicht besser, nachdem ich in Gedanken mit dieser ausgleichenden Gerechtigkeit gespielt hatte.

Ich fühlte mich bedrückt.

Ich war kurz davor zu explodieren und würde mich dann hinterher dafür schämen, weil ich nicht mehr wie jemand gehandelt hatte, der Jesus wirklich liebt und ihm nachfolgt. Zum Glück bemerkte ich meine Tendenz und erkannte die Schattenseite der Reaktion, die ich im Begriff war, an den Tag zu legen. Ich stellte mir vor, wie ich mich dafür schämen würde, weil ich gegenüber dieser Frau in die Luft gegangen war, und das gefiel mir gar nicht. Ich wollte mich nicht schämen müssen.

Manchmal sage ich zu mir selbst: »Nimm einen kleinen Schluck Scham, damit du hinterher nicht das ganze Bedauern hinunterkippen musst.« Anders ausgedrückt: »Verspüren Sie lieber ein kleines bisschen Scham bei dem Gedanken, dass Sie fast auf jemanden losgegangen wären, als später eimerweise Bedauern über sich ergehen lassen zu müssen.«

Das leichte Schamgefühl bei dem Gedanken, was passieren würde, wenn ich meinen unkontrollierten Gefühlen nachgeben würde, hielt mich davon ab, in die Luft zu gehen. Und das ist gut. Aber ich musste immer noch daran arbeiten, damit die negativen Gefühle verschwanden, und ich musste mich mit meinen wahren Gefühlen auseinandersetzen, die nicht gerade sehr gottesfürchtig waren. Doch dabei ist wichtig, dass wir auf gar keinen Fall unsere ungesunde, explosive Reaktion gegen ein ungesundes Unterdrücken unserer Gefühle eintauschen. Denken Sie daran, dass die Balance zwischen diesen beiden Verhaltensweisen in einem gesunden Seelenleben liegt, bei dem unsere Ehrlichkeit gleichzeitig auf Gottes Rat vertraut. Was mir in diesem Moment fehlte, war Gottes Perspektive.

Durch Gottes Perspektive zu einem gesunden Seelenleben finden

Wenn wir wissen, was wir brauchen, heißt das noch lange nicht, dass wir auch wollen, was wir brauchen. Das Letzte, was ich in diesem Augenblick wollte, war, dass mir ein Bibelvers über den Weg lief. In mir war alles in Aufruhr. Ich weiß nicht, wie es Ihnen geht, aber wenn ich in dieser Verfassung bin, fällt es mir schwer, die Bibel in die Hand zu nehmen. Also schloss ich die Augen und sagte einfach nur: »Gott, darf ich ihr eine Ohrfeige verpassen, wenn ich sie das nächste Mal sehe?«

Nicht, dass ich das jemals wirklich tun würde. Ich war nur so schlecht drauf, dass ich mir vorstellen wollte, es zu tun. Schlimm, was? (Wieder gilt: Nimm einen kleinen Schluck Scham, damit du hinterher nicht das ganze Bedauern hinunterkippen musst.)

Es dauerte einige Stunden, bis ich meine Bibel zur Hand nahm, aber als ich es tat, wusste ich, dass ich den Vers aus Epheser 6 lesen musste, der davon handelt, dass wir nicht gegen Feinde aus Fleisch und Blut kämpfen. Und ich entdeckte etwas ganz Neues in diesem allzu bekannten Kapitel. Aber bevor wir über diese neue Entdeckung sprechen, wollen wir Epheser 6,12 anschauen:

> *Denn unser Kampf richtet sich nicht gegen Menschen, sondern gegen die Mächte der Finsternis, gegen die bösen Geister der unsichtbaren Welt.*

Ich hatte bis zu diesem Zeitpunkt gedacht, mein Feind sei die Schäm-dich-Mail-Frau, aber dieser Vers zeigte mir die Wahrheit. In Gottes Rechnung stehen Menschen nicht an den gegenüberliegenden Enden der Waage. Vielmehr stehen die Menschen auf der einen und der Teufel auf der anderen Seite. Wenn wir uns nun gegenseitig mit Verletzungen überschütten, bringen wir dadurch die Waage nicht wieder ins Gleichgewicht. Wir beschweren nur die Seite der Menschen und erheben die Seite des Teufels. Er liebt es, wenn wir seine Arbeit für ihn erledigen, indem wir uns gegenseitig mit Verletzungen überhäufen.

Das Geheimnis einer gesunden Konfliktbewältigung ist deshalb, keine Du-gegen-mich-Haltung einzunehmen, sondern zu erkennen, dass wir alle zusammen gegen den Teufel kämpfen – er ist unser wahrer Feind. Aber das ist nicht leicht, wenn wir nur sehen, dass ein Mensch aus Fleisch und Blut gerade auf unserem letzten intakten Nerv herumtrampelt.

In einem solchen Moment möchten wir nur zu gerne unser Christsein einmal kurz ablegen. Aber in Wirklichkeit ist es zweifellos die beste Gelegenheit, den Teufel zurück in die Hölle zu schicken. Eine Frau Gottes, die sich erhebt und ganz unerwartet gnädig ist, wo sie auch ganz anders hätte reagieren können, beweist, was es heißt, wenn die Macht Jesu am Werk ist – in ihr und in dieser Welt.

Deshalb beschließt Paulus Kapitel 6 des Epheserbriefes auch mit einer Aussage über seine Worte – wie er sie einsetzen möchte und welche Wirkung sie haben sollen. Und in diesem Vers habe ich die neue Entdeckung gemacht. Nachdem Paulus erklärt hat, dass der Teufel unser eigentlicher Feind ist, uns daran erinnert hat, jeden Tag unsere geistliche Waffenrüstung anzulegen und noch einmal die absolute Notwendigkeit des Gebets wiederholt hat, sagt er noch etwas:

> *Bitte betet auch für mich, dass ich zur richtigen Zeit den Mut habe, auch das Richtige zu sagen. Die Menschen sollen das Geheimnis der Liebe Gottes erkennen können.* Epheser 6,19

Die Stelle, an der dieser Vers steht, ist entscheidend und beabsichtigt. Nachdem wir uns daran erinnert haben, wer unser wahrer Feind ist – und dass die Person, die uns verletzt hat, nicht unser tatsächlicher Feind ist –, sollten wir die Worte, die wir zu dieser Person sagen, genau bedenken. Denn es ist eine Sache, mir ins Gedächtnis zu rufen, dass diese Person nicht mein Feind ist, aber es ist noch einmal etwas ganz anderes, Worte zu sprechen, die ihr das Geheimnis des Evangeliums zeigen. Was für eine Entscheidung!

Da ich immer noch meine Wunden leckte, hätte ich am liebsten gehabt, dass der Vers lautet: »Wenn du deinen Mund aufmachst, dann sollst du meistens das Evangelium verkünden. Aber wenn dir jemand eine Schäm-dich-Mail schickt, ist das eine Ausnahme. Dann darfst du richtig in die Luft gehen.«

Oder vielleicht: »Wenn du deinen Mund aufmachst, dann sollst du meistens das Evangelium verkünden. Aber wenn jemand ganz offensichtlich ein Problem hat, dann sollst du die Person darauf aufmerksam machen und ihr das zurückzahlen, womit sie dich verletzt hat.«

Oder: »Wenn du deinen Mund aufmachst, dann sollst du meistens das Evangelium verkünden. Aber wenn du wirklich sehr verletzt worden bist, dann sammle Verbündete und mach die andere Person so gut du kannst schlecht.«

Aber das steht nicht in Epheser 6,19. Dort steht, dass ich das Evangelium verkünden soll, wann immer ich meinen Mund aufmache. Ob das leicht ist? Natürlich nicht! Wenn ich überhaupt eine Chance haben will, dass das klappt, muss ich mir von vornherein eine Strategie ausdenken, wie ich in solchen Situationen reagieren will. Von vornherein heißt, dass ich nicht warte, bis ich eine verletzende Bemerkung oder eine Schäm-dich-Mail erhalte. Ich muss in einer Zeit, in der ich einen klaren Kopf habe und nicht emotional geladen bin, ein Schema entwerfen, nach dem ich in solchen Momenten reagieren will. Dann kann ich in dem Augenblick, in dem jemand seine ganzen ungebändigten Gefühle über mich ergießt, an meinem ausgeglichenen Seelenleben festhalten.

Ein Reaktionsschema entwerfen

Ich versuche, daran zu denken, dass mein Mundwerk oder meine Fingerspitzen auf der Tastatur nicht das Erste sind, womit ich mich in einen Konflikt begebe. Meine Zunge ist mächtig – in ihrer Macht liegen Leben und Tod. Das Gleiche gilt für einen gesalzenen Brief oder eine Mail.

Genau deshalb brauche ich ein Reaktionsschema. Und dieses habe ich in einem emotional völlig neutralen Augenblick entworfen, denn das ist der beste Zeitpunkt, um mit gottvertrauender

Ehrlichkeit und einem ausgeglichenen Seelenleben über solche Dinge nachzudenken. Ich brauche dieses Reaktionsschema, damit ich mich selbst daran hindern kann, einfach draufloszuschimpfen, wenn ich wieder einmal zutiefst verletzt wurde. Und aus diesem Grund habe ich mir die folgende Vorgehensweise für meine schriftlichen Reaktionen ausgedacht. Natürlich kann dieses Schema etwas angepasst auch für mündliche Situationen benutzt werden. Sie dürfen es verwenden oder aber Ihr eigenes entwickeln, um es dann das nächste Mal anzuwenden, wenn eine schriftliche oder mündliche Reaktion ansteht.

1. Dem anderen gegenüber Anerkennung äußern

Das ist nicht leicht. In dem Moment, in dem wir verletzt wurden, haben wir wahrscheinlich nicht gerade das Gefühl, dass die andere Person Anerkennung verdient hat. Und vielleicht hat sie das auch tatsächlich nicht. Auf jeden Fall war mir ganz sicher nicht danach, die Äußerungen der Frau, die mich beleidigt hatte, anzuerkennen. Also äußerte ich keine Anerkennung für ihre Worte, sondern ich äußerte Anerkennung für sie als Mensch – für einen Menschen, den Gott liebt. Ich darf dabei nicht vergessen, dass Anerkennung zu äußern mehr über meinen Charakter verrät als über den des anderen.

Und deshalb habe ich Folgendes geschrieben: *Liebe Sally, ich merke, dass du eine Mutter bist, die sich sehr um ihre Tochter sorgt.*

Ich habe meine Anerkennung geäußert, indem ich eine positive Eigenschaft hervorgehoben habe, von der ich wusste, dass sie auf sie zutraf. Auch wenn Sie vielleicht sehr nachdenken müssen, um eine positive Eigenschaft an der Person zu finden, die Sie verletzt hat, so hat doch so gut wie jeder Mensch irgendeine starke Seite.

2. Die Antwort sollte kurz und gnädig sein

Je wortreicher wir uns ausdrücken, desto größer ist die Gefahr, dass wir defensiv werden. Deshalb sollten Sie, wenn etwas zu klären ist, sich kurz fassen und dabei gnädig sein.

Hier ist meine Antwort: *Ich verstehe, dass es hart ist, wenn man das Gefühl hat, dass das Kind außen vor gelassen wird. Mir geht es wie dir: Wenn mein Kind verletzt wird, tut mir das auch weh.*

Mit den folgenden Zeilen wollte ich meine Absichten klarstellen: *Ich möchte dir gerne erklären, weshalb wir nur die Mädchen aus Hopes Klassenlehrerstunden eingeladen haben. Hope hätte gerne noch viele andere eingeladen, aber das schien uns die gerechteste Entscheidung zu sein, um die Party im Rahmen zu halten.*

Mit den folgenden Zeilen wollte ich das eigentliche Problem ehrlich, aber sanft ansprechen: *Das letzte Jahr war für Hope nicht einfach. Du weißt wahrscheinlich, dass Hope mit deiner Tochter einige Auseinandersetzungen hatte. Wenn du gerne darüber sprechen möchtest, wie wir den Mädchen helfen können, damit sie besser miteinander auskommen, würde ich mich freuen.*

Und falls eine Entschuldigung angebracht ist: *Ich möchte mich aufrichtig bei dir dafür entschuldigen, dass wir dir und deiner Tochter damit wehgetan haben.*

Und schließlich noch ein Satz der Gnade: *Vielen Dank für deine Nachsicht in dieser Sache.*

3. Zeigen Sie zum Schluss Mitgefühl

Es kann sein, dass Ihr Gegenüber aus ganz anderen Gründen verletzt ist, die gar nichts mit dieser Sache zu tun haben. Darauf werde ich in einem anderen Kapitel noch ausführlich eingehen. Aber für diesen Fall könnten Sie einfach diejenige sein, die dieser wenig liebenswürdigen Person Liebe entgegenbringt und schreibt: *Mit mehr Liebe und Mitgefühl, als ich in Worten ausdrücken kann, Lysa.*

Aber wenn Sie Ihre Antwort nicht ehrlichen Herzens so beenden können, dann tun Sie nicht so als ob. Ich weiß, dass manche

Konflikte es unmöglich machen, alles mit Liebe zu beenden. Dann lautet Ihr Schluss voller Mitgefühl vielleicht: *Gottes Segen …*, *Danke …* oder einfach nur: *Alles Gute*.

Denken Sie bitte daran, dass nicht jede grobe E-Mail eine Antwort erfordert. Bei dieser wusste ich, dass ich antworten musste. Bitten Sie Gott, Ihnen zu zeigen, wann Sie antworten und wann Sie sie einfach löschen sollten.

Bedenken Sie auch, dass man nicht auf jeden mündlichen Vorwurf auch mündlich antworten muss. Aber wenn es nötig ist, lassen sich meine Vorschläge leicht auf eine solche Situation übertragen. Behalten Sie nur diese drei Punkte im Gedächtnis: Anerkennung zeigen, kurz fassen und gnädig sein, Mitgefühl zeigen. Anerkennung, Gnade, Mitgefühl – A.G.M.

Ganz gleich ob wir mündlich oder schriftlich antworten, wir dürfen nicht vergessen, dass es einen großen Unterschied gibt zwischen einer Reaktion und einer Antwort. Reaktionen sind meist barsch und man will dem anderen zeigen, dass er im Unrecht ist. Daraus wird nie etwas Gutes. Aber »eine freundliche Antwort vertreibt den Zorn« (Sprüche 15,1 Hfa). Eine freundliche Antwort zu geben, bedeutet nicht, dass Sie Schwäche zeigen; sie zeigt vielmehr, dass Sie eine seltene und gottgefällige Stärke besitzen.

Ich glaube, ich wiederhole diesen Satz noch einmal, nicht in erster Linie für Sie, sondern vielmehr für mich! *Eine freundliche Antwort zu geben, bedeutet nicht, dass Sie Schwäche zeigen; sie zeigt vielmehr, dass Sie eine seltene und gottgefällige Stärke besitzen.*

Was ist jetzt aus dieser Schul-Szene geworden? Ich habe geantwortet und zunächst einmal nichts mehr von der Mutter des Mädchens gehört. Zu guter Letzt hatten wir doch noch ein gemeinsames Gespräch mit den Mädchen, um ihnen zu helfen, ihre Verletzungen zu verarbeiten und ein etwas neutraleres Verhältnis zu entwickeln. Hope hat sich nie wirklich mit dem anderen Mädchen angefreundet. Sie waren zu verschieden und hatten zu unterschiedliche Erwartungen an eine Freundschaft. Aber das ist in Ordnung.

Ich musste den Dingen das richtige Gewicht beimessen. Die Schulzeit wird immer eine wackelige Angelegenheit sein, aber sie geht auch vorbei. Neulich habe ich etwas im Radio gehört, das mir sehr schön verdeutlicht hat, was es heißt, den Dingen das richtige Gewicht beizumessen. Der Moderator sprach darüber, wie leicht die Menschen ausflippen, wenn ihre Katze auf einen Baum klettert. Sein Studiogast war ein Feuerwehrmann, der jede Woche mindestens einen Anruf von jemandem bekommt, dessen Katze heruntergeholt werden muss. Der Feuerwehrmann meinte, wenn er gerade Zeit habe, helfe er gerne, aber wenn er gerade nicht könne, dann erinnere er den Katzenbesitzer sanft daran, dass er noch nie ein Katzenskelett in einem Baum gesehen habe.

Hmmm. Interessanter Gedanke. Es half mir, mir ins Gedächtnis zu rufen, dass mein Kind nicht ewig in der Schule sein wird. Und auch die andere Mutter, die sich mit den Schulproblemen ihrer eigenen Tochter herumschlagen muss, wird nicht für immer in dieser Situation sein. Alles wird vorübergehen. Und letzten Endes ist es gut daran zu denken, dass es nicht meine Aufgabe ist, diese Frau mit meiner Antwort zurechtzubringen. Das ist Gottes Aufgabe. Meine Aufgabe ist es, Gott inmitten meiner eigenen Probleme gehorsam zu sein.

Ich will nicht behaupten, dass ein Reaktionsschema uns ein für alle Mal davon abhalten wird, in die Luft zu gehen, aber es hilft, die Sache positiver anzugehen.

Konzentrieren Sie sich zunächst einmal auf Ihren Fortschritt. Danken Sie Gott dafür und pflastern Sie Ihren Weg mit Gnade – Gnade für Sie selbst, wenn Sie explodieren und Ihre anschließenden Vorwürfe, und Gnade für Sie selbst, wenn Sie das Ganze von der anderen Seite erleben und der explosive Typ sind, der anderen die Schuld gibt.

Der explosive Typ, der anderen die Schuld gibt

Hin und wieder versuche ich, eine *Super-Mama* zu sein. Sie wissen schon, so eine, die mit der Heißklebepistole in der Hand versucht etwas zu basteln, das sich bei der nächsten Kunsthandwerksmesse sehen lassen könnte. So eine, die ihren Kindern nur zu gerne vorliest, ohne dabei zu tricksen, um schneller fertig zu sein. Genau so eine.

Aber das funktioniert bei mir einfach nicht.

Als ich vor einiger Zeit davon erfuhr, dass eine Buchhandlung in unserer Nähe Räumungsverkauf hatte, packte ich meine Kinder ein und beschloss, dass dies die ideale Gelegenheit war, um dazu beizutragen, dass meine Lieben zu Bücherwürmern würden. Leider war ich fälschlicherweise davon ausgegangen, dass so ein Räumungsverkauf in einer Buchhandlung jeden zu einem Literaturliebhaber machen müsste. Aber dem war nicht so.

Meine Kinder scherten sich kein bisschen um die Bücher. Stattdessen waren sie nur an dem Inhalt einer Kiste neben den Bücherregalen interessiert. Und ich muss zugeben, die farbenfrohen Verpackungen sahen vielversprechend aus. Ich nahm einem der Kinder eine Schachtel aus der Hand, die das aufregendste naturwissenschaftliche Experiment versprach. Eine Mutter sollte immer vorsichtig sein, wenn irgendwo *aufregend* und *Experiment* draufsteht. Und ganz besonders, wenn die Schachtel nur noch einen Dollar kostet. Sie sollte so klug sein und es ihrem Kind nicht kaufen.

Aber ich war müde von meinen vergeblichen Anstrengungen, die Kinder für Bücher zu begeistern, und da wir nun schon den ganzen Morgen bei diesem Ausverkauf verbracht hatten, dachte ich, wir sollten wenigstens mit etwas hinausgehen, was zur Allgemeinbildung beiträgt. Also kaufte ich einige der Experimentierkästen.

Mit einem dieser Sets sollten die Kinder angeblich Urzeitkrebse züchten können. *Angeblich* – wohlgemerkt. Meine Kinder waren völlig aus dem Häuschen und konnten es kaum erwarten loszulegen. Sie stellten den Behälter auf, leerten die Chemikalien, das Wasser und die kleinen Futterkristalle hinein und setzten grüne Plastikpflanzen hinein, zwischen denen die Krebse sich tummeln konnten, wenn sie geschlüpft waren.

An diesem Punkt sollte ich Ihnen wohl verraten, dass das eine der Geschichten ist, die zwei Seiten hat, eine gute und eine schlechte. Welche hätten Sie gerne zuerst?

Die gute Nachricht: Es schlüpfte tatsächlich etwas.

Die schlechte Nachricht: Es waren keine Urzeitkrebse.

Wir hatten den Experimentierkasten über Nacht stehen lassen, und als ich am nächsten Morgen in die Küche kam, war sie von einem ganzen Schwarm fetter, hässlicher, haariger, riesiger Fliegen bevölkert, wie ich sie noch nie gesehen hatte. Ich weiß nicht, ob unsere Urzeitkrebse mutiert sind oder ob irgendeine Fliegenlarve versehentlich in die Packung geraten war und die Urzeitkrebse gefressen hatte.

Jedenfalls war es schrecklich.

Das Fazit dieser Geschichte ist einfach: Manche Mütter sind von Gott eben als Super-Mamas erschaffen worden. Sie haben dieses Super-Mama-Gen, und es fällt ihnen unheimlich leicht zu kochen, zu basteln und aufzuräumen.

Andere Mütter wiederum sind dazu auserwählt, die komische Nummer zu sein und damit zur allgemeinen Belustigung beizutragen und dazu, dass Therapeuten auch in Zukunft nicht arbeitslos werden.

Ich weiß, dass diese Geschichte jetzt komisch klingt, aber damals war es einfach nur eine weitere Begebenheit, die mich vom Klub der Super-Mamas ausschloss. In mir spielte sich ein quälender Gute-Mama/schlechte-Mama-Dialog ab:

Gute Mamas züchten Urzeitkrebse. Schlechte Mamas züchten hässliche Fliegen.

Stopp! Gute Mamas kaufen erst gar keine Experimentierkästen beim Räumungsverkauf. Schlechte Mamas können nicht Nein sagen und geben zu schnell nach.

Gute Mamas recherchieren im Internet, wie sie aus einer Fliegeninvasion eine naturwissenschaftliche Lehrstunde für ihre Kinder machen können. Schlechte Mamas töten die Fliegen und verbergen die Spuren vor ihren Kindern.

Dieser innere Dialog ging ewig weiter. Und mit jeder Bestätigung, dass ich eine schlechte Mama war, kochten meine Gefühle immer mehr hoch. Auf einer Stressskala von 1 bis 10 wäre ich zunächst vielleicht bei 4 gewesen, aber dieser innere Dialog ließ mich ganz schnell auf 7 hochklettern. Fügt man jetzt noch einen kleinen Streit der Kinder hinzu, darüber, wer wessen Frühstückstoast abgeleckt hat, und die Tatsache, dass ich mein Handy nicht finden konnte, dann war ich schon bei 9,8 angekommen und damit kurz davor, zu explodieren und allen und jedem die Schuld zu geben, die unglücklicherweise gerade in der Nähe waren. Ich war wütend. Ich brauchte Selbstbeherrschung.

Um es mir in solchen Situationen leichter zu machen, versuche ich, die Sache mit der Selbstbeherrschung besser zu verstehen. In der Bibel gibt es viele Verse darüber, zum Beispiel Sprüche 25,28, Galater 5,23 und 1. Petrus 5,8. Aber es ist schwer, sich selbst unter Kontrolle zu haben, wenn jemand anderes etwas tut, was ich nicht kontrollieren kann und was meine Gefühle negativ beeinflusst. Ich bin allerdings doch dabei, eine Kleinigkeit zu lernen: Wenn das Verhalten oder die Worte eines anderen drohen, mich negativ zu beeinflussen, habe ich die *Wahl,* dem nachzugeben. Ich habe sie wirklich, auch wenn es sich vielleicht nicht so anfühlt. Es mag sich anfühlen, als sei ich meinen Gefühlen hilflos ausgeliefert, aber das bin ich nicht. Vergessen Sie bitte nicht, dass Gefühle

Indikatoren sind, keine Diktatoren. Sie können mir anzeigen, dass ich mich mit einer Situation auseinandersetzen muss, aber sie sollten mir nicht diktieren, wie ich zu reagieren habe. Ich habe stets die Wahl.

Selbstbeherrschung

»Ich habe die Wahl!« Manchmal sage ich das laut vor mich hin, wenn ich gerade wütend bin, um mich selbst davon abzuhalten, in die Luft zu gehen. Ich habe die Wahl, ob ich durch einen unkontrollierten Ausbruch meinem Gegenüber gestatte, meine Gefühle zu kontrollieren, oder ob ich weiterhin die Macht in Händen halte, weil ich meinen Mund halten kann. Wenn ich aber reagiere, indem ich schreie, aus der Haut fahre oder eine spitze Bemerkung mache, gebe ich damit der anderen Person Macht über mich. Was meine Kinder betrifft, wäre das gleichbedeutend damit, dass ich die Macht einem meiner fünf Teenager überlassen würde. Hilfe!

Wenn ich meine Reaktion aus dieser Perspektive betrachte, dann wird mir schnell klar, dass ich die Macht nicht freiwillig jemandem übergeben will, der damit noch nicht umgehen kann. Und ich will nicht in die Lage geraten, letztlich unreifer zu sein als meine Kinder – oder sonst jemand. Wenn ich keine Macht mehr habe, verfüge ich auch über keine Selbstkontrolle mehr. Also ist es wichtig, dass ich meine Macht behalte, wenn ich die Selbstbeherrschung behalten möchte.

Wenn ich hier von »meiner Macht« spreche, meine ich damit nicht etwas, was ich mir nur einrede. Ich meine damit Gottes Macht, die in mir wirkt. Wenn ich mich nach Gottes Wort verhalte, spüre ich diese Macht. Wenn ich mich entgegen Gottes Wort verhalte, fühle ich mich machtlos.

Gottes Worte in Jesaja sind eine gute Gedächtnisstütze dafür, wie wir in jeder Lage auf diese Macht zurückgreifen können:

Denkt an den Regen und den Schnee! Sie fallen vom Himmel und bleiben nicht ohne Wirkung: Sie tränken die Erde und machen sie fruchtbar; alles sprießt und wächst. So bekommt der Bauer wieder Samen für die nächste Aussaat, und er hat genügend Brot. Genauso ist mein Wort: Es bleibt nicht ohne Wirkung, sondern erreicht, was ich will, und es führt das aus, was ich ihm aufgetragen habe. Jesaja 55,10-11 (Hfa)

Haben Sie das gehört? Gottes Wort bleibt nicht ohne Wirkung! Die Lösung, um Gottes Macht in mir zu behalten und Selbstbeherrschung zu erlangen, besteht darin, Gottes Wort in mich hineinzulassen. Wenn sein Wort in mein Herz und meinen Verstand eindringt, wird das etwas bewirken – etwas Gutes, Mächtiges, etwas, das mir hilft, selbstbeherrscht zu sein. Auf diese Weise bekomme ich Zugang zu Gottes Macht.

Und so sieht meine neue Taktik aus: Wenn mir jemand auf den letzten Nerv geht, fange ich an, Gottes Wort entweder im Stillen oder laut – je nach Situation – in der Gegenwartsform zu zitieren. Wenn zum Beispiel eines meiner lieben Kinder gerade mal nicht so lieb ist, dann rufe ich mir 1. Petrus 5,6-8 ins Gedächtnis und sage (oder denke zumindest, bevor ich antworte): »Ich entscheide mich jetzt, selbstbeherrscht und wachsam zu sein. Dein Verhalten fordert mich geradezu heraus, zu schreien und die Beherrschung zu verlieren. Aber ich merke, dass ich gegen einen Feind kämpfe, und dieser Feind bist nicht du. Der Teufel schleicht genau jetzt umher und brüllt und will mich durch meine eigene mangelnde Selbstbeherrschung verschlingen, aber ich bin eine Frau Gottes. Genau, das bin ich. Ich werde jetzt ruhig und demütig Gott in mir wirken lassen. Und wenn ich das tue, wird Gott mich und meine angespannten Nerven aus dieser Situation herausholen und mir eine viel bessere Reaktion schenken als die, die ich dir im Moment bieten kann. Lass mir einfach ein paar Augenblicke Zeit, und dann reden wir in Ruhe miteinander darüber.«

Wenn es natürlich um eine Kollegin oder eine Freundin ginge, würde ich mich vielleicht entschuldigen und erst einmal weggehen oder später zurückrufen, um über die Sache zu sprechen. Dann würde ich mir innerlich so lange diese Bibelverse vorsagen, bis ich mich beruhigt habe. Auf jeden Fall hilft es mir, mein Herz in einer viel besseren Verfassung zu erhalten, wenn ich mir Bibelverse zu der entsprechenden Situation vorsage.

Wenn ich diesen Rat vor zwanzig Jahren gelesen hätte, dann hätte ich die Augen verdreht und gedacht: *Schön für sie, dass sie so viele Bibelverse auswendig kann. Aber was ist mit jemandem wie mir, die gerade mal Johannes 3,16 aufsagen kann?* Hier geht es nicht so sehr ums Auswendiglernen, sondern vielmehr um die praktische Anwendung. Anders ausgedrückt, müssen Sie nur ein paar Bibelverse griffbereit haben. Die, über die wir in diesem Buch sprechen, sind zum Beispiel gut. Schreiben Sie sich ein paar davon, die Sie wirklich angesprochen haben, als Memo in Ihr Handy, auf Karteikarten oder auf Haftnotizzettel. Und jetzt kommt das Geniale daran: Je mehr Sie davon Gebrauch machen, desto wahrscheinlicher ist es, dass Sie sie irgendwann auswendig können!

Da steckt wirklich Kraft drin. Und Sie werden letztlich so viel Selbstbeherrschung ausstrahlen, dass Ihre Kinder, Ihre Freunde, Ihr Partner, Ihre Kollegen gar nicht mehr wissen, was Sie mit Ihnen anfangen sollen.

Doch ich muss auch ganz ehrlich zugeben, dass ich, obwohl ich um diese Prinzipien weiß und sie lehre, Momente erlebe, in denen ich das Gefühl habe, Bibelverse auf Karteikarten, die ich in der Gegenwartsform aufsage, halten meinen Explosionen einfach nicht stand.

Aber Gott ist dem gewachsen. Ich brauche dann aber unbedingt eine Unterhaltung mit ihm, und manchmal bekomme ich sie am schnellsten, wenn ich direkt zu seinem Wort greife. Wozu eine Unterhaltung mit Gott? Weil Gott uns helfen muss, unsere Explosion zu verhindern. Er muss uns helfen, die Schuldzuweisungen zurückzuhalten und die Vorwürfe. Sprüche 29,18 sagt uns zu diesem Thema: »Wo keine Offenbarung ist, wird das Volk zügellos, aber wohl ihm, wenn es das Gesetz bewahrt!« (SLT) Das ist eine wunderbare Erinnerung daran, dass nur die Wahrheit in Gottes Wort uns helfen kann, uns in Zaum zu halten. Das hebräische Wort für Offenbarung ist hier *chazon*, was so viel heißt wie »göttliches Reden«. Anders formuliert: »Wo kein göttliches Reden ist, wird das Volk zügellos.« Interessant, nicht?

Heilige Zurückhaltung

Gottes Wort in der Gegenwartsform zu zitieren, verleiht unseren Herzen eine heilige Zurückhaltung und zerstreut unsere Reaktion, sodass wir nicht mehr einfach alles ausspucken müssen. Ist das nur eine andere Art der Selbstbeherrschung? Nein, es gibt einen Unterschied zwischen Selbstbeherrschung und heiliger Zurückhaltung. Selbstbeherrschung ist eine Frucht des Heiligen Geistes. Sie ist der äußerliche Ausdruck unserer Beziehung zu Gott. Heilige Zurückhaltung ist der Same dieser Frucht. Es ist die innere Wirklichkeit eines Lebens mit Jesus, bei dem ich seine Wahrheit auf mein Leben anwende. Es ist die Entscheidung, seine Wahrheit nicht nur *zu mir zu nehmen*, indem ich sie aufnehme und dann einige Minuten lang ein gutes Gefühl habe, sondern sie auch zu *verdauen*, indem ich sie zum Bestandteil meiner selbst und meines Lebens mache. Es ist ein großer Unterschied, ob ich Wahrheit zu mir nehme oder Wahrheit verdaue.

An dem Abend, an dem meine jüngste Tochter Brooke zu mir kam und fragte, ob sie einen Kuchen backen dürfe, lernte ich, wie das praktisch aussieht. Es war neun Uhr abends! Ich hatte meine Küche bereits aufgeräumt und die Tür hinter mir zugemacht. Grr! Nichts in mir wollte zulassen, dass dieses Kind jetzt einen Kuchen backte. Aber ich hatte gerade an so einem Erziehungsseminar teilgenommen, an dem die Eltern angehalten wurden, nicht immer gleich Nein zu sagen. (Warum gehe ich auch zu diesen Seminaren?)

Wie dem auch sei, Hope, Brookes ältere Schwester, bot sich an zu helfen, und ich war zu müde, um mit einer Neunjährigen zu debattieren. Brooke maß ab, tat alles in einen Topf, rührte und schlug den Teig, bis sie schließlich vorsichtig eine teiggefüllte Backform in den Ofen schob. Dann machte sie das Licht im Ofen an und sah dem Kuchen zu. Sie war vollkommen auf den Kuchen konzentriert. Sie konnte ihre Augen nicht von dem Kuchen nehmen und wurde immer ungeduldiger, weil die Zeit auf dem Küchenwecker so langsam verstrich.

Nach etwa dreißig Minuten von der Dreiviertelstunde Backzeit sah der Kuchen aus, als sei er fertig. Er roch, als sei er fertig. Brooke wollte, dass er in diesem Moment fertig war. Also überlegte sie, dass er wohl fertig sein musste! Hope half ihr, den Kuchen herauszunehmen und stellte ihn zum Auskühlen auf die Arbeitsfläche. Einige Minuten lang sah er fantastisch aus. Aber es dauerte nicht lange, da fiel der Kuchen in sich zusammen. Der Kuchen war dem Druck seiner unfertigen Mitte nicht gewachsen … und genauso geht es uns.

Wir müssen Zeit mit Gott verbringen, damit seine Wahrheit Teil unserer selbst und unseres Lebens wird. Genau das bedeutet es, ihn innerlich zu erleben. Erst dann können wir eine heilige Zurückhaltung entfalten. Diese heilige Zurückhaltung wird uns zurückhalten, sobald wir eigentlich aggressiv voranpreschen möchten. Sie wird uns helfen, unsere Zunge im Zaum zu halten, wenn wir augenblicklich losschreien möchten. Sie wird uns helfen innezuhalten, bevor wir jemanden mit einer emotionalen Schimpfkanonade überfallen.

Wenn wir diese heilige Zurückhaltung erst einmal aus einem inneren Erleben Gottes heraus entwickeln, können wir Gott mit unserem äußeren Ausdruck ehren. Denken Sie daran, dass heilige Zurückhaltung der Same ist, aus dem die Frucht der Selbstbeherrschung wächst. Diese Selbstbeherrschung ist der äußere Ausdruck – der Beweis – dafür, dass unsere Mitte fertig ist, und das hilft uns, gottesfürchtiger zu reagieren.

Ja, Gottes Wort – sein göttliches Reden, das in uns wirkt – kann uns tatsächlich äußerlich helfen, wenn wir versucht sind, in die Luft zu gehen und anderen die Schuld zu geben.

In die Stille finden

Denken Sie daran, dass unser Ziel der unvollkommene Fortschritt ist – ganz gleich, ob wir in die Luft gehen und uns anschließend selbst Vorwürfe machen, oder ob wir explodieren und anderen die Schuld geben. Nachdem ich explodiert bin, spüre ich natürlich sehr viel mehr das *Unvollkommene* als den *Fortschritt.* Wir befassen uns hier mit Gefühlen und Beziehungen … was beides ungefähr so greifbar ist wie Wackelpudding. Unser Weg zu einem besseren Umgang mit unseren Gefühlen ist ganz gewiss ein komplizierter, chaotischer und sehr schlecht einzuschätzender Prozess. Manchmal fühlt man sich so ausgebrannt, man fragt sich, ob man jemals aufhören wird zu explodieren, und möchte am liebsten aufgeben. Aber ich habe mittlerweile gelernt, dass ich zunächst auf*horchen* muss, bevor ich auf*gebe.* Das bedeutet, dass ich die Notbremse ziehen sollte, sobald ich mich in einer Situation befinde, in der ich am liebsten explodieren würde. Im Idealfall heißt es, dass ich mich zurückziehe, um daheim allein zu sein. Aber manchmal bedeutet es auch, dass ich mich für einige Zeit auf die Toilette zurückziehe. Toilettenkabinen können tatsächlich großartige Gebetsräume sein. Die Sache ist die, dass ich nur erkennen kann, was Gott tut und nach dem handeln kann, was er mir zeigt, wenn ich vor ihm still werde.

Natürlich ist es schwer, still zu werden, wenn ich gerade kurz davor bin zu explodieren. Aber hier am Ende dieses Kapitels möchte ich Ihnen fünf wunderbare Dinge zeigen, die ich in der Stille entdeckt habe, fünf Dinge, die wie Balsam sind für die wunden Stellen einer Seele, die kurz vor dem Explodieren ist.

1. In der Stille fühlen wir uns sicher genug, um demütig zu sein.

Das Letzte, was ich tun will, wenn ich gerade emotional aufgewühlt bin, ist demütig sein. Lieber will ich laut werden, stolz sein und beweisen, dass ich recht habe. Aber ich musste auf die harte Tour lernen, dass es wichtig ist, mich vom Schlachtfeld zurückzuziehen und Gott demütig zu bitten, mir seine Wahrheit zu zeigen, damit die Dinge wieder einen Sinn ergeben. Mittlerweile weiß ich, dass ich in einer Beziehung noch nie Probleme hatte, zu denen ich nicht wenigstens einen Teil beigetragen habe. Aber meinen Anteil daran kann ich meistens erst in der Stille erkennen. In der Stille wird es uns möglich, uns »unter die gewaltige Hand Gottes [zu beugen]« (1. Petrus 5,6).

2. In der Stille erhebt uns Gott an einen Ort, an dem wir klar sehen.

Wenn wir mitten in der Hitze des Gefechts stehen, wollen uns unsere verrückten Gefühle nach unten ziehen, in eine Grube der Hoffnungslosigkeit. Der einzige Weg, aus dieser Grube herauszukommen, ist, aufzuhören noch tiefer zu graben und uns an Gott zu wenden, damit er uns die Lösung zeigt, »damit er [uns] erhöht, wenn es an der Zeit ist« (1. Petrus 5,6).

3. Die Sorge weicht dem Fortschritt.
Wir können unsere besorgten Herzen an dem Ort, an dem wir uns gerade befinden, bei Jesus ausschütten, der uns so liebt, wie wir in diesem Moment sind. Weil in seiner Liebe keinerlei ungerechte, menschliche Verurteilung ist, werden wir sanfter und fühlen uns sicher genug, um demütig zuzugeben, dass er an uns arbeiten muss. Wenn wir versuchen, einen anderen Menschen zurechtzubringen, vergrößert das unsere Sorge nur. Wenn ich aber zulasse, dass Jesus an mir arbeitet, dann geschieht echter Fortschritt. Ich berufe mich auf die Verheißung, die sagt: »Werft alle eure Sorgen auf ihn, denn er sorgt sich um euch« (1. Petrus 5,7).

4. In der Stille können wir uns eingestehen, dass unser Gegenüber nicht unser wahrer Feind ist.
Ich erwähnte am Anfang dieses Kapitels schon, dass es scheinen mag, als sei die Person, mit der wir im Konflikt stehen, unser Feind. Aber in Wahrheit ist diese Person nicht der eigentliche Übeltäter. Der wahre Übeltäter ist der Teufel, der sowohl mich als auch die Person, die mich verletzt hat, beeinflusst. In der Hitze des Gefechtes ist mir das nicht immer bewusst, aber in der Stille kann ich mir diese Wahrheit ins Gedächtnis rufen und mich dafür entscheiden, beherrscht zu reagieren. Das ist die Weisheit der Bibel, die sagt: »Seid nüchtern und wachsam, denn euer Widersacher, der Teufel, schleicht wie ein hungriger Löwe um euch herum und sucht nach jemandem, den er verschlingen könnte. Widersteht ihm standhaft durch euer Vertrauen auf Gott« (1. Petrus 5,8-9).

5. In der Stille kann ich darauf vertrauen, dass Gott aus diesem Konflikt etwas Gutes machen kann, ganz gleich, wie er ausgeht.
Wenn ich mich bemühe, mit diesem Konflikt gut umzugehen, dann stehe ich nicht mehr unter dem Druck, dafür zu sorgen, dass alles rosarot endet. Manchmal wachsen Beziehungen durch

Konflikte; manchmal gehen sie aber auch zu Ende. Weil ich mein Gegenüber nicht in der Hand habe, muss ich mich darauf konzentrieren, dass Gott durch diese Situation in mir etwas Gutes bewirken will, und muss das Ergebnis ihm überlassen. Gottes Wort verspricht uns: »Der Gott, der euch Gnade schenkt und durch Jesus Christus zu seiner ewigen Herrlichkeit berufen hat, wird euch ans Ziel bringen. Er wird euch Kraft geben und innerlich stark machen, damit ihr diese kurze Zeit der Leiden besteht« (1. Petrus 5,10).

Sie können diese Liste noch beliebig ergänzen mit den Vorzügen, die Sie entdecken werden, wenn Sie bewusst die Stille vor Gott suchen, in Situationen, in denen Sie am liebsten in die Luft gehen würden.

Mein Gebet für Sie und für mich lautet:

Oh Gott, hilf uns – hilf mir. Ich will eine leidenschaftliche Frau Gottes sein, die von dir und deiner Gnade in Zaum gehalten wird ... und nicht explodiert und sich dann Vorwürfe macht oder anderen die Schuld gibt. Ich will einen kleinen Schluck Scham nehmen, damit ich hinterher nicht das ganze Bedauern hinunterkippen muss. Ich will zu denen gehören, die ihre Zunge in Zaum halten und den Heiligen Geist in sich wirken lassen. Ich will mich von diesen Wahrheiten durchdringen lassen, damit sie Teil meiner selbst und meines Lebens werden.

Und ich weiß, dass Sie das auch wollen.

Unvollkommener Fortschritt.

Spüren Sie, dass Sie in Richtung auf dieses Ziel unterwegs sind?

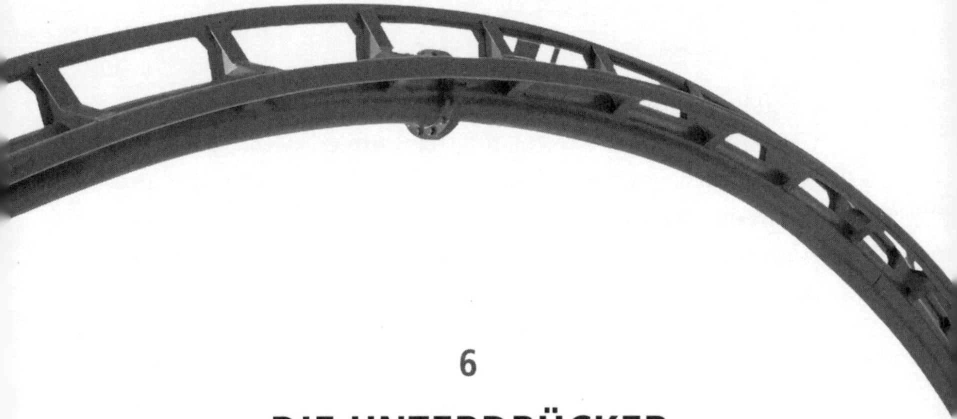

6

DIE UNTERDRÜCKER

Im Grunde bin ich eine Ermutigerin. Ich liebe es, anderen Menschen ermutigende Worte zuzusprechen, und ich liebe es, ermutigende Worte zu hören. Deshalb haben entmutigende Worte wahrscheinlich auch eine so starke Wirkung auf mich. Ich habe nichts gegen konstruktive Kritik, die auf liebevolle Art geäußert wird. Aber wenn jemand noch nie ein Wort der Ermutigung in mein Leben gesprochen hat, bevor er irgendeine konstruktive Kritik äußert, dann fühlt sich die Kritik nicht wirklich konstruktiv an. Verstehen Sie, was ich meine?

Als junge Mutter hatte ich eine Freundin, die in ihrer Rolle als Mutter sehr viel mehr nach Plan arbeitete als ich. Ihre Kinder machten jeden Tag um genau die gleiche Uhrzeit Mittagsschlaf. Sie gab ihren Kindern keinen Zucker. Und sie wurden jeden Abend, bevor sie ins Bett gingen, gebadet – inklusive Haare waschen.

Ich bewunderte sie. Aber ich war nicht wie sie. Meine Kinder machten ihren Mittagsschlaf oft im Auto, während ich Erledigungen machte. Ich hatte immer eine kleine Tüte M&Ms in der Handtasche – für den Notfall. Und was das Baden anging, so waren meine Kinder immer sauber, aber es erschien mir einfach nicht nötig, ihnen jeden Tag die Haare zu waschen.

Ich machte alles so gut ich konnte.

Aber mein »Bestes« störte diese sehr penible Freundin. Und sie hatte keine Hemmungen, mir ihre Missbilligung mitzuteilen. Ich wusste immer, dass gleich Kritik kam, wenn sie einen Satz mit den folgenden Worten anfing: »Wow, ich kann es nicht fassen, dass du deine Kinder …«, oder »Machst du dir keine Gedanken, welche Auswirkungen … langfristig auf deine Kinder haben wird?«, oder »Mein Mann und ich halten ja nichts von …«

Dann schluckte ich die Verletzung mit einem bitteren Beigeschmack hinunter. Aber ich habe ihr niemals gesagt, welche Wirkung ihre Kritik auf mich hatte. Ich schluckte sie einfach. Und schluckte. Und schluckte. Bis ich es eines Tages einfach nicht mehr ertragen konnte. Ich ging nicht mehr in die Bibelgruppe, in die wir beide gingen, hatte Ausreden und sagte, ich sei zu beschäftigt, wenn sie mich anrief, und ging so sehr auf Distanz, dass die Beziehung ganz abbrach.

Heute bedaure ich das.

Abgesehen davon, dass sie ihre Überzeugungen, was das Thema Kindererziehung anging, sehr häufig zum Ausdruck brachte, war sie für mich eine gute Freundin. Und ich glaube, wir hätten gegenseitig viel voneinander lernen können. Vielleicht hätte ich ihr helfen können, manches etwas entspannter zu sehen, und sie hätte mir vielleicht helfen können, manches etwas bewusster anzugehen. Ich werde es nie erfahren, weil ich beschlossen hatte, die Verletzungen hinunterzuschlucken und die Beziehung zu beenden.

Als ich mich mit meiner eigenen Neigung, Gefühle zu unterdrücken, beschäftigte und Tausende von Beiträgen in meinem Blog las, entdeckte ich zwei verschiedene Typen von Unterdrückern: solche, die Mauern bauen und solche, die Steine für die Vergeltung sammeln. Es gibt verschiedene Gründe, weshalb ich Dinge unterdrücke.

Ich unterdrücke sie, weil …

- … ich mich nicht traue, die Person darauf anzusprechen.
- … ich gerade nicht die Kraft oder die Zeit habe, in einen Konflikt verwickelt zu werden.
- … ich nicht weiß, wie ich das Problem ansprechen soll.
- … ich nicht überempfindlich wirken will.
- … ich keine Ablehnung ernten will.
- … ich nicht die Beherrschung verlieren will.
- … ich die Sache nicht noch schlimmer machen will, deshalb rede ich mir ein, ich könnte es einfach durchgehen lassen.

Aber wenn ich ganz ehrlich bin, dann schlucke ich Dinge auch manchmal hinunter, weil es sich als Christ gottesfürchtig anfühlt. Mir fallen Verse ein wie Sprüche 10,19: »Wer viele Worte macht, wird sicher schuldig – darum hält der Kluge sich zurück« (Hfa). Und ich präge mir ein: »Es ist gottesfürchtig, den Mund zu halten.« Dann bestärke ich meine Denkweise noch mit dem Vers aus Sprüche 15,18: »Ein Hitzkopf schürt Zank und Streit, ein Geduldiger aber schafft Versöhnung« (Hfa).

Ich will Frieden halten. Ich will freundlich sein und nicht konfrontativ. Und das ist gut, aber nur wenn ich es kann, ohne dabei bitter zu werden. Das nennt sich gesunde Bewältigung. Aber es gibt einen großen Unterschied zwischen gesund bewältigen und hinunterschlucken.

Ich habe etwas gesund bewältigt, wenn ich das Problem verarbeitet habe und die Kränkung verschwunden ist. Vielleicht geschieht das, indem ich bete und die Bibel lese. Vielleicht erreiche ich das auch, indem ich mit einem Seelsorger oder Mentor spreche. Vielleicht komme ich mit der Zeit auch zu der Erkenntnis, dass es eigentlich gar keine so schwerwiegende Angelegenheit ist. Aber wichtig ist dabei, dass am Ende die negativen Gefühle verschwunden sind. Wenn nicht, werden sie nur unterdrückt. Und da beginnt das Problem.

Ich habe schon in Kapitel 4 erklärt, dass diejenigen, die Dinge unterdrücken, auf zwei verschiedene Arten reagieren: entweder sie bauen Mauern oder sie sammeln Steine, um sich später zu rächen. Und keine dieser beiden Verhaltensweisen führt zu einer Konfliktbewältigung, sondern dazu, dass man immer weniger gute Beziehungen und immer mehr Konflikte im Leben hat. Und wenn ich das hier so schreibe, übertreibe ich nicht.

Unterdrücker, die Mauern bauen

Haben Sie schon einmal versucht, den Frieden zu wahren, indem Sie einer Konfrontation aus dem Weg gegangen sind und so getan haben, als sei alles in Ordnung? Ich schon. Ich tue das, indem ich einfach meine negativen Gefühle unterdrücke. Und das tut weh. Es tut mir und es tut der anderen Person weh. Und es tut ganz bestimmt der Beziehung weh, die langsam aber sicher zerfällt. Was äußerlich wie Frieden wirkt, ist in Wirklichkeit nur der unterdrückte Lärm des innerlichen Mauerbaus.

Mauern behindern die Kommunikation. Und wenn Sie beschlossen haben, dass bestimmte Menschen nicht vertrauenswürdig sind, dann stempeln Sie sie mit Begriffen wie *fordernd*, *unverantwortlich*, *launisch* und *selbstsüchtig* ab. Ganz gleich, was der andere tut oder nicht tut, dieser Stempel ist der Filter, durch den Sie diese Person von da an sehen. In Gedanken verpassen Sie dieser Person ein Etikett. Das Problem dabei ist, dass der andere davon aber gar nichts weiß. Und deshalb muss dann jeder Umgang miteinander für Ihr Gegenüber verwirrend sein. Es weiß, dass irgendetwas nicht stimmt, hat aber keine Ahnung, was es ist. Letzten Endes wird die Beziehung verkümmern und sterben, weil keine offene Kommunikation mehr möglich ist, die nun einmal der lebenswichtige Sauerstoff einer guten Beziehung ist.

Mauern oder Grenzen?

Was wir brauchen sind Grenzen, keine Mauern. Grenzen sind deutlich ausgesprochene Faktoren, die für die Kommunikation und eine gesunde Beziehung einen sicheren Rahmen bilden. Für manche Menschen ist es vielleicht schwer, die Grenzen zu akzeptieren, die wir ihnen stecken, aber wenigstens bringen solche Grenzen über den Stand der Beziehung Klarheit, anstatt zu verwirren. Hier einige Beispiele für klar kommunizierte, gesunde Grenzen:

- »Wenn du weiterhin immer eine halbe Stunde zu spät kommst, dann werde ich mit meinem eigenen Auto fahren.«
- »Wenn deine Arbeitshaltung im Büro nicht besser wird, müssen wir irgendetwas ändern.«
- »Wenn du weiterhin zu viel ausgibst, werde ich die Kreditkarten zerschneiden.«
- »Ich kann dir kein Geld mehr leihen, solange ich nicht sehe, dass du dich ernsthaft um einen neuen Arbeitsplatz bemühst.«
- »Ich möchte dich mit deinen Enkeln besuchen kommen, aber wenn du nur im Internet surfst, während wir da sind, dann lohnt es sich nicht zu kommen.«
- »Wenn du weiterhin zu viel Alkohol trinkst oder Drogen nimmst, werde ich mit den Kindern ausziehen.«[4]

Der Unterschied zwischen Grenzen und Mauern ist die Ehrlichkeit. Wenn wir zu einer Person eine Mauer aufbauen, dann geschieht das entweder, weil wir Angst haben ehrlich zu sein, oder es satt haben ehrlich zu sein und verletzt zu werden, oder das Gefühl haben, dass diese Beziehung die harte Arbeit, die unsere Ehrlichkeit manchmal erfordert, nicht wert ist.

Wenn wir Grenzen setzen, sind wir mutig genug ehrlich zu sein, aber auch mitfühlend genug, diese Grenzen in Gnade zu stecken, indem wir die Bedingungen für die Beziehung klar äußern. Durch Mauern geraten Beziehungen auf einen Abwärtskurs, der schließlich in die Isolation führt. Grenzen aber bringen Beziehungen auf einen Aufwärtskurs, der zu einer besseren Verbindung führt.

Die zerstörerische Isolation im Leben eines Menschen, der Dinge unterdrückt, beschränkt sich jedoch nicht nur auf eine Beziehung. Nach und nach wird daraus eine tief verwurzelte Verhaltensweise, die sich auf viele Beziehungen auswirkt, und deshalb ist es so wichtig, dieses Verhaltensmuster zu durchbrechen. »Wer andere Menschen meidet, denkt nur an sich und seine Wünsche; heftig wehrt er sich gegen alles, was ihn zur Einsicht bringen soll« (Sprüche 18,1, Hfa). In der modernen englischen Bibelübertragung »The Message« heißt dieser Vers: »Einzelgänger, die sich nur um sich selbst drehen, verachten das Gemeinwohl.« Heftig.

Oh ja, wir müssen mit diesem Verhaltensmuster brechen, aber wie?

Was will ich wirklich?

Ich weiß, dass ich lernen muss, wie ich taktvoll ehrlich sein kann. Aber manchmal überkommt mich stattdessen die Angst, und ich fange an, um den heißen Brei herumzureden, anstatt das Problem beim Namen zu nennen. Je mehr ich um den Brei herumrede, desto emotionsgeladener wird die Situation, und das ist ermüdend und frustrierend.

Offensichtlich habe ich schon ein paarmal zu oft um den Brei herumgeredet.

Das Wichtigste, das ich lernen musste, um taktvoll und ehrlich zu kommunizieren, war, herauszufinden was ich wirklich wollte. Überlesen Sie diesen Satz nicht zu hastig. Denken Sie darüber nach. Ich muss mich selbst fragen: *Was will ich wirklich in dieser Situation?* Dann muss ich abschätzen, wie realistisch oder unrealistisch mein Wunsch ist. Wenn er unrealistisch ist, dann muss ich ihn vielleicht mit der anderen Person so lange durchsprechen, bis wir zu einer realistischen Lösung kommen.

Hier ein Beispiel, wie ich das kürzlich erlebt habe. Ich hatte in meiner Geschäftsstelle der *Sprüche-31-Bewegung* eine Besprechung mit meinen Mitarbeitern. Ich komme nicht oft in die Geschäftsstelle, weil ich an den Wochenenden so viel unterwegs bin, um Vorträge zu halten, dass es besser für mich ist, wenn ich unter der Woche von zu Hause aus arbeite.

Jedenfalls betrat ich das Gebäude und musste feststellen, dass meine Mitarbeiter mein Büro zu einem dringend benötigten Lagerraum umfunktioniert und meine Büromöbel an andere verteilt hatten, die sie tatsächlich benutzten. Wir hatten schon einmal darüber gesprochen, und ich hatte zugestimmt, dass es eine gute Entscheidung sei. Aber als ich diese Entscheidung jetzt so schnell in die Tat umgesetzt sah, war ich überrascht, und in mir stiegen widersprüchliche Gefühle auf.

Rein verstandesmäßig stimmte ich zu, dass es gut war, aber gefühlsmäßig kämpfte ich damit. Als ich an diesem Tag nach Hause ging, musste ich eine grundlegende Entscheidung treffen. Ich konnte mich in meinen Gefühlen verstricken und aus der ganzen Sache etwas viel Größeres machen, als es wirklich war, oder ich konnte zu Jesus gehen und ihn um eine bessere Perspektive für die Situation bitten.

Ich habe mich oft für die Gefühlsseite entschlossen, und ich kann Ihnen nur sagen, das ist sehr ermüdend. Als waschechtes Mitglied des Runterschlucken-nach-außen-lächeln-und-innerlich-aufschreien-Klubs habe ich mich schon oft für diesen Weg entschieden und werde es wahrscheinlich auch wieder tun. Das gehört zu meiner DNA – und zu meinem PMS. Aber bei dieser Gelegenheit hatte ich einen meiner seltenen lichten Momente und ich bat Jesus um Weisheit.

Während ich so dasaß, spürte ich, wie Gott mir zuflüsterte: »Was willst du eigentlich wirklich?«

»Ich will schmollen, mich darin suhlen, dass mein Schmollen gerechtfertigt ist und weiter schmollen«, antwortete ich im Gebet. »Und dann will ich die Bitterkeit hinunterschlucken und für eine Weile von den anderen auf Distanz gehen.«

Aber das stimmte eigentlich nicht. So *fühlte* ich mich, aber das war nicht das, was ich *wollte*. Zwischen diesen beiden Dingen gibt es einen großen Unterschied. Und letzten Endes musste ich diesen Unterschied zwischen meinen Gefühlen und meinen Wünschen herausfinden, um zu einer guten Lösung zu finden. Und das sollte immer das Ziel im Umgang mit Konflikten sein.

Ich wusste, dass meine Gefühle der Indikator, aber nicht der Diktator sein sollten. Meine Gefühle bezüglich meines Büros zeigten mir, dass ich meine Emotionen verarbeiten musste, damit sie nicht meine Reaktion bestimmten. Und als ich darüber nachdachte, was mir wirklich wichtig war, wurde mir klar, dass ich eigentlich ein Büro zu Hause haben wollte. Ein echtes Büro, keinen Küchentisch mit allen möglichen Stapeln darauf, sondern einen geordneten Raum für mich alleine.

Meine eigentlichen Wünsche beim Namen zu nennen half mir, mich durch meine Gefühle zu kämpfen und mich auf eine gute Lösung zu konzentrieren. Ich rief meine Büroleiterin an und erzählte ihr, dass ich darüber nachdachte, zu Hause ein Büro einzurichten. Sie war äußerst hilfsbereit und sagte, wenn ich soweit sei, könnte ich entweder meine alten Büromöbel aus dem Büro der *Sprüche-31-Organisation* wiederhaben oder sie würden mir helfen, neue zu kaufen. (Letzten Endes habe ich übrigens tatsächlich ein Büro zu Hause eingerichtet. Die Bilder von Büros, die mich dabei inspiriert haben, sind auf *pinterest@lysaterkeurst* zu sehen.)

Kein Gefühlswirrwarr, kein großes Drama, nichts wurde unterdrückt und die Mitarbeiterinnen nicht als rücksichtslos abgestempelt. Und das ist gut so, denn sie sind die fürsorglichsten, liebevollsten, warmherzigsten Menschen, die Sie sich vorstellen können. Es wäre tragisch gewesen, wenn ich meine Gefühle unterdrückt und eine Mauer gebaut hätte. Das Ganze hätte völlig aus dem Ruder laufen und meine Beziehungen zu Menschen untergraben können, die mir doch so am Herzen liegen.

Mir ist bewusst, dass das eine Kleinigkeit war, im Vergleich zu vielen anderen Situationen, denen wir uns gegenübersehen werden. Aber dieser Prozess, hinter die eigenen Gefühle zu sehen und sich darüber klar zu werden, was man denn eigentlich will, hat etwas für sich. Denn wenn wir wissen, was wir wirklich wollen, können wir unser Anliegen ehrlich, offen und gnädig zum Ausdruck bringen.

Natürlich haben die Frauen in meinem Büro dazu beigetragen, dass ich das sehr viel leichter verarbeiten konnte, weil sie ihrerseits freundlich und gnädig reagiert haben. Aber was ist mit vermeintlich unmöglichen Situationen und scheinbar unmöglichen Menschen?

Unmögliche Menschen

Bevor wir uns mit den Unterdrückern beschäftigen, die Steine für die Vergeltung sammeln, will ich noch auf das Problem der unmöglichen Menschen eingehen. Wir wissen, dass bei Gott alles möglich ist. Aber bei Menschen, die sich nicht vom Heiligen Geist leiten lassen wollen, ist nicht alles möglich.

Ich musste mir einige Dinge bezüglich mancher Menschen in meinem Leben ganz ehrlich eingestehen. Es ist ergebnislos und zumeist auch gar nicht erst möglich, wenn wir sie konfrontieren und ein positives Resultat dabei erwarten. Wenn eine Person mir durch ihr Handeln und Verhalten immer und immer wieder zu verstehen gibt, dass sie mir das Leben schwermachen wird, wenn ich sie auf bestimmte Dinge anspreche, dann muss ich mich ab einem gewissen Punkt einfach zurückziehen.

Aber dabei ist mir wichtig, dass ich meine Gefühle nicht unterdrücke oder gar zulasse, dass Bitterkeit dieser Person gegenüber mich vergiftet. Doch wie kann ich mich zurückziehen, ohne gleichzeitig meine Gefühle zu unterdrücken?

In solchen Situationen muss ich mir eingestehen, dass ich nur mich selbst in der Hand habe, nicht aber das Verhalten oder die Reaktion der anderen Person. Deshalb verlagere ich die Aufmerksamkeit weg von dem Versuch, den anderen oder die Situation zurechtzubringen, und erlaube Gott, mir einige heikle Dinge zu zeigen. Meistens bete ich etwa so: *Gott, ich habe es so satt, verletzt zu werden. Ich habe es so satt, durch diese Situation abgelenkt und entmutigt zu werden. Bitte gieße deine große Gnade in mein Herz und in diese verfahrene Beziehung. Hilf mir, die Verletzung dieser Person zu erkennen, die sie offensichtlich dazu bringt, so zu handeln. Hilf mir, Mitgefühl mit ihr zu haben. Hilf mir zu erkennen, wo ich diese Situation negativ beeinflusst habe oder noch beeinflusse. Und bitte hilf mir zu erkennen, wie ich mich auf freundliche Art von diesen ständigen Verletzungen zurückziehen kann. Es scheint mir alles unmöglich zu sein. Bitte, Herr, sprich zu mir. Zeige mir, wie ich dir auch in dieser Sache Ehre machen kann.*

Es ist nicht meine Aufgabe, schwierige Menschen in meinem Leben zurechtzubringen oder es ihnen zu ermöglichen, ihr respektloses oder missbräuchliches Verhalten fortzusetzen. Meine Aufgabe ist es, Gott gehorsam zu sein durch die Art, wie ich mich diesen Menschen gegenüber verhalte oder auf sie reagiere. Lesen Sie, was mein Freund, Pastor Craig Groeschel, darüber schreibt, wie man sich am besten von einer schwierigen Person zurückzieht:

Wenn Sie immer wieder versuchen, in einer kranken Beziehung gesunde Grenzen zu stecken, aber der andere Sie weiterhin missbraucht, kritisiert, bedroht, in Versuchung führt oder Ihnen schadet, dann wird es Zeit, diese kranke Beziehung zu beenden. Das einzig Richtige ist dann, die Beziehung zu durchtrennen, um sich selbst zu schützen.

Um es ganz klar zu sagen: Ich spreche hier nicht davon, sich von seinem Partner scheiden zu lassen. Wir sollen uns nicht von unserem Ehepartner scheiden lassen, ihn wegschicken oder aufgeben, nur weil wir eine schwere Zeit durchleben. Wenn Sie Eheprobleme haben, dann laufen Sie jetzt nicht ins Schlafzimmer, um Ihrem Partner ins Gesicht zu schreien: »Du bist krank, und deshalb verlasse ich dich jetzt!« Rufen Sie stattdessen Ihren Pastor oder einen christlichen Seelsorger an und arbeiten Sie an Ihrer Ehe. Ich will das noch einmal klarstellen: Ich spreche hier nicht von Scheidung.

Ich spreche auch nicht davon, eines Ihrer Familienmitglieder auszuschließen. Es muss Gott schier das Herz brechen, wenn Eltern sich von ihren Kindern lossagen oder Geschwister nicht mehr miteinander sprechen. Abgesehen von schwerem Missbrauch können die meisten Probleme gelöst werden. Aber hin und wieder kommt es vor, dass eine Beziehung so schädlich ist, dass sie die geistliche Gesundheit (oder die körperliche Sicherheit) eines Menschen gefährdet. Dann ist es Zeit, einen Schnitt zu machen.

In der Bibel gibt es verschiedene Beispiele für solche Beziehungen, die beendet werden mussten. Als Paulus und Barnabas eine heftige Meinungsverschiedenheit hatten, beschlossen sie, lieber getrennte Wege zu gehen, als sich zu streiten, vor Gericht zu gehen oder es überall in der Stadt herumzuerzählen (siehe Apostelgeschichte 15).[5]

Als ich diese Wort von Craig Groeschel las, wurde es in mir ganz ruhig. Mir wurde klar, dass weder Paulus noch Barnabas schlechte Menschen waren. Sie waren gute Menschen. Aber zusammen waren sie nicht gut. Und das ist in Ordnung. Es ist viel gesünder, den Mut zu haben, getrennte Wege zu gehen, als alles hinunterzuschlucken und in Bitterkeit zu ertrinken.

Der Apostel Paulus weist uns an: »Vergeltet niemals Unrecht mit neuem Unrecht. Euer Verhalten soll bei allen Menschen als ehrbar gelten. Soweit es irgend möglich ist und von euch abhängt, lebt mit allen Menschen in Frieden« (Römer 12,17-18, Hfa). Ich achte in diesem Vers besonders auf das »soweit … es von euch abhängt«. Ich habe den anderen nicht in der Hand, aber ich habe es in der Hand, Unrecht nicht mit neuem Unrecht zu vergelten. Ich kann auf mein Handeln achten. Ich kann auf mein Verhalten achten. Aber eben nur soweit es von mir abhängt. Das heißt, ich kann diese Schritte nur für mich selbst gehen. Ich kann andere nicht zu diesen Schritten zwingen, wenn sie nicht bereit sind, mit mir gemeinsam Frieden zu suchen.

Wenn Sie beschlossen haben, mich lieber zu überfahren, als sich mit mir gemeinsam auf den Weg zu machen, dann muss ich Ihnen meine Liebe aus der Ferne zeigen. Ich kann Ihnen vergeben und keinen Groll gegen Sie hegen, aber Ihnen zu vergeben muss nicht heißen, Sie weiterhin an mich herankommen zu lassen.

Natürlich braucht all das viel Gebet, weil jede Situation und jede Beziehung einzigartig und komplex ist. Aber ich kann offensichtliche Probleme nicht einfach ignorieren und hoffen, dass alles auf wundersame Weise von alleine wieder heil wird. *Ich* muss heil werden. Ich muss die nötigen Schritte gehen, um mein Inneres gesund zu halten. Ich muss danach streben, der Mensch zu werden, den Gott sich bei meiner Erschaffung vorgestellt hat, ganz gleich, wie sich andere Menschen verhalten.

Ja, ich will mein Inneres durch gesunde Grenzen in meinem Leben intakt halten. Und ich weiß jetzt, dass es niemals gesund ist, Mauern zu bauen und Dinge zu unterdrücken, ganz gleich, ob ich eine Beziehung weiterführe oder nicht. Aber was ist mit den

Gelegenheiten, bei denen man Dinge nur herunterschluckt, um dann irgendwann zu explodieren und alles, was man unterdrückt hat, herauszulassen? Das ist die zweite Art der Unterdrücker: diejenigen, die sich irgendwann rächen.

Der Unterdrücker, der Steine für die Vergeltung sammelt

Während ich diese Zeilen schreibe, sind die Nachrichten voll von Meldungen zum 10. Jahrestag der Anschläge vom 11. September. Wegen dieser Katastrophe können sich die meisten von uns genau daran erinnern, wo sie an jenem Tag waren und was sie gerade getan haben, als sie die Nachrichten von den schrecklichen Ereignissen am World Trade Center, dem Pentagon und auf dem Feld südöstlich von Pittsburgh hörten. Aber es schmerzt, daran zu denken.

Ich stand in der Küche, starrte auf das Telefon und ging in Gedanken alle Gründe dafür durch, weshalb meine Raserei gerechtfertigt war. Mein Mann Art hatte mich an jenem Morgen zur Weißglut getrieben. Es war nur eine weitere Kleinigkeit gewesen, die zu all den anderen aufgestauten Ereignissen dazugekommen war und mich zur Vergeltung getrieben hatte. Als Art mich auf dem Weg zur Arbeit anrief, platzten all die Dinge, die ich seit Monaten heruntergeschluckt hatte, aus mir heraus, und ich hielt ihm eine lange Liste mit all den Dingen vor, von denen ich fand, dass er sie falsch machte. Als er auf meinen Wortschwall nicht so reagierte, wie ich es mir vorgestellt hatte, legte ich wütend auf.

Dann starrte ich vor mich hin, kochte innerlich und stellte hasserfüllte, lange Listen auf.

Art rief ein paar Minuten später wieder an.

»Was willst du denn?!«, fragte ich, jedes Wort erfüllt von Bitterkeit.

Seine Stimme klang überraschend nüchtern, als er sagte: »Lys, mach den Fernseher an. Ich glaube, du solltest die Kinder aus der Schule holen.«

Ich nahm die Fernbedienung, drückte auf den Knopf und musste nach Luft schnappen. Als ich dann sah, wie das zweite Flugzeug ins World Trade Center krachte, sprang ich sofort ins Auto, um die Kinder aus der Schule zu holen.

In den darauf folgenden Wochen sah ich in den Nachrichten hunderte von Berichten über diese Ereignisse. Und ich musste mich mit der eiskalten Realität auseinandersetzen, dass ich die Liebe für selbstverständlich gehalten hatte. Für sehr selbstverständlich.

Ich erinnere mich nicht gerne an diesen schrecklichen Streit, den Art und ich an jenem fürchterlichen Tag hatten, aber ich versuche, mich immer wieder daran zu erinnern, mit welcher Klarheit ich damals erkannt habe, was mir im Leben wirklich wichtig ist. An jenem Tag haben sich viele Menschen von ihren Angehörigen verabschiedet, die zur Arbeit oder zum Flughafen fuhren, und haben sie nie wiedergesehen. Was wäre gewesen, wenn meine zunächst unterdrückten und dann herausgeplatzten Worte die letzten gewesen wären, die ich mit meinem Mann gewechselt hätte? Bei dem bloßen Gedanken daran schaudere ich. Und damit will ich auf keinen Fall kitschig wirken. Ich sage das als etwas, das meinen Blickwinkel verändert hat. Es hat mich erschüttert und mir gezeigt, wie zerstörerisch es sein kann, Dinge zu unterdrücken, um sich später zu rächen.

Ich liebe meinen Mann, und ich möchte unbedingt den Frieden zwischen uns bewahren. Aber ich fühle mich bei meinem Mann so sicher, dass ich es wage, ihm gegenüber Verhaltensweisen an den Tag zu legen, die ich bei anderen nicht zu zeigen wage. Bei anderen Menschen bleibe ich cool, ruhig und gefasst. Bei dem Mann, den ich liebe, kann ich auf gemeine Art still sein. Dann bin ich äußerlich ruhig, aber innerlich bin ich alles andere als ruhig.

Unter der Oberfläche bin ich wie ein Steinbruch, in dem massenweise Steine produziert werden – und ich sammle sie und sammle und sammle. Und eines Tages macht es dann peng! Irgendetwas passiert und alles, was ich unterdrückt habe, bricht hervor und erschüttert seine Welt.

Ich unterdrücke Dinge, um einen vorgetäuschten Frieden zu bewahren. Aber bei einem echten Frieden geht es nicht darum, seine Gefühle zurückzuhalten. Denken Sie daran, dass Gefühle in Bewegung sind – entweder nach innen oder nach außen –, ob wir das nun wollen oder nicht. Bei echtem Frieden muss ich meine Gefühle verarbeiten, statt sie so lange zu unterdrücken, bis sie mich innerlich vergiften.

Fragen verarbeiten

Wie aber kann man seine Gefühle verarbeiten, anstatt sie zu unterdrücken? Ich sagte ja bereits, dass die richtige Sicht auf die Situation dabei hilft. Meine Freundin Holly fragt sich immer: *Wenn ich wüsste, dass die Person heute Abend nicht mehr nach Hause kommt, würde mich das vermeintliche Problem dann immer noch stören?* Das ist eine gute, einfache Frage, die verhindert, dass aus Mücken Elefanten werden.

Eine weitere gute Frage ist: *Werde ich mich in einem Monat noch an die Sache erinnern, über die ich mich jetzt so sehr aufrege?* Wenn die Antwort Nein lautet, sollte ich die Sache wahrscheinlich verarbeiten und hinter mir lassen. Ehrlich gesagt, erinnere ich mich nicht mehr daran, was mich am 11. September 2001 so wütend gemacht hat. Aber ich erinnere mich sehr wohl an meine unvernünftig übertriebene und unangemessene Reaktion. Ja, die richtige Perspektive hilft.

Aber was ist mit größeren Angelegenheiten – bleibenden Verletzungen, andauernden Problemen, Situationen, die sich immer wiederholen –, die wir anscheinend nicht so einfach hinter uns lassen können? Hier brauchen wir eine Vorgehensweise, um auch sie zu verarbeiten. Denn wenn wir die größeren Dinge, die sich auf unserem Steinhaufen sammeln, nicht verarbeiten, dann stehen wir in der Gefahr, irgendwann zu explodieren und eine Lawine von Rache-Steinen auszulösen. Im nächsten Kapitel werden wir uns näher damit befassen, wie man eine persönliche Strategie entwickeln kann, um mit Konflikten umzugehen. Hier möchte ich Ihnen jedoch schon einmal beschreiben, wie ich mit Steinen umgehe, die ich gesammelt habe.

Ich stelle mir zunächst eine sehr wichtige Frage. Sie ist so wichtig, dass ich einmal behaupten möchte, wenn ich sie mir nicht stelle, führt das zu einer Eskalation des Konflikts statt zur Wiederherstellung der Beziehung. Wie aber lautet nun diese wichtige Frage? Hier ist sie:

Will ich *den anderen* verbessern oder *die Beziehung* verbessern?

Anders ausgedrückt: Geht es mir bei dieser Auseinandersetzung darum zu *beweisen, dass ich recht habe*, oder will ich *unsere Beziehung verbessern*?

Wenn ich versuche zu beweisen, dass ich recht habe, benutze ich meine unterdrückten Gefühle, um meine Steinesammlung zu rechtfertigen.

Ich häufe eine Verletzung auf die andere und einen Stein auf den anderen und sammle dabei Beweise dafür, dass ich recht habe und der andere unrecht. Wenn meine unterdrückten Gefühle schließlich explodieren, bin ich schwer bewaffnet mit den Steinen vergangener Verletzungen und bereit, loszulegen. Bereit, meinen Fall zu beweisen, ihn zu gewinnen – um jeden Preis. Ich reagiere aus Verletztheit und Wut heraus und sage Dinge, die ich später bereue.

Wenn mein Wunsch dagegen darin besteht, die Beziehung zu verbessern, versuche ich den Standpunkt des anderen zu verstehen, und ich werde für die Beziehung kämpfen anstatt dagegen.

Statt aus Wut heraus zu reagieren, halte ich inne und lasse meine impulsive Reaktion vom Heiligen Geist korrigieren.

Und dann gehe ich das *Problem* an und nicht die *Person.*

Wenn ich das Problem angehe, stelle ich mir weitere Fragen. Ich weiß, dass das jetzt ein wenig so klingt, als stelle ich mir selbst andauernd Fragen, aber so verarbeite ich tatsächlich die Dinge. Obwohl dieser Verarbeitungsprozess oft innerlich abläuft, gibt es auch hin und wieder Zeiten, wo es gut und notwendig ist, die Sache mit meinem Gegenüber gemeinsam zu verarbeiten. Dieser äußerliche Verarbeitungsprozess ist bestens dazu geeignet, Dinge umzulenken, weil ich gezwungen bin, meinen aufgestauten Ärger auf produktive Weise zu nutzen, um die Situation zu klären, statt die Beziehung zu zerstören.

Denken Sie einmal über folgende Fragen nach, die mir dabei geholfen haben, mich darauf zu konzentrieren, *die Beziehung* zu verbessern, statt *den anderen* zu verbessern:

- Kannst du mir helfen zu verstehen, warum du so empfindest?
- Wäre es nicht besser, uns auf dieses Problem zu konzentrieren und keine Dinge aus der Vergangenheit mit hineinzubringen?
- Was wäre für uns beide ein gutes Ziel in dieser Sache?
- Wie können wir uns in der Mitte treffen?
- Was könnte aus dieser Situation Gutes entstehen, sodass unsere Beziehung dadurch besser wird und sich weiterentwickelt?

Natürlich muss man diese Fragen mit dem richtigen Tonfall und dem aufrichtigen Wunsch, den anderen besser zu verstehen, stellen. (Glauben Sie mir. Ich habe diese Fragen auch schon mit einem hinterhältigen Tonfall gestellt und damit den ganzen Prozess ernsthaft gefährdet!)

Aber mit dem richtigen Tonfall ist es viel besser, dem anderen eine sanfte Frage zu stellen, als ihm bittere Vorwürfe zu machen.

Art und ich haben unsere Streitereien umgetauft. Wir nennen unsere gelegentlichen Zwistigkeiten jetzt »Wachstumsmöglichkeiten«. Und Wachstum ist doch erstrebenswert in einer Beziehung. Sie ist es wert, gute Strategien zu entwickeln. Auch wenn alles etwas unvollkommen ist, so ist doch jeder Fortschritt gut. Letztlich profitieren wir selbst von einem gesunden Umgang mit unseren Problemen. Unsere Beziehungen werden besser. Unsere Sicht auf unsere Umwelt wird positiver. Wir erleben, wie biblische Wahrheiten sich in unserem Leben verwirklichen, und das stärkt unsere Beziehung zu Gott. Und wir lernen unsere eigenen Ecken und Kanten zu erkennen … wie zum Beispiel unrealistische Erwartungen.

Umgang mit unrealistischen Erwartungen

Unrealistische Erwartungen sind oft die Ursache für unterdrückte, negative Gefühle. Ich musste lernen, meine eigenen Erwartungen einmal ehrlich zu betrachten. Denn wenn die Wirklichkeit nicht mit meiner Idealvorstellung mithalten kann, fühle ich mich vernachlässigt.

Ist Ihnen das schon einmal in einer Beziehung passiert?

Sie wünschen sich, Ihr Mann wäre romantischer, und in Ihnen baut sich die Erwartung auf, er solle plötzlich mit einem Blumenstrauß dastehen und Ihnen in poetischen Worten seine Liebe erklären, sodass Ihnen ganz schwindelig wird. Sie hoffen, dass er nicht telefoniert, wenn Sie mit ihm ausgehen. Sie hätten gerne, dass er sich mehr mit den Kindern beschäftigt, wenn er von der Arbeit nach Hause kommt, und dass er Ihnen hilft, nach dem Abendessen die Küche aufzuräumen. Oder vielleicht wünschen Sie sich nur, dass er Sie in den Arm nimmt.

Sie wünschen sich, ihre Mutter wäre mehr wie die Mutter Ihrer Freundin, die sich um Ihre Kinder kümmert. Und so bauen Sie die Erwartung auf, dass Ihre Mutter plötzlich zur Super-Oma wird mit Bastelsachen und dem brennenden Wunsch, Ihnen zu helfen. Sie sehnen sich danach, dass sie eine stärkere geistliche Leitung in Ihrem Leben ausübt. Oder vielleicht wünschen Sie sich, sie würde Ihre Zeit weniger in Anspruch nehmen und Ihnen weniger in Ihr Leben hineinreden.

Sie wünschen sich, Ihre Freundin hätte mehr Zeit für Sie, und so baut sich in Ihnen die Erwartung auf, dass sie jeden Ihrer Anrufe annimmt und einmal in der Woche mit Ihnen essen geht. Sie wünschen sich, sie würde Sie mehr ermutigen, wenn Sie eine schwierige Phase durchmachen. Oder Sie wünschen sich, sie würde Ihnen mehr zuhören und weniger Ratschläge geben.

Bei diesem Thema könnte ich den ganzen Tag die Nerven verlieren und andauernd bittere Gedanken in mich hineinfressen. Die Steine meiner Rache sind meistens mit unerfüllten Erwartungen überzogen.

Was mache ich also damit? Für mich hat es sich als sehr hilfreich erwiesen, meine Erwartungen aufzuschreiben, wenn ich mich in einer Beziehung vernachlässigt fühle. Dann bete ich darüber und überlege, ob meine Erwartungen realistisch sind. Und wenn ich mir nicht sicher bin, dann frage ich. Ich frage Gott. Ich frage die andere Person. Ich frage jemanden, der weise ist und uns beide gut kennt.

Unrealistische Erwartungen sind Dinge, um die sich die andere Person nicht für mich kümmern kann oder will. Diese Erwartungen muss ich loslassen. Gott kann die andere Person ganz sicher ändern, oder er ändert mich, indem er meine Wünsche korrigiert. Bis dahin wäre es unfair, wenn ich meine Erwartungen zum Maßstab für das Verhalten des anderen mache oder dem anderen Vorwürfe mache, weil er oder sie meine Erwartungen nicht erfüllt.

Realistische Erwartungen hingegen sind Dinge, die ich von der anderen Person vernünftigerweise erwarten kann. Der nächste Schritt ist dann, zu überlegen, wie ich diese Erwartungen sanft und im richtigen Augenblick kommunizieren kann. Der richtige Augenblick ist hier extrem wichtig.

Die Frau meines Pastors, Holly Furtick, erzählte mir kürzlich, dass sie den richtigen Zeitpunkt für solche Gespräche mit ihrem Mann, Steven, durch Gebet herausfindet. Während sie Erledigungen macht, das Abendessen kocht oder eines ihrer Modemagazine durchblättert (sie liebt Mode!), bittet sie Gott, ihr den richtigen Zeitpunkt zu zeigen. Und er tut es!

Einmal wollte sie mit Steven über etwas sprechen, das sie störte, aber sie wollte keine große Sache daraus machen. Sie hatte entschieden, dass es eine realistische Erwartung ihrerseits war und so beschloss sie, um den richtigen Augenblick zu beten. Ein paar Wochen später kam sie mit Steven von einer Reise zurück. Plötzlich schob er ihr einen Zettel hin und sagte: »Schreib drei Dinge auf, die ich als dein Mann verbessern sollte.«

Holly lächelte. Genau dafür hatte sie gebetet – aber diese Lösung war noch besser! Ihr Mann war derjenige, der nun die Tür für eine gesunde Kommunikation öffnete.

Wie wäre es, wenn Sie Ihre Erwartungen im Gebet vor Gott bringen und ihn um Weisheit bitten? Wie wäre es, wenn Sie ihn mit einbeziehen? Hollys Vorbild inspirierte mich und zeigte mir ein weiteres Mittel, wie ich verhindern konnte, Dinge zu unterdrücken und Steine für meine Vergeltung zu sammeln. Gott beantwortet unsere Gebete um den richtigen Augenblick zwar nicht immer so schnell, wie wir es uns wünschen, aber es ist sehr tröstlich und ermutigend zu sehen, wie sich Hollys Situation gelöst hat.

Ja, es ist tatsächlich möglich, unsere Beziehungen durch Aussprachen und Konflikte im richtigen Moment voranzubringen. An einen besseren Ort, einen Ort, an dem wir lernen, Dinge zu verarbeiten, statt sie herunterzuschlucken, und keine Steine mehr zu sammeln. Abgesehen von wunderschönen kleinen, glitzernden

Steinchen. Von diesen Steinchen darfst du so viele sammeln wie du willst, mein Schatz. (Wink mit dem Zaunpfahl, Art!)

Gefühle

Ich glaube, Morris Albert war mit seinem sehr populären 70er-Jahre Song »Feelings« einer besonderen Sache auf der Spur. Er schrieb: »Feelings – nothing more than feelings« – Gefühle, einfach nur Gefühle. In diesem Herz-Schmerz-Lied nehmen die Gefühle alles ein, ja beinahe in jeder Liedzeile ist das Wort zu finden. Immer und immer wieder nur Gefühle.

Ganz wie bei einer Frau. Ganz gleich, ob wir explodieren oder Dinge unterdrücken, alles lässt sich auf die nackten Gefühle zurückführen, die wir in diesem Augenblick empfinden. Und diese Gefühle können ganz schön hart sein. Aber ich hoffe, dass dieses Kapitel Ihnen die Möglichkeit vor Augen geführt hat, wie Sie eine Strategie entwickeln können, um nicht unkontrolliert in die Luft zu gehen oder Dinge zu unterdrücken. Wir dürfen niemals vergessen, dass Gefühle Indikatoren sein sollten und keine Diktatoren. Ich weiß, dass ich mich wiederhole, aber ich selbst muss manche Dinge mehrmals hören, bevor sie bei mir hängen bleiben. Als ich eines Morgens im Rahmen unserer Fahrgemeinschaft dran war, die Kinder in die Schule zu fahren, führte Gott mir diese Wahrheit noch auf eine andere Weise vor Augen.

Eines meiner Kinder ist nicht besonders begeistert, wenn es vor dem Wachwerden aufstehen muss, um in die Schule zu gehen. Nein, es ist nicht diejenige, die sich letztes Jahr theatralisch vor die Haustür auf die Veranda gelegt und erklärt hat, Kinder in die Schule zu schicken sei eine Form von Missbrauch.

Nein, es ist ihre Schwester.

Auf dem Weg zur Schule an jenem ach so wunderbaren Morgen erlebten wir einen Moment der vertrauten Zweisamkeit, als ich ihr erklärte, dass ihr Verhalten absolut inakzeptabel sei und Konsequenzen haben würde. Ich liebe Konsequenzen. Ich liebe es, die Konsequenzen laut und deutlich sprechen zu lassen, damit ich es nicht tun muss. Jedenfalls erklärte mir besagte Tochter mitten in dieser vertrauten Zweisamkeit zwischen uns: »Manchmal fühle ich mich morgens einfach nicht danach, lieb zu sein. Und wenn ich mich nicht danach fühle, dann kann ich auch nicht lieb sein.«

Gefühle, nichts als Gefühle.

Ich wünschte, ich könnte die Musik meines Lebens mit einem Knopfdruck steuern. Dann hätte ich dieses Lied in voller Lautstärke laufen lassen und beim Einbiegen zur Schule meinen Standpunkt damit ganz deutlich gemacht. Stattdessen schaute ich sie an und platzte mit irgendeiner Weisheit heraus, die ich so gut fand, dass ich, gleich nachdem ich meine fröhliche Tochter abgesetzt hatte, eine Freundin anrufen und ihr stolz davon erzählen musste.

»Gefühle sind Indikatoren, keine Diktatoren, mein Kind. Sie können dir zeigen, wo dein Herz gerade steht, aber das heißt nicht, dass sie das Recht haben, dich herumzukommandieren und zu bestimmen, wie du dich verhältst. Du bist mehr als die Summe deiner Gefühle und besitzt sehr wohl diese gottgegebene Gabe namens Selbstbeherrschung!«

Ich bin mir ziemlich sicher, dass ihr glasiger Blick und ihr langgezogenes »Mamaaa« bedeuteten, dass meine kleine Morgenpredigt sie zutiefst angesprochen hatte. Aber ganz gleich, ob diese Wahrheit sie angesprochen hatte oder nicht, *mich* hatte sie angesprochen. Ich bin mir ziemlich sicher, dass diese Wahrheit in dem Moment direkt vom Heiligen Geist eingegeben und genauso an mich gerichtet war wie an meine Tochter. Lieben Sie es nicht auch, wenn Sie gerade eines Ihrer Kinder zurechtweisen und Gott Ihnen zuflüstert: »Das war gut. Ich hoffe, du hast zugehört, damit du diese Erkenntnis auch auf dein eigenes Leben anwenden kannst!«?

Wenn meine Gefühle das Sagen haben, scheint das immer so zu enden, dass ich mich fühle, wie es der Prophet Jeremia beschreibt: »Mein Fluch lastet auf dem, der sich von mir abwendet, seine Hoffnung auf Menschen setzt und nur auf menschliche Kraft vertraut. Er ist wie ein Dornstrauch in der Wüste ... Er steht in einem dürren, unfruchtbaren Land« (Jeremia 17,5-6, Hfa). Genau. Wenn ich mich von meinen Gefühlen herumkommandieren lasse und auf meine eigene Kraft vertraue, um mit bestimmten Situationen umzugehen, werde ich zu einem trockenen, verdorrten Busch in einem unfruchtbaren Land.

Verstehen Sie mich jetzt nicht falsch – es ist gut, etwas zu empfinden. Gefühle sind Indikatoren, und es ist gut, ehrlich zu prüfen, was wir empfinden und warum. Wir brauchen so eine Anzeige an unserem Herzen, damit wir unser Leben und unsere Beziehungen besser verarbeiten, klären und verstehen können. Aber um mein Leben zu verarbeiten, hat Gott mir mehr als nur mein Herz gegeben. Er hat mir auch einen Verstand gegeben. Der Verstand ist dazu da, dass die Wahrheit regiert und mein Herz unter Kontrolle hält. Wir dürfen nicht vergessen: »Nichts ist so undurchschaubar wie das menschliche Herz ... Ich, der Herr, durchschaue es; ich kenne jeden Menschen ganz genau ...« (Jeremia 17,9-10, Hfa).

Wir sind mehr als nur die Summe unserer Gefühle. Wir sind mehr als Menschen, die explodieren und sich dann Vorwürfe machen oder anderen Vorwürfe machen. Wir sind mehr als Menschen, die alles unterdrücken und Mauern bauen oder Steine sammeln, um sich zu rächen. Wir sind wirklich mehr. Wir sind Kinder Gottes, die in der Wahrheit und mit einem intakten Inneren leben sollen.

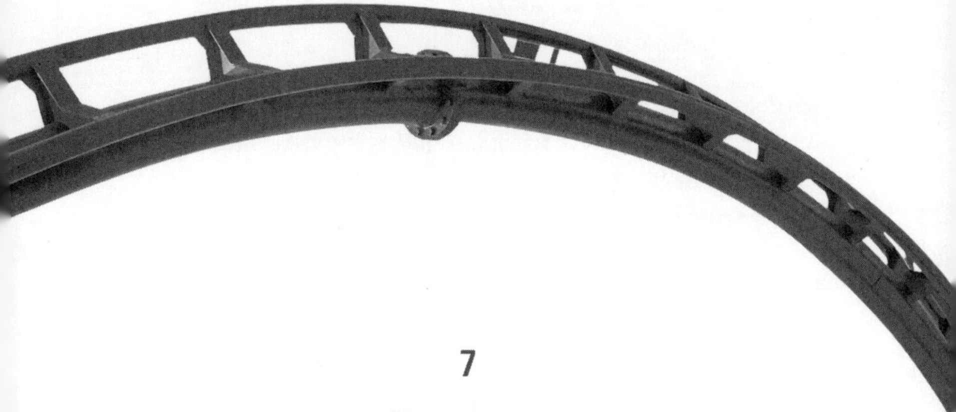

7

ICH BRAUCHE EIN MASSNAHMENHANDBUCH

Wenn ich will, dass alle im Haus plötzlich einen Sauberkeitsfimmel bekommen, lade ich einen Gast ein. Und wenn dieser Gast zufällig meine Mutter ist, tja, dann werde ich ein bisschen neurotisch. Nicht, weil sie uns besuchen kommt – darüber freue ich mich –, sondern weil ich will, dass sie sieht, dass aus mir etwas geworden ist und dass ich meine Familie nicht in einem Saustall halte. Als »Saustall« hat sie früher, als ich noch Teenager war, immer mein Zimmer bezeichnet.

Äh.

Wenn also meine Mutter kommt, dann gibt es zwei Dinge, die ein absolutes Muss sind:

1. Ich muss mir die Augenbrauen zupfen.
2. Ich muss ein paar neue Handtücher für sie kaufen. Wir sind eine fünfköpfige Drei-Hunde-Familie. (Erinnern Sie sich noch an die Geschichte mit den Handtüchern aus dem ersten Kapitel? Muss ich dazu noch etwas sagen?)

Ich hatte hart gearbeitet, damit mein Haus recht war für meine Mutter. Ich hatte sogar frisch geschnittenes Obst in den Kühlschrank gestellt und alle Hundehaare aus den Laken auf ihrem Bett herausgewaschen. Welch ein Luxus!

Alles lief bestens. Meine Mutter meinte sogar, dass das untere Stockwerk wunderbar sauber sei. Pure Glückseligkeit. Dann ging sie nach oben – in ihr Zimmer.

Plötzlich kam von oben eine Frage, die in meinen Ohren gellte und die ich so schnell nicht wieder vergessen werde: »Lysa, wo ist die Klobrille im Bad der Kinder?«

Was?

»Was meinst du damit, Mama?« Mit klopfendem Herzen, hochrotem Kopf und ernsthaft verwirrt rannte ich nach oben.

Nun, was soll ich sagen? Wo eigentlich die Klobrille sein sollte, war nur noch die nackte Kloschüssel. Wie sollte ich das wissen, da die Mädchen selbst dafür verantwortlich waren, das Bad sauber zu halten?

Als ich die Kinder danach fragte, meinten sie nur ganz ungerührt: »Ach ja, das ist schon seit einem Monat so.«

Seit einem Monat? Himmel, hilf!

Und da spürte ich, dass etwas in mir umschaltete. Plötzlich hatte ich nur noch das Bedürfnis, meiner Mutter zu beweisen, dass ich alles im Griff hatte, obwohl das offensichtlich nicht der Fall war.

Für den Rest des Besuchs meiner Mutter, war ich barsch und herrisch zu meinen Kindern. Wenn sie in Anwesenheit meiner Mutter vergaßen, »bitte« oder »danke« zu sagen, bestrafte ich sie unverhältnismäßig streng. Ich beobachtete jede ihrer Bewegungen überkritisch und war für die restlichen zwei Tage peinlich darauf bedacht, ja immer pünktlich und in allem wohlorganisiert zu sein. Zum Schluss war ich sogar meiner Mutter gegenüber gereizt.

Igitt. Wie leicht ich doch durch falsche Motive die Nerven verlieren kann. Mit Motiven meine ich meine Wünsche – die

Gefühle, die mich dazu bringen, so zu handeln, zu reagieren und zu leben, wie ich es eben tue. Meistens bin ich ein guter Mensch mit guten Motiven, aber nicht immer. Und zwar dann nicht, wenn ich möchte, dass sich das Leben ein bisschen mehr um mich dreht oder darum, dass ich gut dastehe. Dann habe ich falsche Motive.

Die Bibel nennt das wahre Problem ziemlich unverblümt beim Namen: Begierde.

Pfui. Ich mag diesen Ausdruck gar nicht. Und er scheint mir auch etwas hart zu sein für das, womit ich zu kämpfen hatte, oder? Aber tief in meinem Innersten kannte ich die Wahrheit. Wenn man der Wahrheit aus dem Weg geht, ändert das aber leider gar nichts an der Wahrheit. Seufz. Ich glaube, ich sollte das noch einmal wiederholen: Wenn man der Wahrheit aus dem Weg geht, ändert das aber leider gar nichts an der Wahrheit. Und Veränderung ist genau das, was ich mir wünsche.

Also lege ich die Karten jetzt offen auf den Tisch: Ich habe Begierden.

Oh ja.

Vielleicht nicht die Art von Begierden, mit denen ich in einer Folge von *Aktenzeichen* XY *ungelöst* lande, aber die Art, die mich davon abhält, die Frau zu sein, die ich sein möchte – eine Frau mit einem ruhigen und von Gottes Geist geprägten Wesen. Ich möchte, dass man erkennt, dass ich zu Jesus gehöre, ihn liebe und jeden Tag Zeit mit ihm verbringe. Warum kommen also diese anderen Dinge an die Oberfläche, wenn mein Leben stressig und meine Beziehungen angespannt werden? Solche Dinge wie …

Selbstsucht: Es soll alles nach meinem Willen gehen.
Stolz: Ich sehe die Dinge nur aus meinem Blickwinkel.
Ungeduld: Ich überstürze Dinge, ohne richtig darüber nachzudenken.
Wut: Ich lasse unterdrückten Ärger hervorbrechen.

Bitterkeit: Ich unterdrücke meine hochkochenden Gefühle und lasse sie gären.

Es ist leichter, diesen Tatsachen aus dem Weg zu gehen, als sich mit ihnen auseinanderzusetzen. Lieber räume ich das Chaos in meinen Schubladen auf als das Chaos in meinem Herzen. Lieber gehe ich einkaufen und kaufe mir eine neue Bluse, als mit Gott zu reden, damit er mir eine neue Perspektive schenkt. Lieber ergründe ich die Tiefen der Keksdose als die Tiefen meines Herzens. Lieber zeige ich mit dem Finger auf die Probleme anderer, als einen Blick auf meine eigenen zu werfen. Außerdem ist es viel einfacher, meine Schubladen aufzuräumen, einzukaufen, Kekse zu essen oder mich mit den Problemen anderer zu befassen. Sehr viel einfacher.

Dann erkläre ich mir selbst, dass ich gerade keine Zeit habe für den ganzen Psycho-Kram und mich jetzt nicht um meine Selbstsucht, meinen Stolz, meine Ungeduld, meine Wut und meine Bitterkeit kümmern kann. Und ehrlich gesagt habe ich es satt, zwar zu wissen, dass ich Probleme habe, aber keine Ahnung zu haben, wie ich sie im Alltag unter Kontrolle kriegen soll. Ich brauche etwas ganz Einfaches. Ich brauche einen einfachen Realitätstest, den ich mir auch mitten im Alltagschaos noch merken kann.

Und ich glaube, ich habe genau das gefunden.

Unser Herz in Gottes Kraftstrom eintauchen

Erinnern Sie sich noch an unsere Überlegungen zu Petrus im 3. Kapitel dieses Buches? Der Apostel, der sich von unstet zu felsenfest wandelte? Ich kann so gut mit diesem Mann mitfühlen. Ich lese oft die beiden Briefe im Neuen Testament, die seinen Namen tragen. Obwohl die Gelehrten sich streiten, ob der 2. Petrusbrief tatsächlich von Petrus verfasst wurde, scheint der Autor den Zwiespalt doch gut zu kennen, wenn man nicht so handelt, wie man gerne sein möchte; wenn man göttliche Kraft in sich hat, aber seinen falschen Begierden zum Opfer fällt; wenn man Jesus kennt und liebt, aber es manchmal einfach nicht schafft, diese Realität auszuleben.

Höre ich da ein leises, zustimmendes Seufzen? Oder vielleicht ein geflüstertes »Das kenne ich«?

Ja, es ist hart, so ehrlich zu sein, nicht wahr? Aber ich liebe diese Verse aus dem 2. Petrusbrief, die so deutlich von meinen Problemen sprechen:

> *In seiner göttlichen Macht hat er uns alles geschenkt, was wir zu einem Leben in liebevoller Ehrfurcht vor Gott brauchen. Er hat uns den erkennen lassen, der uns kraft seiner Herrlichkeit und Wundermacht berufen hat. Durch diese Macht haben wir auch die kostbaren und allergrößten Zusagen erhalten. Er hat versprochen, dass ihr Anteil an seiner göttlichen Natur bekommt. Denn ihr seid ja dem Verderben entflohen, dem diese Welt durch ihre Leidenschaften verfallen ist. Deshalb müsst ihr nun auch allen Fleiß daransetzen, eurem Glauben ein vorbildliches Leben beizufügen, und diesem Leben die Erkenntnis. Der Erkenntnis muss die Selbstbeherrschung folgen, der Selbstbeherrschung die Geduld und der Geduld die liebevolle Ehrfurcht vor Gott. Diese Gottesfurcht wiederum führt zur geschwisterlichen Liebe und aus der Liebe zu den Gläubigen folgt schließlich die Liebe zu allen Menschen. Je mehr ihr in dieser Hinsicht vorankommt, desto mehr wird sich das auswirken und Frucht bringen, und ihr werdet unseren Herrn Jesus Christus immer besser erkennen.*
>
> (2. Petrus 1,3-8, NeÜ)

Wow! Gott hat uns in seiner Macht alles gegeben, was wir für ein Leben in Ehrfurcht vor ihm brauchen? Wirklich *alles?* Wenn das stimmt, warum verliere ich dann immer noch die Nerven?

Ja, Gott hat uns alles gegeben, aber ich fange an zu verstehen, dass diese Verheißung an eine Bedingung geknüpft ist: Ich muss »allen Fleiß daransetzen«, meinem Glauben noch einige Dinge beizufügen. Dinge wie ein vorbildliches Leben, Erkenntnis und Selbstbeherrschung. Das muss ich hinzufügen. Diese Entscheidung muss ich treffen. Und dann kann ich mein Herz in den Strom der Kraft Gottes tauchen und mit dieser Kraft handeln, statt gegen sie.

Durch Gottes »kostbare und allergrößte Zusagen« bekomme ich Anteil an seiner göttlichen Art. Diese Art ist ganz anders als meine. Ich bin vielleicht nicht von Natur aus sanftmütig, aber ich kann im Gehorsam sanftmütig sein, wenn – und das ist wichtig – ich mich mit den vorgegebenen biblischen Prinzipien wappne, auf die ich mich stützen kann, wenn ich merke, dass ich die Nerven verliere.

Vor Kurzem habe ich erlebt, wie wichtig es ist, solche vorgegebenen Prinzipien zu haben. Ich hatte mich im Flugzeug gerade auf meinen Platz gesetzt und war auf dem Weg zu einem Vortrag, den ich halten sollte. Während die übrigen Passagiere einstiegen, schien alles ganz normal zu verlaufen. Aber als die Maschine zur Startbahn rollte, wurde die Situation ziemlich unnormal. Ein paar Reihen hinter mir fing eine Frau an, obszöne Dinge zu schreien. Und mit schreien meine ich nicht, dass sie sie sehr laut gesagt hat. Sie hat aus vollem Hals gebrüllt.

Sie war völlig außer sich, weil an ihrer Chipstüte ein Kaugummi klebte. Wo der Kaugummi herkam, war unklar, aber was sie davon hielt, war absolut nicht unklar. Was sie von sich gab, war alles andere als jugendfrei, und meine ohnehin schon großen Augen wurden so groß wie Unterteller.

Sie war so laut und außer sich, dass die Flugbegleiter den Kapitän benachrichtigten, er solle den Start abbrechen. Als deutlich wurde, dass die Flugbegleiter die Situation nicht unter Kontrolle brachten, standen plötzlich zwei in Zivil gekleidete Herren auf und zückten ihre Polizeiabzeichen.

Hier nur eine kleine Anmerkung: Ich weiß nicht, wie man zu so einem Abzeichen kommt, aber ich muss unbedingt eines haben. Plötzlich sah ich mich im Geist, wie ich als einer von Charlies Engeln so ein Abzeichen zückte und mit ein paar gezielten Karatetritten Bösewichte – oder in diesem Fall eine schreiende Frau – überwältigte. Wenn das mit den Vorträgen und Büchern einmal nicht mehr funktioniert, dann werde ich mir ganz bestimmt irgend so ein Abzeichen besorgen.

Jedenfalls versammelte einer der Polizeibeamten die Flugbegleiter um sich, während der andere versuchte, die Frau zu beruhigen. Jeder Mitarbeiter der Fluglinie fing sofort an, genau nach Vorschrift zu handeln. Offensichtlich waren sie darin ausgebildet, mit verrückten Situationen umzugehen. Sie verloren nicht die Fassung, sondern handelten strikt nach Anweisung. Verblüfft sah ich zu, wie die Frau immer mehr außer sich geriet, aber diejenigen, die dazu ausgebildet waren, damit umzugehen, verloren nie die Beherrschung.

Sie schrie.

Sie sprachen ruhig und leise mit ihr.

Sie drohte.

Sie wiesen ihre Drohungen mit sanften Warnungen zurück.

Dann begab sie sich auf eine ganz neue Ebene: »Ich habe eine Bombe! Ich habe eine Bombe! Ich habe eine Bombe!«

Das ist kein Scherz.

Ich weiß, Sie denken, ich mach nur Witze, aber es war ernst.

An diesem Punkt nahm ich das Fläschchen mit dem Salböl heraus, das mir mein Pastor am Vortag geschenkt hatte. Mein Platz wurde ölig und heilig. Ich rief Art und meine Freundin Amy an und bat sie zu beten. Und ich informierte meine Bekannten über Twitter und bat sie zu beten.

Schließlich legten die Polizeibeamten ihr Handschellen an und führten sie mithilfe von zwei weiteren Polizisten und Mitarbeitern des Grenzschutzes aus dem Flugzeug.

Ganz ehrlich: Diese Frau hat auf eine Art die Nerven verloren, die ich nie vergessen und hoffentlich auch nie wieder erleben werde. Aber ich will auch die erstaunlichen Reaktionen der Flugbegleiter und Polizisten nie wieder vergessen, die mit dieser heiklen Situation umgehen mussten. Durch ihre offensichtlich sehr gute Ausbildung und die einstudierte Vorgehensweise blieben sie nicht nur selbst ruhig, sondern beruhigten auch ein ganzes Flugzeug voller Passagiere. Und das war ein unglaublicher Anblick.

Und aufgrund dieses Erlebnisses überlegte ich, ob ich nicht vielleicht auch so eine feste Vorgehensweise brauche, wenn sich in mir Selbstsucht, Stolz, Ungeduld, Wut oder Bitterkeit regen. Denn in dem Augenblick, in dem ich sie bemerke, empfinde ich sie als gerechtfertigt, und es ist schwer, gegen sie anzugehen. Aber Gottes Versprechen – seine Wahrheiten und Beispiele aus der Bibel – sind so stark, dass sie mich zu der göttlichen Art hinlenken können, über die ich eigentlich verfügen sollte. Mit einem von Gott vorgegebenen Handlungsplan kann ich ruhiger bleiben, wenn ich das Gefühl habe, die Nerven zu verlieren – und gottesfürchtiger. Und ich kann mich außerdem biblischer verhalten.

Natürlich kann es immer noch vorkommen, dass ich die Nerven verliere. Ihnen wird es auch so gehen, sogar nachdem Sie dieses Buch gelesen haben. Jeder von uns ist anfällig für unvorhersehbare Gefühle, für hormonell beeinflusste Gefühle. Trotzdem will ich mich auf jede erdenkliche Art auf die von meinen Gefühlen verursachten Probleme vorbereiten, um mich so gut wie möglich aus jedem emotionalen Aufruhr herauszuhalten. Ich will im Kraftstrom Gottes bleiben und an seiner göttlichen Art Anteil haben.

Mein biblisches Maßnahmenbuch

Eines meiner liebsten Beispiele aus dem Alten Testament dafür, wie man mit ungebändigten Gefühlen umgeht, ist König Joschafat aus 2. Chronik 20. Eines Tages erhielt dieser König sehr schlechte Nachrichten. Drei Länder hatten sich verbündet und hatten eine riesige Armee aufgestellt, um sein Land, das sehr kleine Juda, anzugreifen. Die Gefahr war zum Greifen nah. Die Niederlage schien unmittelbar bevorzustehen. Das Todesurteil schwebte über ihren Köpfen.

Ich glaube, unter diesen Umständen hätte ich ein ganz klein wenig die Fassung verloren. Sie nicht auch? Und trotzdem ist König Joschafat angesichts dieser grauenvollen Situation nicht durchgedreht oder explodiert. Stattdessen tat er fünf Dinge, die mir zeigen, wie ich die Fassung wahren kann, wenn eine überlebensgroße Situation droht, mich aus der Bahn zu werfen. Mithilfe der Erkenntnisse aus Joschafats Leben habe ich einen Trainingsplan für mein Herz und meinen Verstand erstellt und ein biblisches Maßnahmenhandbuch geschrieben, um Gottes Ruhe in meine nervenzerreißenden Situationen zu bringen.

Schritt 1: Denken Sie daran, wer Sie sind.

Joschafat erschrak sehr. Er entschloss sich, zunächst Gott zu befragen, und ließ in ganz Juda eine Fastenzeit ausrufen. Die Leute kamen aus allen Städten des Landes nach Jerusalem, um von Gott Hilfe zu erbitten. (2. Chronik 20,3-4, GN)

Mir gefällt es, wie in dieser Geschichte von Anfang an ganz klar gesagt wird, dass Joschafat Angst hatte. Angesichts der Situation war Angst eine angemessene Reaktion. Aber obwohl seine Angst gerechtfertigt und ein angemessener Indikator für das war, was ihm bevorstand, ließ er sich dadurch nicht aus der Fassung bringen. Warum nicht? Weil er, wie die Bibel berichtet, schon entschieden hatte, wie er reagieren wollte. Die beiden Verben, die unmittelbar im Zusammenhang mit Joschafats Namen gebraucht werden – *erschrak* und *entschloss sich* –, stehen für zwei Wirklichkeiten, die für meinen Kampf mit meinen ungebändigten Gefühlen bezeichnend sind.

Joschafat *erschrak* und *entschloss sich.* Der König hatte *sich entschlossen*, den Herrn zu befragen. So möchte ich auch sein. Wenn ich erschrecke, will ich gleichzeitig entschlossen sein. Lysa erschrak und entschloss sich. Und dazu will ich mich entschließen: Ich will daran denken, wer ich bin.

Wir haben ein Familienmotto, an das wir unsere Kinder fast immer erinnern, wenn sie das Haus verlassen. Dieses Motto beinhaltet jede moralische Regel, jede biblische Regel und jede Lebensregel, die wir ihnen je beigebracht haben. Anstatt ihnen immer wieder dieselbe Gardinenpredigt zu halten, die ungefähr so lauten könnte: »Sei nett, benimm dich anständig, achte darauf, was du sagst, trink nicht, rauch nicht, fahr nicht zu schnell …«, wiederholen wir nur diesen kurzen Satz:

Denk daran, wer du bist.

Das beinhaltet: Denk daran, dass du ein(e) Terkeurst bist, und ein guter Name ist mehr wert als alle Reichtümer der Welt. Aber noch wichtiger ist, daran zu denken, dass du ein Kind Gottes bist, heilig und geliebt, und dass Gott dich für einen großen Plan auserwählt hat. Nichts in der Welt ist es wert, dagegen eingetauscht zu werden. Also, denk daran, wer du bist.

König Joschafat war entschlossen. Er hatte vorab bestimmt, sich daran zu erinnern, wer er war. Und das hielt ihn davon ab, die Nerven zu verlieren. Genau das muss auch ich tun. Ich bin kein Nervenbündel von Frau, die eine Sklavin ihrer Umstände, ihrer Hormone oder der Verhaltensweisen anderer Menschen ist. Diese Dinge können mich zwar beeinflussen, aber sie beherrschen mich nicht. Ich bin ein Kind Gottes, heilig und geliebt, und Gott hat mich für einen großen Plan auserwählt. Und nichts in der Welt ist es wert, dagegen eingetauscht zu werden. Ich muss daran denken, wer ich bin.

Schritt 2: Konzentrieren Sie sich wieder auf Jesus.

Wir können gegen diese Übermacht nichts ausrichten. Wir wissen nicht, was wir tun sollen. Darum blicken wir auf dich!

2. Chronik 20,12 (GN)

Ist es nicht frustrierend, wenn man in Situationen, Konflikten oder Schwierigkeiten steckt und keine Ahnung hat, was man tun soll? Es ist schwer, wenn wir das Gefühl haben, dass es keine schnellen Lösungen und sicheren Antworten gibt. Ich liebe dieses ehrliche Eingeständnis von König Joschafat und seinem Volk. Sie wussten nicht, was sie tun sollten, aber sie wussten, an *wen* sie sich wenden konnten. Ihre Aufmerksamkeit war auf Gott gerichtet. Ich habe mich schon oft an die Wahrheit dieser Worte gehalten, wenn ich nicht wusste, was ich tun sollte.

Vor einigen Jahren war ich als Rednerin auf einer Konferenz. Sie ging gerade zu Ende, und an jenem Abend freute ich mich auf ein entspanntes Abendessen mit meinem Mitarbeiterteam. Ich sprach mit meiner Freundin Beth gerade darüber, in welches Restaurant wir gehen wollten, als ein aufgeregter Ordner kam und uns berichtete, es gäbe einen Notfall und wir sollten sofort kommen. Eine Konferenzteilnehmerin hatte gerade erfahren, dass ihre beiden Enkel bei einem Brand ums Leben gekommen waren. Wenige Augenblicke später standen wir neben einer Frau, die von ihren Freundinnen umgeben am Boden lag und so heftig schluchzte, dass sie kaum noch Luft bekam.

Die Enkelkinder dieser Frau, vier und acht Jahre alt, hatten vor Kurzem die Osterferien bei ihr verbracht. Noch vor wenigen Tagen hatte sie sie im Arm gehabt, auf dem Schoß gewiegt, ihnen übers Haar gestrichen und sie mit Küssen übersät. Wie konnten sie jetzt auf einmal nicht mehr da sein? Die tragische Nachricht war zu viel für sie gewesen, und sie war zusammengebrochen.

Der Sanitäter, der versucht hatte ihr zu helfen ruhiger zu atmen, trat zur Seite, damit wir ihre Hände halten und für sie beten konnten. Anfänglich konnte ich meine Bitten an Jesus nur stammelnd vorbringen, dass er mit seiner Gnade in diese Situation hineinkommen möge. Ich betete um Trost und die Gewissheit, dass ihre geliebten Enkel jetzt bei ihm waren. Es fiel mir so schwer. Mein Mutterherz fühlte zutiefst mit dieser Frau, und ich konnte meine Tränen nicht zurückhalten.

Als meine Freundin Beth anfing zu beten, bemerkte ich etwas Wunderbares. Jedes Mal, wenn sie »Jesus« sagte, entspannte sich die Frau, ihr Schluchzen ließ nach und sie atmete ruhiger. Als ich dann wieder an der Reihe war zu beten, nannte ich einfach immer und immer wieder seinen Namen und die arme Großmutter fiel mit ein: »Jesus, Jesus, Jesus.«

Während wir weiter seinen Namen wiederholten, spürten wir eine Kraft, die weit über die hinausging, die wir selbst aufbringen konnten. Nicht zuletzt deshalb lehrt die Bibel, dass im Namen Jesu Macht und Schutz liegen (Johannes 17,12). Ich habe diese Macht gesehen. Ich habe sie erlebt. Und ich werde das so schnell nicht vergessen.

Die menschliche Seele ist dazu geschaffen, auf die beruhigende Gewissheit in Jesus zu reagieren. Wenn ich mich in einer sehr aufgewühlten Situation befinde, kann ich eine Macht, die weit über meine eigene hinausgeht, in diese Situation hineinbringen, indem ich einfach seinen Namen ausspreche. Ich muss nicht wissen, was ich tun soll. Ich muss nicht die Lösung haben. Ich muss mich nicht an alles erinnern, was ich vergangene Woche in der Bibelstunde gelernt habe. Ich muss mich nur an eine Sache erinnern, an einen Namen – Jesus.

Und das gilt nicht nur bei tragischen Ereignissen. Es gilt genauso für unseren Alltag. Manchmal fahre ich die Kinder morgens zur Schule und nehme mir fest vor, dass wir alle nett zueinander sein werden. Manchmal packt es mich sogar und ich halte auf dem Weg eine kleine Andacht. Aber dann kommen mir alle auf einmal quer, und schon ist Mama gar nicht mehr in der Stimmung für eine Andacht. Mama ist nur noch in der Stimmung zu schreien.

Ich habe schon oft das Lenkrad umklammert und laut »Jesus ... Jesus ... Jesus ... Jesus« gesagt. Damit lade ich seine Macht in mein kleines Auto voller Schüler ein! Und dann flippen meine Kinder aus. Sie sagen dann schon mal: »Mama, bitte lass das Fenster oben, wenn wir an der Schule halten, ja?«

Ja, meine Augen und meinen Mund auf Jesus gerichtet zu lassen, ist ein wesentlicher Bestandteil meines Handbuchs für besonders nervenaufreibende Situationen.

Schritt 3: Erkennen Sie, dass Gottes Aufgabe nicht Ihre Aufgabe ist.

> *Hört, ihr Leute von Juda, ihr Einwohner Jerusalems und du, König Joschafat! So spricht der Herr: »Habt keine Angst! Fürchtet euch nicht vor diesem großen Heer! Ich werde gegen sie kämpfen, nicht ihr!«* 2. Chronik 20,15 (Hfa)

Manchmal gerate ich in Situationen, in denen ich verzweifelt herauszufinden versuche, was ich tun soll. Je mehr ich über die verschiedenen Möglichkeiten nachdenke, desto mehr stellt sich dieses entnervte Gefühl ein. Ist es Ihnen auch schon einmal so gegangen? Vielleicht geht es Ihnen sogar gerade jetzt so. Deshalb ist dieser Vers so ermutigend. Letzten Endes liegt die Verantwortung dafür, ob wir den Kampf, in dem wir stehen, auch gewinnen, nicht bei uns. Wir sind nicht dafür verantwortlich, alles zu verstehen. *Unsere Aufgabe* ist es nur, Gott mitten in der Situation, in der wir stehen, gehorsam zu sein. *Gottes Aufgabe* ist das Ergebnis.

Gehorsam bringt uns in den Kraftstrom Gottes, sodass wir mit Gott arbeiten anstatt gegen ihn.

Sind Sie von Geldproblemen geplagt? Schlagen Sie Bibelverse über Geld nach und fangen Sie an, Gottes Wort auf Ihr Konto und Ihre Rechnungen anzuwenden. Die Probleme werden sich vielleicht nicht sofort ändern, aber mit der Zeit wird sich Ihr Herz ändern. Gott ehrt das Herz, das ihn ehrt.

Haben Sie Eheprobleme? Schlagen Sie biblische Aussagen über Männer und Frauen nach und fangen Sie an, sie anzuwenden. Beschließen Sie, der Ehepartner zu sein, zu dem Gott Sie berufen hat. Ich weiß, dass das schwerfällt, aber ich weiß auch, dass das schon Wunder gewirkt und mich im Kraftstrom Gottes gehalten hat.

Haben Sie Probleme in einer Freundschaft? Das Gleiche. Durchsuchen Sie die Bibel und beschäftigen Sie sich mit dem, was die Bibel über unsere Worte lehrt und wie wir sie gebrauchen sollen. Üben Sie sich darin, in Gottes Kraftstrom zu bleiben, indem Sie Ihre Worte in Einklang mit Gottes Wahrheit bringen. Auch das ist nicht leicht, aber absolut lebensverändernd.

Letzten Sommer auf einer Familienfreizeit habe ich eine wichtige Lektion darüber gelernt, wie man in Gottes Kraftstrom bleiben kann. *Camp-of-the-Woods* ist ein wunderbarer Erholungsort mitten in den Adirondack-Bergen im Bundesstaat New York. Dort gibt es jeden Morgen eine großartige Predigt, kein Fernsehen, aber einen kristallklaren See, Lagerfeuer, Angeln, Minigolf, Shuffleboard und mehr Gelegenheiten zum Spielen, als man sich je vorstellen kann. Es ist auch eine unglaublich schöne Gegend mit vielen wunderbaren Aussichtspunkten und Wanderwegen. Als einige unserer sportlichen Freunde uns also eine leichte Wanderung für Familien vorschlugen, dachten wir, das sei eine gute Idee.

Es zeigte sich aber, dass ihre Definition von *leicht* aus einem völlig anderen Wörterbuch kam als meine. Ja, sogar von einem anderen Stern, um ehrlich zu sein. Mannomann, das war keine *leichte* Wanderung.

Ich hatte mir einen Weg vorgestellt, der in sanften Biegungen langsam anstieg. Aber was wir durchmachten war mehr, als wolle man eine Steilwand aus Wurzeln und Felsen hochklettern.

Im Ernst!

Und wir befanden uns in einer Höhe, in der sich meine Lungen anfühlten, als klebten sie zusammen und könnten nicht mehr als einen Fingerhut voll Luft aufnehmen. Wunderbar. An Gespräche war überhaupt nicht zu denken. Mehr als ein gelegentliches Ächzen brachte ich zwischen meinen keuchenden Atemzügen nicht hervor.

Hoch, hoch, immer weiter hoch ging es. Als uns eine andere Gruppe Wanderer von oben entgegenkam und fröhlich witzelte: »Ihr habt schon fast die Hälfte!«, wollte ich aufgeben. *Die Hälfte?* Wie konnten wir erst die Hälfte geschafft haben?

Ich trieb mich an, riss mich zusammen, strengte mich an, keuchte und schnaufte, und vielleicht habe ich auch ein paar Minuten geschmollt. Aber schließlich kamen wir doch oben an. Ich beugte mich vornüber, hielt mir die Seiten und fragte mich, wie eine Frau, die tagtäglich sechs Kilometer joggen geht, so entsetzlich außer Form sein konnte!

Entgegen der Schwerkraft den Berg hinaufzusteigen war schwer. Richtig, richtig schwer. Aber der Abstieg war etwas ganz anderes. Ich stieg über die gleichen Felsen und Wurzeln, ohne auch nur annähernd so geschafft zu sein. Ich genoss den Weg. Ich nahm viel mehr von der schönen Umgebung wahr und hatte sogar genug Luft, um mich die ganze Zeit zu unterhalten.

Etwa auf halbem Weg nach unten wurde mir bewusst, wie viel diese Wanderung mit meinem Leben als Christ gemeinsam hatte. Von oben zu kommen und sich *mit* der Schwerkraft zu bewegen, war viel leichter, als von unten zu kommen und *dagegen* anzukämpfen. Obwohl ich in beide Richtungen genau den gleichen Weg ging, war es viel leichter mit dem Strom der Schwerkraft zu gehen.

Genauso ist es, wenn ich in meinem Leben vor Schwierigkeiten stehe. *Mit dem Kraftstrom Gottes* zu gehen ist viel einfacher als *sich dagegenzustellen.* Wenn ich bemüht bin, Gott in allen Lebenslagen gehorsam zu sein, dann gehe ich mit Gottes Kraftstrom. Natürlich muss ich mich immer noch durch meine jeweilige Situation durcharbeiten, aber ich muss es nicht aus meiner eigenen Kraft tun. Meine Aufgabe ist es, Gott gehorsam zu sein, sein Wort anzuwenden und nach seinen Vorgaben zu leben – nicht so, wie es die Welt mir zeigt. Ich will Anteil haben an seinem göttlichen Wesen, anstatt mich in meiner negativen Einstellung und meiner Unsicherheit zu suhlen. Dann muss ich nicht keuchen und stöhnen und schmollen, während ich versuche, alles selbst auf die Reihe zu bekommen. Ich bleibe im Kraftstrom Gottes. Gott wird alles auf seine Weise und nach seinem Zeitplan regeln.

Genauso war es bei König Joschafat. Ich glaube, wenn er versucht hätte, einen Weg zu finden, wie er die Schlacht aus eigener Kraft und mit seiner begrenzten Zahl an Soldaten gewinnen konnte, hätte er aufgegeben. Juda war zahlenmäßig unterlegen, das stand außer Frage. Aber anstatt sich selbst aufzugeben, bezogen der König und seine Armee Gott mit ein und beschlossen, genau das zu tun, was er ihnen sagte – auch als Gottes Anweisungen ziemlich seltsam erschienen.

Schritt 4: Bringen Sie Gott Ihren Dank und Ihr Lob

> *Joschafat beriet sich mit den Versammelten und stellte daraufhin an die Spitze des Heeres einige Sänger. In Festgewändern sollten sie vor den Soldaten herziehen und den Herrn loben mit dem Lied: «Preist den Herrn, denn seine Gnade hört niemals auf!«*
>
> 2. Chronik 20,21 (Hfa)

Ich weiß nicht, wie es Ihnen geht, aber wenn ich vor einer plündernden Horde gestanden hätte, den sicheren Tod vor Augen, dann hätte bei mir in der ersten Reihe nicht der Kirchenchor gestanden.

Ach, wenn ich es mir doch nur mehr zur Angewohnheit machen könnte, ein dankbares Herz zu haben, das Gott lobt, statt zu murren und mich von meinen Umständen überwältigen zu lassen. Das Schwierige daran ist, dass ich mich in dem Augenblick, wo Probleme auftauchen, einfach nicht besonders dankbar fühle. Mir ist dann einfach nicht danach, lauthals ein Loblied zu singen. Ich wünschte, es wäre so, aber es ist nicht so.

Wie schaffe ich es also, wenn ich gerade total genervt bin, von *schlecht gelaunt* auf *dankbar* umzuschalten? Ich brauche etwas, auf das ich zurückgreifen kann und das meine Perspektive ins Positive kehrt. Und ich glaube, ich habe genau das Richtige gefunden. Ich sage laut zu mir selbst: »Wenn das das Schlimmste ist, was mir heute passiert, dann ist es immer noch ein ziemlich guter Tag.«

Meine Freundin hat mich gerade verletzt. Wenn das das Schlimmste ist, was mir heute passiert, dann ist es immer noch ein ziemlich guter Tag. Danke, Gott!

Mein Mann muss länger arbeiten, und jetzt muss ich zu Hause bei den Kindern bleiben und kann nicht mit meinen Freundinnen weggehen. Wenn das das Schlimmste ist, was mir heute passiert, dann ist es immer noch ein ziemlich guter Tag. Danke, Gott!

Die Leiterin meiner Bibelgruppe hat Stacey gerade gebeten, nächste Woche die Leitung für sie zu übernehmen, obwohl ich ihr schon oft gesagt habe, dass ich das auch gerne einmal tun würde. Wenn das das Schlimmste ist, was mir heute passiert, dann ist es immer noch ein ziemlich guter Tag. Danke, Gott!

Ich kann Gott nicht ehrlichen Herzens danken für etwas, das falsch oder schlecht ist, aber ich kann sehr wohl meine Aufmerksamkeit auf das lenken, was alles gut und richtig ist und ihm dafür danken. In der Geschichte von König Joschafat bewirkte dieses Umschalten – Gott zu loben für das, was gut war, statt auf das zu schauen, was schlecht war – ein Wunder.

Als das Loblied von Judas vorderster Front die Ohren der feindlichen Armee erreichte, waren ihre Feinde so verwirrt, dass sie anfingen, gegeneinander zu kämpfen, statt gegen Juda. »Als die Israeliten zu der Stelle kamen, von wo aus man die Wüste überblicken konnte, suchten sie das große Heer der Feinde. Da entdeckten sie die Leichen, die überall am Boden lagen. Keiner der Feinde war mit dem Leben davongekommen« (2. Chronik 20,24, Hfa). Erstaunlich, absolut erstaunlich!

Welche Macht doch darin liegt, wenn man von schlecht gelaunt auf dankbar umschaltet und Gott mitten in allem dankt. Wenn ich das tue, verändert sich meine Lage zwar nicht sofort, aber meine Sicht der Dinge tut es. Ich bin nicht mehr länger blind für alles Gute und habe so viel mehr Grund, Gott zu loben. Und wenn mein Herz erst einmal voller Lob ist, dann bin ich bei Weitem nicht mehr so gefährdet, die Nerven zu verlieren.

Schritt 5: Seien Sie sich bewusst, dass Ihre Reaktion Ihren Einfluss bestimmt.

> *Die Könige der Länder ringsum bekamen große Angst vor der Macht Gottes, als sie hörten, wie der Herr selbst gegen Israels Feinde gekämpft hatte. Von da an konnte Joschafat in Ruhe regieren, denn Gott schenkte Juda Frieden mit den Königreichen ringsum.* 2. Chronik 20,29-30 (Hfa)

Wie fand Joschafat Frieden? Warum konnte er in Ruhe regieren? Und was am wichtigsten ist: Warum bekamen alle, die von Joschafats Sieg hörten, große Angst vor der Macht Gottes? Weil er mitten in alledem Gott durch sein Handeln und seine Reaktionen die Ehre gab.

Bedenken Sie, dass er, obwohl er sehr erschrak, beschloss, den Herrn zu befragen.

Er erschrak, blieb aber entschlossen. Er konzentrierte sich auf Gott. Er blieb im Kraftstrom Gottes, indem er Gottes Wort gegenüber gehorsam war. Und obwohl es nicht leicht war, schaltete er von schlecht gelaunt auf dankbar um. Seine Reaktion beeinflusste alle um ihn herum positiv, nicht nur die Menschen in seinem eigenen Königreich, sondern sogar die in den umliegenden Ländern.

Einem solchen Leiter möchte ich folgen. Ein solcher Leiter möchte ich sein. Ich regiere zwar kein Königreich, aber ich habe sehr wohl Einfluss auf die Menschen um mich herum. Der Umgang, den ich mit meinen Kindern, meinem Mann, meinen Freunden, meinen Nachbarn, meiner Gemeinde, ja sogar mit der Kassiererin im Supermarkt pflege, ist wichtig. Meine Reaktionen zeigen, in welcher Beziehung ich zu Jesus stehe und welchen Einfluss er auf mein Herz hat. Schließlich erinnert mich die Bibel daran, dass aus der Fülle des Herzens mein Mund überquillt. Wenn mir etwas quer kommt, dann zeigt sich, was wirklich in meinem Herzen ist. In diesen Momenten bestätigt sich entweder die Echtheit meiner Liebe zu Jesus oder sie wird zunichte gemacht.

Ja, meine Reaktionen bestimmen meinen Einfluss. Deshalb möchte ich mein Gehirn trainieren, sich an jeden Schritt, jede Wahrheit, jede Entscheidung aus Joschafats Geschichte zu erinnern, wenn ich in nervenzerfetzende Situationen komme. Und dann möchte ich mein Herz trainieren, sie umzusetzen.

Hier nun also die Kurzfassung meines biblischen Maßnahmenhandbuchs:

1. Wenn ich erschrecke, beschließe ich, mich daran zu erinnern, wer ich bin.
2. Jesus, Jesus, Jesus.

3. Im Kraftstrom bleiben. Meine Aufgabe ist es, gehorsam zu sein. Gottes Aufgabe ist es, Ergebnisse zu schaffen.
4. Von schlecht gelaunt auf dankbar umschalten.
5. Meine Reaktionen bestimmen meinen Einfluss.

Statt der Tatsache, dass ich manchmal genervt bin, auszuweichen, setze ich mich frontal damit auseinander. Ich will eine klare Chance haben, angesichts von aufgewühlten Emotionen kluge Entscheidungen zu treffen. Und dazu ist es gut, einen festen Plan auszuarbeiten und umzusetzen. Machen Sie mit? Ihr Plan muss nicht so aussehen wie meiner. Aber Sie dürfen meine Gedanken ruhig übernehmen. Der beste Plan für Sie ist der, den Sie befolgen.

Und wenn wir uns je persönlich begegnen sollten, würde es mich sehr interessieren, welchen Plan Sie entworfen haben. Ich könnte wetten, dass es großartig wäre, unsere Erfahrungen mit unserem unvollkommenen Fortschritt auszutauschen. Ich kann Ihnen nicht versprechen, dass auf meiner Toilette eine Klobrille sein wird, wenn Sie mich einmal besuchen kommen, aber ich verspreche Ihnen, wenn uns jemand zu einer Wanderung einlädt, werde ich mir vorher Bilder von dem Weg zeigen lassen. Einverstanden?

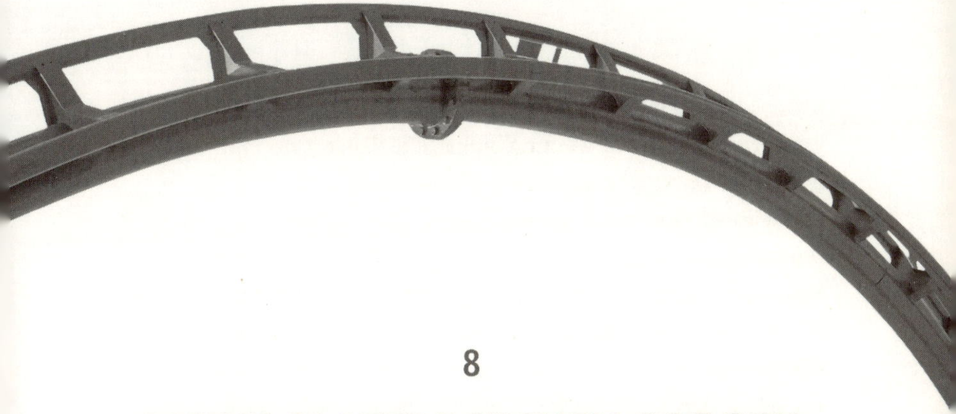

8

MEINE PLATZDECKCHEN-SORGEN

Ich möchte mich mit meinen unbeherrschten Reaktionen auseinandersetzen, damit mein emotionales Pendel nicht mehr so extrem ausschlägt, sondern sanft in der Mitte schwingt. Es ist schwer, diese sanfte Mitte zwischen explodieren und unterdrücken zu finden, aber Gott arbeitet an mir. Und wie ist es mit Ihnen?

Unsere Neigungen zu erkennen ist sicher ein guter Anfang. Und Strategien zu entwickeln, mit denen wir unsere Gefühle verarbeiten und besänftigen können, ohne dabei etwas zu unterdrücken oder zu explodieren, ist sehr wichtig. Aber es gibt noch eine Sache, die wir hinzufügen müssen, bevor es weitergehen kann: der Blickwinkel.

Der richtige Blickwinkel bringt eine Freundlichkeit mit sich, die ich auf keine andere Art erreichen kann. In letzter Zeit verfolgt mich ein Bibelvers: »Alle Menschen sollen eure Güte und Freundlichkeit erfahren« (Philipper 4,5, Hfa). Dieser Vers ist mir an so vielen unerwarteten Orten begegnet, dass ich weiß, dass Gott mich darauf aufmerksam machen will. Warum? Sagen wir es einmal so: Als Gott im Juli 1969 das Freundlichkeits-Gen verteilte, muss ich wohl gerade in einer anderen Schlange gestanden haben. Viele Menschen, die zur gleichen Zeit entstanden sind, haben dieses Freundlichkeits-Gen. Ich kenne Menschen, die sich wahrscheinlich sogar zweimal angestellt haben und eine doppelte Portion bekommen haben. Ich? Eher nicht.

Natürlich habe ich meine freundlichen Momente. Ich kann freundliche Dinge tun. Aber mir quillt die Freundlichkeit nicht aus allen Poren. Vor allem nicht, wenn ich müde oder gestresst bin. Ehrlich gesagt glaube ich, dass an meiner Schlafzimmertür ein Warnschild hängen sollte, dass man den Raum nach 20:30 Uhr auf eigene Gefahr betritt: »WARNUNG! Bitte beachten Sie, dass der Heilige Geist diese Frau vorübergehend verlassen hat, um einer Frau auf der anderen Seite der Erdkugel zu helfen, die gerade aufgewacht ist.«

Leute, ich weiß, dass das theologisch ziemlich schräg ist, aber ich bin einfach nur ehrlich. Von dem bisschen Freundlichkeit, das ich besitze, ist nach 20:30 Uhr nichts mehr zu merken. Ü-ber-haupt-gar-nichts.

Und dann ist da noch so etwas, das passiert, wenn ich gestresst bin. Normalerweise kann ich tagsüber ein bisschen Freundlichkeit zusammenkratzen. Aber wenn dann eine stressige Situation aufkommt, in der zu viel zu schnell auf mich einstürmt, dann gnade euch Gott! Dann werde ich ganz aufgabenorientiert und fange an, in einem Staccato-Rhythmus mit den Menschen um mich herum zu reden, weil ich will, dass alles schnell erledigt wird, und zwar jetzt. Sofort. Nicht. In. Zehn. Minuten. Weil. Jetzt. Jetzt. Heißt!

Ich möchte nicht, dass mich meine Kinder so in Erinnerung behalten – als die Staccato-Mama.

Ich möchte mich auch selbst in dieser Lebensphase nicht so in Erinnerung behalten.

Deshalb ist diese Freundlichkeit, die alle Menschen an mir erkennen sollen, genau das, was ich brauche – auch wenn es etwas schmerzt.

Die folgende kleine Predigt habe ich mir selbst gehalten: Alle

Menschen sollen *eure* Freundlichkeit erfahren. »Eure« bedeutet, dass ich auch etwas davon habe. Auch wenn ich das gerne glauben möchte, so hat Gott mich doch nicht ausgelassen, als er das Freundlichkeits-Gen verteilt hat, und meine unbändige Persönlichkeit ist keine gottgewollte Ausnahme. Ganz gleich, unter wie viel Stress ich stehe, ich kann trotzdem Gottes Freundlichkeit widerspiegeln, weil der Heilige Geist in mir lebt. Der Heilige Geist ist in mir um 8:30 Uhr morgens, wenn ich putzmunter bin, und er ist genauso in mir um 20:30 Uhr abends, wenn ich mürrisch bin. Der Heilige Geist ist in mir, ob ich ruhig oder gestresst bin. Die Freundlichkeit ist in *mir*!

Ich muss nur lernen, die Freundlichkeit, die mir rechtmäßig zusteht, wieder zurückzugewinnen. Und ich kann sie zurückgewinnen, indem ich das praktiziere, was unmittelbar vor »Alle Menschen sollen eure Güte und Freundlichkeit erfahren« zu lesen ist. Und das ist: Freut euch! »Freut euch Tag für Tag, dass ihr zum Herrn gehört. Und noch einmal will ich es sagen: Freut euch!« (Vers 4, Hfa). Je mehr mein Herz in Dankbarkeit und Freude ruht, desto weniger Raum ist für Missmut.

Meine Kinder machen mich wahnsinnig? Immerhin sind sie gesund und haben die Energie, um das zu tun. Verpasse diese Gelegenheit zum Danken nicht.

Meine Wäscheberge reichen bis zur Decke? Jedes einzelne Kleidungsstück ist ein Beweis für das Leben in meinem Haus. Verpasse diese Gelegenheit zum Danken nicht.

Mein Mann bekommt bei dem Gedanken, mit mir einkaufen zu gehen, keine romantischen Gefühle? Was macht das schon, im Großen und Ganzen gesehen? Er ist ein guter Mann. Verpasse diese Gelegenheit zum Danken nicht.

Ich habe das Gefühl, immer unorganisiert, bei allem hinterher und ständig zu spät zu sein? Schraub die Ansprüche runter, lass unrealistische Erwartungen los und genieße heute ein paar glückliche Momente. Verpasse diese Gelegenheit zum Danken nicht.

Je mehr ich mich freue, desto gelassener kann ich die Dinge sehen. Je gelassener ich die Dinge sehe, desto freundlicher werde ich.

Deshalb muss ich ganz bewusst nach Dingen suchen, die mir den richtigen Blickwinkel vermitteln. Solche Dinge wie in einer Suppenküche Essen austeilen, einer bedürftigen Familie etwas schenken oder ein Missionseinsatz. Wenn ich will, dass die Freundlichkeit, die in mir steckt, herauskommt, muss ich aus meinem Alltagstrott ausbrechen. Ich muss dorthin gehen, wo ich die Dinge in einem anderen Licht sehe.

Meine Platzdeckchen-Sorgen mit anderen Augen sehen

Als meine Mädchen noch klein waren, entwickelten wir eine besondere Hass-Liebe zu diesen Papier-Platzdeckchen, die es in einigen Schnellrestaurants gibt, um die Kinder zu beschäftigen. Ich mochte es, dass auf diesen Deckchen ansprechende, Aufmerksamkeit erregende Bilder waren und die Kinder die passenden Buntstifte dazu bekamen. Aber jedes Mal malte eines der Kinder auf dem Platzdeckchen eines anderen, und schon zog das zornige Geschrei und Gekreische die Aufmerksamkeit des ganzen Restaurants auf uns.

Dann saß ich da und konnte nicht fassen, dass meine Kinder wegen ein paar angemalten Papierdeckchen so einen Aufstand machten. Papierdeckchen, die demnächst voller Ketchup- und Saftflecken sein und im Mülleimer landen würden. Vergängliche Dinge. Unwichtige Dinge. Ich wusste, dass meine Kinder sich schon morgen nicht einmal mehr an die Deckchen erinnern würden, geschweige denn in einem Monat. Aber heute, in diesem Augenblick, drehten sie wegen dieser Deckchen völlig durch.

Und ich bin auch nicht anders. Wenn ich einmal genau nachdenke über die Dinge, die mich aus der Fassung bringen, muss ich, wenn ich ehrlich bin, den Kopf schütteln. Nicht, weil ich mich für mich selbst schäme, sondern um aufzuwachen und zu begreifen, dass es Dinge gibt, die zu Recht meine geistigen Kräfte in Anspruch nehmen sollten. Ist diese Situation, in der ich heute stecke, tatsächlich eine davon?

Kürzlich musste ich bei einer seltsamen Gelegenheit an diese Platzdeckchen denken. Ich war in Los Angeles und arbeitete mit einigen Freundinnen ehrenamtlich im *Dream Center* mit. Pastor Matthew Barnett betreibt dieses wunderbare Zentrum zusammen mit seiner Gemeinde. Hier laufen 120 Hilfsprogramme zusammen, mit denen sie jeden Monat über 40.000 Menschen erreichen. Die Einrichtung mit 700 Betten ist in einem umgebauten Krankenhaus untergebracht. Dazu gehört eine Notunterkunft für obdachlose Familien, ein Drogen-Reha-Zentrum und ein Heim für Opfer des Menschenhandels. Das Zentrum bietet auch berufsbildende Kurse und Lebensberatung für obdachlose Familien und Alleinstehende an.

Wir beschlossen, auf den Hotelaufenthalt zu verzichten, um während der fünf Tage, die wir mitarbeiteten, im Obdachlosenheim zu schlafen. Ich wusste, dass im *Dream Center* ein anderer Blickwinkel auf mich wartete. Und so war es auch.

Am ersten Tag teilten wir in der Suppenküche in Skid Row – einem Außeneinsatzort des *Dream Centers* – Essen aus. Ich sah dort so viele Menschen in so verzweifelten Lebenslagen, dass ich kaum alles verarbeiten konnte. Es kamen Prostituierte, Zuhälter, Menschen, die sich mit wer weiß was zugedröhnt hatten, die auf einem Haufen Müll oder in notdürftigen Zelten auf dem Gehweg schliefen.

Ich sah bei einem Drogenhandel zu, der nur wenige Meter von uns entfernt stattfand. Zwei Menschen handelten in aller Öffentlichkeit mit Drogen und gaben sich keinerlei Mühe, es zu verbergen. Und die nächste Polizeistation befand sich buchstäblich nur um die Ecke.

Drogen. Anmache. Obdachlosigkeit. Dreck. Dunkelheit. So sah es dort aus. Aber eines konnte ich nicht verstehen: *Warum blieben sie dort?*

Das *Dream Center* schickt mehrmals in der Woche Hilfsgüter in diese finstere Gegend von Los Angeles. Sie bringen Nahrungsmittel, aber was vielleicht noch wichtiger ist als für den praktischen Lebensunterhalt zu sorgen, ist die Hoffnung, die sie bringen. Hoffnung auf mehr, auf etwas Neues, auf die Chance eines neuen Lebens.

Aber nur ganz wenige verlassen je Skid Row.

So ist das mit unserem Wohlfühlbereich. Unser Wohlfühlbereich muss nicht bequem sein – er muss uns nur vertraut sein. Er ist dort, wo man das Gefühl hat hinzugehören. Und wo man glaubt hinzugehören, dort bleibt man auch.

Ich sah diese traurige Realität im Leben von Janice, einer Frau, die ich an jenem Tag kennenlernte und die nicht aus dem Leben in Skid Row ausbrechen wollte. Janice hörte uns zu, als wir ihr erzählten, die Leute im *Dream Center* könnten ihr beim Entzug helfen, ihr eine sichere Unterkunft bieten und ihr helfen, wieder auf die Beine zu kommen. Und ich hatte das Gefühl, sie glaubte uns.

Wir halfen Janice in den Kleinbus, verließen Skid Row und brachten sie in die Drogen-Reha des *Dream Centers*. Als wir sie dort verließen, waren wir erleichtert und voller Hoffnung für sie. Wir waren so glücklich, dass sie bereit war, sich helfen zu lassen.

Am nächsten Tag arbeiteten wir in einem anderen Stadtteil von Los Angeles. Da kam eine Frau auf mich und meine Freundin Amanda zu und bat uns um Geld. Ich hatte das Gefühl, die Frau zu kennen, aber ich brauchte einige Sekunden, bis ich sie erkannte. Dann durchfuhr es mich wie ein Blitz – es war Janice, meine Freundin aus Skid Row. Was machte sie hier? Sie sollte eigentlich gar nicht hier sein. Sie sollte in der Drogen-Reha im *Dream Center* sein, wo wir sie am Tag zuvor hingebracht hatten. Aber keine 24 Stunden später war sie schon von dort weggelaufen. Weggelaufen von der Hilfe. Weggelaufen von der Hoffnung. Weggelaufen vom Heilwerden.

Und jetzt stand sie da und bettelte um Geld für die Busfahrkarte zurück nach Skid Row. In dieser Vier-Millionen-Stadt hatten sich unsere Wege irgendwie wieder gekreuzt. Wie groß war diese Wahrscheinlichkeit? Das war ganz sicher ein Zeichen dafür, wie sehr Gott sie liebte.

»Janice, warum bist du nicht mehr im *Dream Center*?«, fragte ich sie. »Soll ich dich zurückbringen? Ich kann anrufen, damit dich ein Bus abholt. Bitte, bitte, komm doch mit zurück.«

Aber Janice schüttelte den Kopf und flüsterte leise: »Ich muss wieder zurück auf die Straße, weil ich dort weiß, wo ich hingehöre. Anderswo weiß ich nicht, wo ich hingehöre.«

»Zurück nach Skid Row?«, fragte ich mit Tränen in den Augen.

Sie nickte.

Und da wusste ich, dass sie nicht mit uns zum *Dream Center* zurückkommen würde. Vielleicht niemals wieder. So sehr ich mir auch wünschte, ich könnte ihre Rettung erzwingen, wusste ich doch, dass ich Janice das Einzige, was ihr geblieben war, nicht nehmen durfte: ihre freie Entscheidung. Sie musste mit uns gehen *wollen*, und das wollte sie nicht.

Ich fragte sie, ob wir für sie beten dürften. Sie war einverstanden. Wir stellten uns um sie, beteten und sahen dann zu, wie sie ging und die nächste Person um Geld bat. Und dann die nächste. Meistens wurde sie abgewiesen. Aber sie ging immer weiter und weiter von uns weg.

In jenem seltsamen Augenblick musste ich an diese albernen

Platzdeckchen denken, um die sich meine Kinder immer gestritten hatten. Und ich wurde wütend. Nicht auf meine Kinder, sondern auf mich und all die albernen Sachen, derentwegen ich manchmal einen Aufstand mache. Es gibt Augenblicke, in denen ich auch nicht reifer bin als meine Kinder, wenn sie sich um Einweg-Platzdeckchen streiten. Wie kann ich mich nur über so unwichtige Dinge aufregen! Gott, vergib mir.

Ja, es gibt Dinge, die mich *wirklich* wütend machen sollten. Wie zum Beispiel, dass Janice ihr ganzes Leben lang nicht wusste, dass es einen sicheren Ort für sie gibt. Und jetzt geht sie immer wieder nach Skid Row zurück. In die »Heroingasse« in Skid Row, um genau zu sein. Dorthin, wo Zuhälter Frauen verkaufen, um in behelfsmäßigen Zelten, direkt an der Straße, unaussprechliche Dinge zu tun. Wo Kinder mit schmutzigen Injektionsnadeln spielen und Jugendliche mit Nadeln in den Füßen ohnmächtig werden, weil ihre Venen an den Armen schon viel zu zerstochen sind, um sich einen Schuss zu setzen.

Es gibt auch heute Dinge, über die man sich zu Recht aufregen sollte, aber es sind nicht die kleinen Unannehmlichkeiten und Dinge, die mir meine Laune verderben. Gott, hilf mir mit meinen Platzdeckchen-Sorgen.

Ja, dort im *Dream Center* wartete ein neuer Blickwinkel auf mich. Ich ging hin als eine Frau, die gebraucht wurde. Ich ging hin, um den Nöten anderer zu begegnen. Aber mir wurde schnell klar, dass ich auch hinging als eine Frau, die selbst etwas brauchte. Ich hatte es nötig, dass Gottes Wirklichkeit ganz neu und heftig und unmittelbar und echt und unleugbar über mich kam. Denn manchmal spreche ich so viel über Gott, dass er eher zu einem Identitätsmerkmal in meinem Leben wird, statt mein Identitätsveränderer zu sein.

Wenn Gott unser Identitätsmerkmal ist, dann ist er nur noch ein Etikett, ein Fachjargon und ein Lebensstil – ich bin Christ, deshalb rede ich wie einer und verhalte mich wie einer. Aber wenn Gott unser Identitätsveränderer ist, bedeutet das weit, weit mehr. Es bedeutet, dass ich nicht mehr die bin, die ich einmal war, die sich über Kleinigkeiten aufregen konnte. Ich mache unvollkommene Fortschritte. Ich verändere mich, reiße mich los und werde geformt. Ich bin eine Frau, deren Identität verändert wurde, weil sie dem Einen persönlich begegnet ist, der die Macht hat, sie völlig zu verändern.

Im *Dream Center* habe ich Gottes identitätsverändernde Kraft im Leben so vieler Menschen gesehen. Und wie ich sie gesehen habe. Und mich danach gesehnt habe.

Gottes identitätsverändernde Kraft hat aus dem Bandenmitglied mit seinen acht Narben, die von Gewehrkugeln stammen, einen dienstbereiten Mann gemacht, der Jesus liebt. So sanftmütig.

Sie hat aus der Prostituierten eine Seelsorgerin gemacht, die anderen Mädchen hilft, die von der Straße gerettet wurden. So rein.

Sie hat aus dem Drogenabhängigen einen liebevollen Vater gemacht, der seinem Sohn beibringt, ein gottesfürchtiger Leiter zu sein. So voller Integrität.

Was, um Himmels willen, hat mich zurückgehalten?

Im Ernst.

Was hat mich davon abgehalten zu erkennen, dass Gottes Kraft auch mich verändern kann?

Das musste ich um jeden Preis herausfinden.

Also fragte ich Pastor Barnett: »Haben Sie nicht manchmal Angst? Macht es Ihnen nicht manchmal Angst, sich ganz auf Gottes Kraft zu verlassen? Sie betreiben eine Einrichtung, für die Sie jeden Monat eine halbe Million Dollar an Spenden brauchen – jeden *Monat*! Spüren Sie nicht die ganze Zeit diese Last auf Ihren Schultern?«

Seine Antwort drang mir tief ins Herz.

»Nein«, sagte er. »Wenn Sie Gott erst einmal so erlebt haben wie ich ihn in den letzten siebzehn Jahren erlebt habe, haben Sie keine Angst mehr. Dazu habe ich zu viele Wunder erlebt.«

Oh! Tränen. Die Frau, der die Tränen sonst höchstens in den Augen stehen, bevor sie sie unterdrückt, spürte, wie in ihrer Seele ein Damm brach und die Tränen hervorströmten.

Mein. Gott. Das. Ist. Die. Antwort.

Ich habe aufgehört mein Leben für Wunder zu öffnen.

Im Zusammenhang mit meinen unbeherrschten Momenten habe ich irgendwann aufgehört, damit zu rechnen, dass Gott in meinem Leben Wunder tut. Und mir wurde klar, dass auch das einer der Vorteile war, wenn man sich bewusst Situationen aussetzt, die den Blickwinkel verändern. Denn in solchen Situationen wird Gottes Kraft deutlich, und ich fange an zu glauben, dass ich diese Kraft auch in meinem eigenen Leben erfahren kann. Vielleicht, ja, vielleicht kann auch ich mich verändern.

Und vielleicht bin ich Janice gar nicht so unähnlich. Erinnern Sie sich noch an die Frage, die ich mir am ersten Tag im *Dream Center* gestellt hatte: »Warum bleiben sie hier?«

So ist unser Wohlfühlbereich nun mal. Er muss nicht bequem sein – er muss uns nur vertraut sein. Dort haben wir das Gefühl hinzugehören. Und dort, wo wir glauben hinzugehören, dort bleiben wir auch. Viel zu lange habe ich einer Lüge geglaubt, genau wie Janice. Ich habe geglaubt, ich gehöre in diesen ständig genervten Zustand. All die unbeherrschten Gefühle, die ich unterdrückt habe. All die unbeherrschten Gefühle, mit denen ich herausgeplatzt bin. Und all die Lügen, die ich geglaubt habe, dass ich immer so bleiben würde.

Aber ich muss nicht so bleiben. Und mitten in einem Obdachlosenheim öffnete sich meine Seele der kühnen Wirklichkeit, dass ich anders werden konnte. Ich konnte anders mit meinen ungebändigten Emotionen umgehen. Ich wusste, dass ich weiter unvollkommene Fortschritte machen würde, aber sie konnten trotzdem ein Wunder sein. Da spürte ich den Windhauch neuer Hoffnung durch mich wehen.

Ich kann freundlich sein. Ich kann geduldig sein. Ich kann gelassen sein. Von Natur aus bin ich nicht freundlich, aber im Gehorsam kann ich freundlich sein. Von Natur aus bin ich nicht geduldig, aber im Gehorsam kann ich geduldig sein. Von Natur aus bin ich nicht gelassen, aber im Gehorsam kann ich gelassen sein. Ich kann es. Und ich werde es sein. Aus der unbeherrschten Frau kann eine freundliche, geduldige, gelassene Frau werden. Gott, hilf mir dabei. Gott, vergib mir.

Im *Dream Center* habe ich eine gesunde, neue Blickrichtung bekommen. Und das war gut so, denn sie wurde sofort auf die Probe gestellt, als ich nach Hause kam und feststellen musste, dass ich ausgeraubt worden war.

Verschwunden

Ich habe nicht viel schönen Schmuck. Gewöhnlich trage ich nur meinen Ehering und noch einen anderen Ring, den Art mir zum fünfzehnten Hochzeitstag geschenkt hat. Abgesehen von diesen beiden Ringen, habe ich nur ein paar einfache Schmuckstücke, die ich im Laufe der Zeit geschenkt bekommen habe. Es sind kleine Kostbarkeiten, die nicht viel wert sind, aber einen besonderen Wert für mich haben, weil Erinnerungen damit verbunden sind.

Ein Kinderring, den mir mein Stiefvater an dem Tag geschenkt hat, als er meiner Mutter einen Heiratsantrag gemacht hat.

Ein Ring, den ich zum Collegeabschluss bekommen habe.

Ein Armband, das mir meine Mutter vor ein paar Jahren zu Weihnachten geschenkt hat. Und ein anderes Armband, das Art mir dieses Jahr zum Valentinstag geschenkt hat.

Ein Ring mit einem Stein, den ich zur Geburt unserer ersten Tochter bekommen habe.

Die Anstecknadel meiner Studentenverbindung am College.

Ein Kinder-Siegelring mit den schwachen Initialen meines Vaters, der wegging und nie wieder zurückkam.

Ganz einfach, aber etwas Besonderes.

An dem Morgen, nachdem ich vom *Dream Center* zurückgekommen war, bemerkte ich, dass das Armband, das Art mir zum Valentinstag geschenkt hatte, nicht dort war, wo ich es hingelegt hatte. Ich suchte einige Tage danach und fragte mich, wo ich es gelassen hatte. Ich war sicher, dass ich es nur verlegt hatte und bald wiederfinden würde, und so machte ich mir keine großen Sorgen.

Als ich es nach drei Tagen immer noch nicht gefunden hatte, kam mir der Gedanke, dass ich es vielleicht in die Schublade gelegt hatte, wo ich meinen übrigen Schmuck aufbewahrte. Ich zog die Schublade auf, und da rutschte mir das Herz in die Hose. Alles war weg. Die Ringe, die Armbänder, die Anstecknadel, das Einzige, was ich auf dieser Welt hatte, das mich mit meinem leiblichen Vater verband.

Meine erste Reaktion war ein Griff an meine beiden Ringfinger. Zu meiner großen Erleichterung trug ich meinen Ehering und den Ring zum fünfzehnten Hochzeitstag. Sie waren in Sicherheit. Aber alles andere war verschwunden.

Ich setzte mich auf einen kleinen Schemel im Bad und zwang meine müden Gedanken, sich eine Reihe von Dingen zu überlegen, für die ich dankbar sein konnte. Na schön, ich will ehrlich sein: Am liebsten wäre ich total ausgerastet und hätte mich sofort in die Problemlösung gestürzt. Aber ich wusste, ich musste jetzt zu dem Blickwinkel zurückfinden, den ich im *Dream Center* gelernt hatte. Und ich wusste, dass ich meine Einstellung nur ändern konnte, indem ich eine Liste mit Dingen machte, für die ich dankbar sein konnte.

Sie können mir glauben, dass sich in diesem Moment viele andere Listen in meinen Gedanken breitmachen wollten. Eine Liste der Verdächtigen. Eine Liste der Erinnerungen, die mit den Schmuckstücken verbunden waren und sie so unersetzlich machten. Eine Liste, wann und wie es geschehen sein könnte. Eine Liste von anderen Dingen, die vielleicht fehlten.

Aber manchmal ist nicht auszuflippen die einzige Möglichkeit, sich selbst zu beweisen, dass man auch anders reagieren kann – und zwar in dem ich daran denke, dass die Kraft Gottes in mir ist und ich folglich Zugang zu seiner Kraft habe. Ich muss mein Herz nur bereit machen, diese Kraft anzuzapfen. Und der beste Weg, mein Herz dazu bereit zu machen, ist Dankbarkeit. Dankbarkeit vertreibt schlechte Laune. Also schob ich die anderen Listen beiseite. Schließlich war mir schon genug gestohlen worden. Ich musste nicht auch noch freiwillig mein Herz hergeben. Und so begann ich, an meiner Liste zu arbeiten …

Ich bin dankbar, dass mir meine Kinder nicht genommen wurden.
Ich bin dankbar für meinen Mann, dem ich heute Abend im Bett meine kalten Füße hinstrecken kann.
Ich bin dankbar, dass heute die Sonne geschienen hat und dass heute Nacht das Mondlicht mit den Schatten tanzen wird.
Ich bin dankbar für die Tausende von gleichmäßigen Atemzügen, die ich jeden Tag mache, ohne je darüber nachzudenken.
Ich bin dankbar für Erinnerungen, die aufflackern.
Ich bin dankbar, dass ich diese Erinnerungen immer noch abrufen kann.

Ich machte immer weiter, bis ich ruhig von meinem Schemel aufstehen und die Schublade schließen konnte und Gott nur um eines bat – na ja, zwei Dinge:

Herr, zunächst einmal bitte ich dich, umgib die Person, die meine Sachen genommen hat, mit deinem Frieden und zeige ihr einen anderen Weg. Derjenige muss in einer wirklich schlimmen Lage sein. Sei ihm oder ihr nahe. Und dann, wenn es möglich wäre, könnte derjenige vielleicht diese eine Sache zurückgeben. Herr, du weißt, was diese eine Sache ist. Wenn es möglich ist … und wenn nicht, … danke ich dir trotzdem tausendfach, weil ich, obwohl mir Dinge gestohlen wurden, ein großartiges Geschenk bekommen habe: Ich konnte mich an die Dinge erinnern, die ich habe.

Der richtige Blickwinkel. Das verändert alles. Erlebnisse, die meinen Blickwinkel verändern, wie zum Beispiel die Zeit im *Dream Center*, sind gut für mein Herz. Sie sind gut für meine Seele. Sie können vielleicht nicht ins *Dream Center* kommen oder eine Woche in einem örtlichen Obdachlosenheim wohnen. Das macht nichts. In Ihrer Umgebung gibt es jede Menge anderer Gelegenheiten, den Blickwinkel zu verändern. Wie wäre es zum Beispiel, wenn Sie in ein Altenheim gehen oder auf die Kinder-Krebsstation, in eine Suppenküche oder in eine Schule in einem sozial benachteiligten Stadtteil? Oder wie wäre es mit sozialen Einsätzen Ihrer Kirchengemeinde?

Es spielt keine Rolle, wohin Sie gehen oder welchen Bedürfnissen Sie begegnen wollen. Wenn wir uns in Situationen begeben, die nicht zu bewältigen erscheinen, dann erleben wir Gottes Handeln. Wenn wir das Gute, das geschieht, nur noch Gottes Kraft zuschreiben können, dann sehen wir ihn in einem ganz neuen Licht und glauben wieder neu an seine Macht.

Trotz eines immensen Budgets, einer überwältigenden Bedürftigkeit und einer schier überwältigenden Aufgabe haben Pastor Barnett und sein Team keine andere Antwort darauf, wie sie alles bewältigen sollen, als die absolute Gewissheit, dass Gott in seiner

Macht eingreifen wird. Dort, wo menschliche Finanzen, Strategien und Pläne nicht ausreichen, füllt Gottes Macht die Lücke. Wenn die Entmutigung immer näher kommt, dann kommt Gottes Kraft noch näher. Wenn Menschen im *Dream Center* das Programm abrechen und die Mitarbeiter anfangen sich zu fragen, ob die Menschen, denen sie dienen, sich überhaupt ändern können, dann wirkt Gottes Kraft in einem Leben, in dem sich nichts zu ändern scheint, ein Wunder.

Sie sehen Gott. Und als ich da war, habe ich ihn auch gesehen.

Als Geschenk habe ich einen neuen Blick für den reichen Segen in meinem Leben bekommen und habe erkannt, dass meine Probleme vergleichsweise harmlos sind. Aber ich habe Gottes Kraft auch ganz neu erlebt. Sie ist real. Sie ist real für die Menschen im *Dream Center*. Sie ist real für die Menschen in Skid Row. Und sie ist real für die oft genervte Frau mit ihren Platzdeckchen-Problemen.

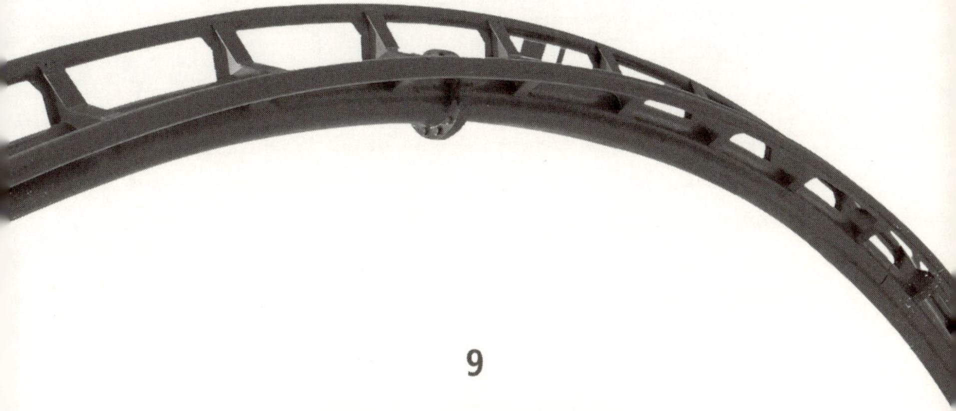

9

DIE LEERE FRAU

Manchmal überfällt mich das Genervtsein mit einem Schwall von beißenden Bemerkungen und zügellosen Gefühlen. Ein anderes Mal bin ich genervt, weil meine Gedanken darum kreisen, was sie hat, das ich nicht habe. Und *sie* kann jede sein – eine Freundin, eine Nachbarin, eine Frau in einer Zeitschrift. Dann stehe ich vor dem Spiegel und sehe nur das, was ich nicht habe. Was ich nicht bin. Was mir fehlt. Was ich nicht kann.

Und dann denke ich an sie. Wer sie ist. Was sie ist. Was sie kann. Und dann zerreißt es mich, als würde man mit einem Pflug durch mich hindurchpflügen, um die Saat zu säen.

Die Bibel warnt uns davor, wo solches Denken hinführt: »Denn was ein Mensch sät, wird er auch ernten. Wer nur nach seinen sündigen Neigungen lebt, wird sich damit selbst zugrunde richten und schließlich den Tod ernten. Aber wer lebt, um dem Geist zu gefallen, wird vom Geist das ewige Leben erhalten« (Galater 6,7-8, NLB).

Ich weiß das, und trotzdem säe ich immer wieder die Saat des Vergleichens in die Furchen meiner Seele – Samen, aus der eine Pflanze namens Begierde wächst, deren lange, stachelige Reben der Eifersucht jede Freude in mir ersticken. Genau das passiert, und dann stehe ich nur noch vor dem Spiegel und lasse meine Gedanken dorthin wandern. An jenen Ort der Verwirrung. Dorthin, wo die Gedanken des Vergleichens nur darauf warten, aufgenommen zu werden.

Und je mehr ich vergleiche, desto leerer fühle ich mich. So schrecklich leer.

Und leere Frauen können sehr schnell die Nerven verlieren.

Vor allem dann, wenn sich die Leere in dem Teil unserer Seele niederlässt, wo unerfüllte Wünsche rastlos lauern. Und in diesem Winkel unserer Seele wühlt uns die verzweifelte Sehnsucht nach dem auf, was sein könnte, aber nicht ist, und was wir uns wünschen, aber noch nicht haben.

Wonach sehnen wir uns? Nach einem romantischen, aufmerksamen Partner. Nach einer echten, tiefen Freundschaft. Nach einem Kind. Und nach einem Kind, mit dem ich gut aussehe. Nach aufmerksamen Eltern. Nach einer Gabe. Nach Gelegenheiten, Dingen, Gefühlen, Anerkennung, Körpergröße, finanzieller Sorglosigkeit, einem schönen Haus ... Die Liste wird immer länger.

Wir sehnen uns nach »etwas« und nach der tiefen Befriedigung, die wir ganz sicher erleben werden, wenn wir »es« bekommen. Und wenn andere um uns herum »es« bekommen, tun wir so, als würden wir uns für sie freuen. Das brave Mädchen in uns gibt sich fröhlich. Und vielleicht meint ein Teil von uns es ehrlich. Aber vielleicht auch nicht. Doch in der Stille unseres Badezimmers wird das nagende Gefühl zu einem Pflug, der eine tiefe Furche zieht. Und er gräbt sich in unser Innerstes und bringt es zutage.

Das »N«-Wort

Ich habe nicht oft mit Neid zu kämpfen, aber wenn er sich einmal in mein Herz schleicht, dann ist es ein schreckliches Gefühl. Stimmen Sie mir zu? Studien haben gezeigt, dass scheinbar eine ganze Reihe von Bedingungen zusammenkommen, wenn Neid auftritt.

Einer Studie der Yale-Universität zufolge tritt Neid durch sozialen Vergleich auf, wenn die folgenden drei Dinge zusammentreffen: (1) Eine Person bekommt eine persönliche, negative Rückmeldung (2) in einem Lebensbereich, der dieser Person sehr wichtig ist, und (3) diese Person glaubt, dass jemand anderer auf diesem Gebiet erfolgreich ist. In dieser Studie wurde festgestellt, dass diejenigen, die mit Neid durch sozialen Vergleich zu kämpfen haben, andere herabsetzen und selbst depressiv und ängstlich sind.[6]

Ich hatte dieses »es« oft in meinem Leben. Und jedes Mal trafen diese drei Bedingungen zu. Ich verspürte den Schmerz der Ablehnung oder einer negativen Rückmeldung auf einem Gebiet, das mir wichtig war und musste zusehen, wie andere Menschen genau darin scheinbar mühelos gut waren.

Das Papa-»es«: Wenn er doch nur bei uns geblieben wäre. Ich fühlte mich ungewollt.

Das Freund-«es«: Wenn ich doch nur eine Verabredung für die Feier hätte. Ich fühlte mich hässlich.

Das Freundin-»es«: Wenn ich doch nur ihre Freundin sein könnte. Ich fühlte mich ausgeschlossen.

Das »es« der Lebensbeherrschung: Wenn ich das doch nur auf die Reihe kriegen würde. Ich fühlte mich unfähig.

Das »es« der wohlerzogenen Kinder: Wenn ich doch nur eine bessere Mutter wäre. Ich fühlte mich unzulänglich.

Das Chancen-»es«: Wenn mir doch nur ein Verleger eine Chance geben würde. Ich fühlte mich unbeachtet.

Ungewollt. Hässlich. Ausgeschlossen. Unfähig. Unzulänglich.

Unbeachtet. Das ist doch mal eine nette kleine Sammlung von Problemen, die ich in meine Kunstleder-Handtasche aus dem Schlussverkauf tun und mit mir herumtragen kann.

Ich lasse es zu, dass diese Vergleiche und die Angst, die sie in mir erzeugen, meine Beziehungen, meine Stimmung und das Selbstvertrauen, um meine Träume zu verfolgen, negativ beeinflussen. Die hässliche Wahrheit ist, dass unser Vergleichen uns jede Freude nimmt. Und ein Leben ganz ohne Freude ist ein leeres Leben. Wir hören auf, uns über das Gute in unserem Leben zu freuen, und es fällt uns dann auch schwer, uns über das Gute im Leben anderer zu freuen.

Und genau das ist geschehen, als ich vor dreizehn Jahren mit meiner kleinen Kunstleder-Handtasche zu einer Autoren-Konferenz fuhr.

In Gedanken stellte ich mir vor, wie sich dort Türen für mich öffnen würden. Ganz bestimmt würde irgendein Verleger mein Manuskript für wert erachten, um es damit zu versuchen, und diesmal würde alles ganz anders laufen. Diesmal würde ich die Konferenz verlassen und mich gewollt, schön, dazugehörig, fähig und beachtet fühlen.

Ich hatte mich nach der Konferenz mit meiner Freundin Laura zum Abendessen verabredet und konnte es kaum erwarten, ihr diesmal gute Nachrichten zu bringen. Nach all den Verabredungen an jenem Tag würde es bestimmt etwas Gutes zu berichten geben. Aber die Realität folgte meinem inneren Drehbuch leider nicht. Als ich Laura dann abends zu mir an den Tisch winkte, den ich freigehalten hatte, war ich mir meiner Verwundbarkeit schmerzlich bewusst. Laura ließ sich ganz außer Atem auf ihren Stuhl fallen und begrüßte mich mit solcher Begeisterung, dass es mich beinahe würgte. In diesem Moment bereute ich, dass ich mich an diesem speziellen Abend mit ihr zum Essen verabredet hatte. Und noch mehr bereute ich mein Verlangen mich zu übergeben. Ich war einfach schrecklich.

Ich unterdrückte das Würgen und schalt dieses Gefühl mit einem kurzen *Schäm dich.* Ich lächelte. Ich riss mich zusammen. Ich rief mir ins Gedächtnis, dass ich Laura gern hatte und mich aufrichtig für sie freuen sollte. Laura war eine begabte Schriftstellerin. Sie hatte das Talent, Wörter auf eine Art zusammenzufügen, die den Leser fesselte. Es überraschte mich nicht, dass ihre Verlegertermine auf der Konferenz so gut gelaufen waren.

»Drei!«, rief sie vergnügt. »Drei Verleger wollten mein Manuskript mitnehmen. Ist das zu fassen? Sie haben gesagt, sie hätten ein *sehr gutes* Gefühl, dass ich eine Chance bei ihrem Lektorat hätte.«

Das Lektorat. Der Ort, an dem die Träume eines Schriftstellers entweder Wirklichkeit werden oder wie eine Seifenblase zerplatzen. Welche Macht doch so ein einfaches Ja oder Nein hat. Für einen Schriftsteller liegt der Unterschied zwischen diesen beiden Worten darin, dass er entweder himmelhoch jauchzend oder zu Tode betrübt ist.

Sie war himmelhoch jauchzend, ich zu Tode betrübt. Meine Termine mit den Verlegern waren alle sehr kurz und knapp gewesen und sie hatten mir keinerlei Hoffnung gemacht. Nicht die geringste. Und so ging ich auf die Toilette, starrte in den Spiegel und sah eine Frau, die zutiefst aufgewühlt war, in ihren Vergleichen mit anderen ertrank und sich entsetzlich leer fühlte.

Diese Leere kommt zustande, wenn wir uns in Gedanken immer wieder vergleichen und darin verhaftet bleiben. Daraus entsteht niemals etwas Gutes. In Jakobus 1,15 heißt es: »Geben wir ihnen nach, dann haben wir das Böse empfangen und bringen die Sünde zur Welt. Sie aber führt unweigerlich zum Tod« (Hfa). Kein neidischer Gedanke wird jemals Leben hervorbringen. Im Gegenteil, in neidischen Gedanken verhaftet zu bleiben, bringt den Tod. Den Tod der Zufriedenheit. Den Tod für Freundschaften. Den Tod des Friedens. Und ganz sicher den Tod der Freude.

Neid und Eifersucht zerreißen uns immer mehr, bis wir völlig ausgeblutet sind. Wir verlieren den Blick für das, was wir haben, und konzentrieren uns bald nur noch auf das, was wir nicht haben. Und dann lehnen wir uns zurück und sagen: »Na schön, ich habe verstanden. Ich weiß, dass es die Wahrheit ist. Ich weiß, dass Neid nicht gut ist. Ich genieße ihn ja auch nicht oder bitte darum, dass er mich verfolgt. Ich will ihn nicht einmal in meinem Leben. Aber er ist nun mal da. Was soll ich jetzt tun? Dass mir jemand einfach sagt, sei nicht neidisch, hilft nicht. Wenn mir jemand meine Fehler zeigt, ohne mir eine Lösung anzubieten, dann macht mich das nur noch mehr fertig.«

Genau. Und die beste Lösung, die ich kenne – die einzige Lösung, die ich kenne – ist die reine Wahrheit aus Gottes Wort.

Die Verse aus dem Galaterbrief darüber, dass man erntet, was man gesät hat, stehen in einem Abschnitt, der einige erleuchtende Wahrheiten enthält. Und er enthält außerdem einen Zwei-Schritte-Plan darüber, wie man seinen Neid bekämpfen kann: Zuerst müssen wir unsere eigene Last tragen (Galater 6,4-5), und dann sollen wir anderen etwas Liebe entgegenbringen (Verse 9-10).

Die eigene Last tragen

Der erste Schritt bei der Bekämpfung von neidischen Gedanken ist, sich auf die eigene Verantwortung und das eigene Handeln zu konzentrieren. Denn dann haben wir einen Grund zur Freude über das, was uns gegeben wurde und was wir gut machen.

> *Ihr könnt immer nur auf das schauen, was jeder von euch persönlich tut. Es führt zu nichts, wenn ihr euch mit anderen vergleicht, schon gar nicht zu mehr Anerkennung bei Gott. Es muss uns genügen zu wissen, dass jeder von uns sein eigenes Päckchen zu tragen hat.* Galater 6,4-5

Wenn bei mir neidische Gedanken anklopfen, dann rufe ich mir immer folgende Wahrheit ins Gedächtnis: »Ich bin nicht mit den Fähigkeiten ausgestattet, die ich brauche, um mit dem fertig zu werden, was sie hat, dem Guten und dem Schlechten – und was sie bekommen hat, ist immer ein Gesamtpaket aus beidem.« Anders ausgedrückt: Mir wurde eine Last zugeteilt, die ich auch tragen kann. Ich sollte das Gute wie das Schlechte in meinem Paket tragen. Ich bin nicht dazu gemacht, das Paket von jemand anderem zu tragen und es ist auch nicht meine Aufgabe.

In der englischen Bibelübertragung *The Message*[7] werden diese Verse so wiedergegeben:

> *Überlegt euch genau, wer ihr seid und welche Aufgabe euch zugeteilt ist, und dann vertieft euch da hinein. Seid nicht von euch selbst beeindruckt. Vergleicht euch nicht mit anderen. Jeder ist dafür verantwortlich, aus seinem eigenen Leben kreativ das Beste zu machen.*

Mir gefällt das »kreativ sein und aus meinem eigenen Leben das Beste zu machen«. Wenn ich mir das Leben eines anderen Menschen wünsche, dann vergeude ich die begrenzte Lebensenergie, die ich habe, um mich meinen eigenen Herausforderungen und Gelegenheiten zu stellen. Gott hat einen wunderbaren Plan für mich – einen Plan, wie ich kreativ das Beste aus meinem Leben machen kann.

Sieht es dem Teufel nicht ähnlich, dass er mich von diesem Plan abhalten will? Der Teufel ist ein Lügner, der stiehlt, tötet und zerstört. Er will meine Aufmerksamkeit rauben, meine Freude abtöten und das Beste, das ich aus meinem Leben machen kann, zerstören, indem er mich dazu bringt, das zu wollen, was Gott jemand anderem aufgetragen hat. Dass ich mit dem Paket von jemand anderem glücklicher und zufriedener wäre, ist eine

Lüge des Teufels höchstpersönlich. Das wäre nicht ich. Es fühlt sich vielleicht so an, als wäre ich das, aber Gefühle sind trügerisch. Denken Sie zurück an das Abendessen mit meiner Freundin Laura. Nun, sie hat einen Buchvertrag bekommen. Und für sie ist alles gut gegangen.

Ich habe keinen Buchvertrag bekommen, und das hat mich gezwungen, noch ein paar Jahre an meinen schriftstellerischen Fähigkeiten zu arbeiten und meine noch junge Familie darauf vorzubereiten, mit einer Mutter umzugehen, die unter Termindruck ein Buch beenden muss. Hätte ich zur gleichen Zeit wie Laura einen Buchvertrag bekommen, hätte das für mich in vielerlei Hinsicht katastrophal geendet. Und am schlimmsten wäre es für meine Schreibkünste gewesen.

Vor Kurzem habe ich mal wieder in jenem Manuskript von damals gelesen. Ich habe Gott sofort aus tiefstem Herzen gedankt, dass diese Worte nie veröffentlicht und in der ganzen Welt verbreitet wurden. Ich war einfach noch nicht so weit. Heute erkenne ich das. Und ich danke Gott für seinen Schutz.

Es gibt viele Lebensbereiche, in denen ich Gott im Rückblick für seinen Schutz dankbar bin. Für die Jungs, die sich nie mit mir verabredet haben. Für den Dickkopf meiner Tochter, der sich schließlich zu einer hartnäckigen Leidenschaft für die Mission gewandelt hat. Die ganz große Gelegenheit, die ich nie hatte, damit ich demütig bleibe. Alles, was ich habe und nicht habe, macht das einzigartige Paket aus, das mir aufgetragen wurde.

Letztlich sagt uns Gott nur zu unserem eigenen Schutz, dass wir uns darauf konzentrieren sollen, unsere eigene Last zu tragen und uns nicht mit anderen zu vergleichen oder uns nach ihrer Last zu sehnen. Heute kann ich das erkennen. Jetzt habe ich einen Zufluchtsort für meinen Verstand, wenn diese Ich-will-was-sie-hat-Gedanken anfangen, die Freude in mir zu ersticken. Und anstatt mich leer zu fühlen, spüre ich, was möglich ist. Ich streue die Samenkörner des Besten in meinem eigenen Leben aus und sehe zu, wie die starken Triebe meiner ureigenen Bestimmung wachsen.

Anderen etwas Liebe entgegenbringen

Obwohl ich meine neidischen Gedanken gefangen nehme, indem ich mich auf meine eigene Last konzentriere, ist das noch nicht alles. Der nächste Schritt im Kampf gegen das Vergleichen besteht darin, anderen Menschen Gutes zu tun. Das finden Sie auch in Galater 6,9-10:

> *Lasst uns daher nicht müde werden, dem Geist Gottes in uns alle Möglichkeiten einzuräumen, damit wir Gutes tun können. Wenn wir nicht aufhören, auf ihn zu vertrauen, wird auch für uns einmal die Zeit der Ernte kommen. Solange wir also noch Zeit haben, wollen wir die Güte, die Gott uns erwiesen hat, an alle weitergeben, vor allem aber an die Geschwister in unseren Gemeinden.*

Meine Freundin Sara hat mir auf wunderbare Art gezeigt, was es heißt, anderen Liebe entgegenzubringen. Wenn es jemanden gab, der sich für den Weg der inneren Leere und ein Leben voller Neid auf andere hätte entscheiden können, dann war es sie. Aber sie wählte einen anderen Weg. Und obwohl eine unheilbare Krankheit sie auszulaugen drohte, blieb das Herz dieser jungen Frau immer bis zum Überlaufen gefüllt. Sie trug ihre eigene Last. Und sie brachte anderen Liebe entgegen.

Es ist noch nicht lange her, da habe ich Sara eine Nachricht geschrieben. Es war sehr schwer, diese Nachricht zu schreiben, denn ich wusste, wenn ich auf »senden« klickte, würde es die letzte Nachricht sein, die ich ihr je schicken würde. Ich flüsterte ein leises Lebewohl in die Luft und dann schickte ich die Worte dorthin, wohin ich nicht mit ihr gehen konnte. Aus einer E-Mail, die ich am gleichen Tag von jemandem ihr sehr nahe Stehenden erhalten hatte, wusste ich, dass Sara bald bei Jesus sein würde.

Meine wunderbare Sara … meine Freundin, für mich wirst du immer ein Ebenbild überschwänglicher Gnade sein. Wann immer ich das Wort Gnade lese, werde ich an dich denken. Ich wünschte mir so sehr, ich könnte sehen, wie herrlich du aussehen wirst, wenn du schon bald an der Hand von Jesus gehen wirst. Heil. Gesund. Glücklich. Aber auch sehr vermisst.

Sara hat in der großen Blog-Welt des Internets Liebe, Ermutigung und Gnade verteilt, und dadurch habe ich sie kennengelernt. Weil ich immer wieder unter meinen eigenen Blogeintragungen Kommentare von einer Person mit dem lustigen Benutzernamen »Gitz« gesehen habe und diese mich immer zum Lächeln brachten, wechselte ich irgendwann auch einmal zu deren Blog. Und beim Lesen ihrer Geschichte kamen mir die Tränen.

Sara war schon sehr lange krank. So erzählte sie ihre Geschichte:

Ich lebe in dieser Wohnung, seitdem ich 29 bin. Ich habe sie nie verlassen, habe mich nie nach draußen gewagt oder auch nur ein Fenster geöffnet. Hier bin ich und werde ich immer sein. Aber wenn jemand von seinem »Zuhause« spricht, denke ich nicht an das hier. Ich denke eigentlich an gar keinen bestimmten Ort. Zuhause ist für mich kein Wo, sondern ein Wer, denn mein Zuhause ist in den Herzen der Menschen.[8]

Obwohl Sara unter Schmerzen und völlig isoliert lebte, schrieb sie unglaublich ermutigende Beiträge. An mich. Und in vielen anderen Blogs. Das ist Gnade, überschwängliche Gnade.

Gnade … mühelose Schönheit … ein Gefallen von jemandem,

der das nicht tun müsste. Diejenige, die so bedürftig war, gab und gab.

In einer ihrer Mails an mich schrieb sie: »Ich mag es, wie du etwas wirklich Wichtiges schreibst und ich dabei trotzdem noch einen Lachanfall bekomme.« Ich wusste, dass jede Mail, die sie schrieb, eine Anstrengung für sie war, eine große Anstrengung. Sie benutzte nie Großbuchstaben, aber formulierte ihre Gedanken immer zu Ende. Es waren ermutigende Gedanken. Gedanken, die ich vermissen werde.

Wenige Wochen bevor es mit Sara bergab ging, fuhr ich mit einigen Freundinnen, die alle an dem *(in)courage* Blog schreiben, auf eine Autorenkonferenz. Wir sind nur eine Gruppe von Freundinnen, die sich durch Blog-Beiträge auf dieser großartigen Seite von *DaySpring* kennen. Sara war eine lebhafte Teilnehmerin dieser Gruppe, aber weil sie ihre Wohnung nicht verlassen konnte, konnte sie nicht mit uns kommen. Wenigstens nicht persönlich. Aber wir hatten beschlossen, dass sie über *Skype* dabei sein sollte.

Wir drängten uns in einem Kreis eng um das Laptop, schauten abwechselnd in die Kamera und wechselten, wie wir vermuteten, kostbare letzte Worte mit ihr. Ein letztes Kichern. Einen letzten Blick. Und als ich dran war, ihr etwas Liebe zu schicken, schickte sie mir stattdessen ihre Liebe. Sie wollte es einfach nicht anders.

Mir standen Tränen in den Augen, als ich die Hand nach dem Bildschirm ausstreckte. Und auch einige der anderen streckten ihre Hände nach dem Bildschirm aus, um das Einzige von Sara zu berühren, das wir hatten. Dann drehten wir den Computer um, damit Sara den Strand sehen konnte. Den tiefen Ozean. Den weiten Himmel. Die strahlende Sonne.

Wir brauchten keine Worte. Gottes Schöpfung sagte alles. Er reicht so tief wie der Ozean. Er ist so weit wie der Himmel. Er kommt uns entgegen wie die Sonnenstrahlen. Auch wenn uns die Tränen entgleiten, wissen wir doch, dass wir niemals seiner

Hand entgleiten. Weil ich das sehr wohl weiß, sagte ich nicht: »Lebewohl, Sara.« Ich flüsterte nur: »Bis dann, meine Freundin ... bis dann.«

Bis dahin lasse ich meine Seele zu Saras Füßen sitzen, damit ich von ihr lernen kann. Diese erfüllte Frau hätte so leer sein können, so bedürftig, so sehr versucht, die Segnungen im Leben anderer zu sehen und diesen vergleichenden Gedanken zu verfallen, die in den dunklen Ecken ihrer Seele lauerten. Aber Sara weigerte sich, in diesen dunklen Ecken zu sitzen und in dem zu schwelgen, was sie nicht hatte.

Stattdessen freute sie sich an dem, was sie hatte. Und von diesem Punkt aus säte sie Leben und erntete eine tiefe und seltene innere Zufriedenheit. Und von diesem Punkt aus verbreitete eine Frau, die ihre Wohnung nie verlassen konnte, ihre Güte um die ganze Welt.

Kurz nachdem ich dieses Kapitel beendet hatte, ging Sara heim, zu Jesus. Wir werden sie für immer lieben und vermissen und niemals vergessen. Ihre Art zu leben war eine Lektion für uns, die noch jahrelang nachhalten wird. Mögen wir auch so leben.

Neidisch sein oder geben? Wir haben tatsächlich die Wahl.

Ich will nicht leer sein – prädestiniert die Nerven zu verlieren. Und ich vermute einmal, dass Sie auch nicht leer sein wollen. Wie würde es unseren Blickwinkel verändern, wenn uns klar wäre, dass das Leben, das wir haben und das wir manchmal gerne gegen das eines anderen Menschen tauschen würden, ein Vorrecht ist – ein Vorrecht, für das viele andere Menschen alles geben würden?

Wie können Sie heute Ihre eigene Last gut tragen? Wie können Sie anderen etwas Liebe entgegenbringen und so das Fassungsvermögen Ihrer eigenen Seele erweitern? Ach, dass wir uns doch dafür entscheiden würden, unser eigenes Päckchen zu tragen und anderen ein wenig Liebe entgegenzubringen. Entscheiden Sie sich dafür, statt für das bohrende, verzweifelte, seelenverkümmernde Verlangen nach dem trügerischen »etwas«. Widerstehen Sie der Anziehungskraft des Lebens einer leeren, ausgelaugten Frau. Ich bete, dass wir, auch wenn das Leben schwer und chaotisch ist, uns mutig dafür entscheiden, die Gegebenheiten anzunehmen und unsere Seele mit all dem Guten zu füllen, das direkt vor uns liegt.

Mit dem, was ich *bin*. Mit dem, was ich *habe*. Mit dem, was ich *kann*.

Und wenn ich an *die andere* denke und daran, wer sie ist und was sie hat und was sie kann? Und es mich dann zerreißt wie von einem Pflug, der eine tiefe Furche gräbt, um die Saat hineinzulegen? Dann möge die Ernte aufrichtige Freude für sie und vollkommenen Frieden für mich bringen. Für mich, die ich einmal so leer und genervt war. Ich lerne. Ich wachse. Ich ernte mehr und mehr Erfüllung.

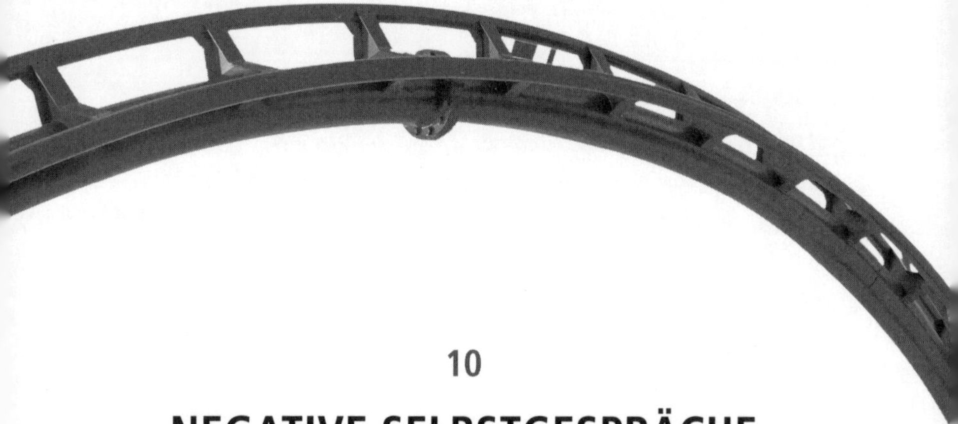

10

NEGATIVE SELBSTGESPRÄCHE

Jetzt ist es Zeit, dass wir uns mit unseren negativen Selbstgesprächen befassen – jenen fehlgeleiteten Gedanken, die sich nur allzu leicht in die Wahrnehmung unserer Umwelt und dann in gefährliche Realitäten verwandeln können. Und Realitäten, die auf irregegangenen Gefühlen basieren statt auf der Wahrheit, führen immer zu einer Sache: Unsicherheit.

Dich mag keiner.
Warum glaubst du eigentlich, dass ausgerechnet du das kannst?
Warum hast du das gesagt? Alle halten dich für nervig.
An deinen Kindern sieht man, dass du als Mutter nicht viel taugst.
Dich bemerkt sowieso niemand.

Hegen Sie hin und wieder auch solche Gedanken? Mich verfolgen sie sogar regelrecht. Doch warum lassen wir es zu, dass sich derart zerstörerische Worte schwer auf unsere Seele legen? Diese giftigen Gedanken sind deshalb so gefährlich, weil sie der Wahrheit keinen Raum lassen, sich zu entfalten. Und wo keine Wahrheit ist, herrscht die Lüge.

Neulich habe ich etwas mit meinem Mann besprochen, und dabei habe ich gesagt: »Ich weiß, du denkst jetzt, dass ich bei dieser Angelegenheit nervig und viel zu behütend bin, aber …«

Art unterbrach mich und sagte: »Woher willst du wissen, dass ich das denke? Wirf mir bitte nicht vor, ich hätte Dinge gesagt, die in Wirklichkeit nur in deinem Kopf existieren.«

Ups. Dass er mir diese Frage stellte, ließ mich innehalten. In unserer Beziehung musste irgendetwas in mir negative Selbstgespräche ausgelöst haben, was mich zu mir selbst sagen ließ: »Lysa, er hält dich für nervig.« Weil ich diesen Gedanken nicht sofort hinterfragt hatte, hatte er sich ungehindert in meine Wahrnehmung meiner Umwelt verwandeln können. Woraufhin ich dann unsere Gespräche durch diese Wahrnehmung gefiltert habe. Ich fing an, unsere Gespräche nach weiteren Hinweisen dafür zu durchsuchen, dass er mich für nervig hielt. Und während ich eine dieser verzerrten Bestätigungen nach der anderen sammelte, wurde der Gedanke »Ich bin nervig« für mich zur Realität. Aber das *war* nicht die Wahrheit. Es war nur ein falscher Gedanke, der zu einer falschen Wahrnehmung der Umwelt wurde und dann zu einer falschen Realität.

Art hatte absolut recht, unsere Unterhaltung zu unterbrechen und meine Aussage zu entwirren. *Er* hatte so etwas nie gesagt. Ich hatte nur angenommen, dass er so etwas dachte und mich deshalb so verhalten, als wären diese zerstörerischen Gedanken von ihm gekommen. Ich bin ihm so dankbar.

Ich glaube, wir Frauen machen das nur allzu oft. All diese zerstörerischen Gedanken sammeln sich und verstärken unsere negative Einstellung. Und je mehr sich diese Negativität verstärkt, desto näher kommen wir einer Explosion (in die Luft gehen) oder einer Implosion (Hinunterschlucken). Ganz gleich, ob wir in die Luft gehen oder alles hinunterschlucken, unsere Ängste nehmen drastisch zu und wirken sich nicht nur auf unsere Gedanken, sondern auch auf unsere Seele und unseren Körper aus. Wollen Sie wissen wie?

Ich werde jetzt einige Forschungsergebnisse zitieren, die in diesem Zusammenhang äußerst wichtig sind, vor allem für diejenigen unter uns, die sich für Physiologie interessieren und dafür, wie Gott unseren Körper geschaffen hat. Es ist ein wenig kompliziert, doch bitte schalten Sie nicht mittendrin ab. Halten Sie noch ein paar Zeilen durch, wenn ich Ihnen jetzt hier erzähle, was einige wirklich schlaue Leute über einige wirklich erstaunliche Dinge sagen:

> *Wenn unser Körper Informationen aufnimmt und wir eine bestimmte Haltung aktivieren – eine innere Einstellung –, beeinflusst das unsere Reaktion auf das Leben. Die aktivierte Haltung – ganz gleich, ob sie positiv oder negativ ist – wird vom Thalamus (dem Fluglotsen für alle Gedanken in unserem Kopf) weitergeleitet zum Hypothalamus.*[9]

Der Hypothalamus, ein Organ von der Größe einer Mandel, ist eine Chemiefabrik in Miniaturformat in unserem Gehirn, wo die Prozesse der Gedankenbildung ablaufen. Ein Signal vom größeren Thalamus (etwa so groß wie ein Ei) an den Hypothalamus bereitet eine Reaktion auf unsere Gedanken vor. Letzterer bestimmt dann, welche und wie viele chemische Stoffe im Körper freigesetzt werden und beeinflusst so unsere emotionalen und intellektuellen Funktionen.[10]

Wenn man sich zum Beispiel um etwas Sorgen macht, reagiert der Hypothalamus auf diese Sorgen mit einem Schwall von Stresschemikalien. Diese chemischen Stoffe erfassen die Hypophyse – die Hauptdrüse unseres endokrinen Systems. Das endokrine System sondert wiederum Hormone ab, die Milliarden von Zellen in unserem Körper anregen, auf die bevorstehende Bedrohung zu reagieren. Negative Gedanken leiten das endokrine System dahin, sich auf Schutzmechanismen zu konzentrieren, was wiederum unsere Fähigkeit, klar zu denken und gesunde Gedankengänge zu entwickeln, einschränkt.

Wenn Sie dagegen Ihre Einstellung ändern und sich entschließen, Gottes ausgezeichnetem Rat zu folgen, sich nicht zu sorgen, löst der Hypothalamus die Absonderung von chemischen Stoffen aus, die ein Gefühl des Friedens fördern, und das übrige Gehirn reagiert durch die Absonderung der richtigen »Mischung« von Neurotransmittern, die letztlich klare Gedanken fördern.[11]

Kurz gefasst: Gott hat unseren Körper so geschaffen, dass er auf unsere Gedanken reagiert. Negative Gedanken führen zu Krisenmaßnahmen, was unseren Körper aktiviert, aber unsere Gedanken lähmt. Positive Gedanken helfen uns, eine Situation angemessen zu verarbeiten und auf eine gesunde Art darauf zu reagieren.

Diese Wahrheit fordert mich heraus, meine Gedanken auf einen höheren Standard zu bringen. Wie können diese unkontrollierten Gedanken es sich erlauben, in meinem Kopf und meinem Körper Chaos zu verursachen! Wie können sie es wagen, herumzuspazieren, als seien sie wahr, und so meine Ängste zu schüren und mich dazu zu bringen, mich unsicher, unzulänglich und missverstanden zu fühlen! Wie viele Probleme holen wir uns durch falsche Annahmen ins Leben.

Weil Gott unseren Körper geschaffen hat – mit allen Emotionen, Hormonen und chemischen Reaktionen darin –, gibt uns sein Wort auch die nötige Weisheit, um damit umzugehen. Hier eine wichtige Erkenntnis des Apostels Paulus:

Macht euch um nichts Sorgen! Wendet euch vielmehr in jeder Lage mit Bitten und Flehen und voll Dankbarkeit an Gott und bringt eure Anliegen vor ihn. Dann wird der Frieden Gottes, der alles Verstehen übersteigt, über euren Gedanken wachen und euch in eurem Innersten bewahren – euch, die ihr mit Jesus Christus verbunden seid. Und noch etwas, Geschwister: Richtet eure Gedanken ganz auf die Dinge, die wahr und achtenswert, gerecht, rein und unanstößig sind und allgemeine Zustimmung verdienen; beschäftigt euch mit dem, was vorbildlich ist und zu Recht gelobt wird. Haltet euch bei allem, was ihr tut, an die Botschaft, die euch verkündet worden ist und die ihr angenommen habt; lebt so, wie ich es euch gesagt und vorgelebt habe. Dann wird der Gott des Friedens mit euch sein. Philipper 4,6-9 (NGÜ)

Sie haben diesen Abschnitt wahrscheinlich schon einmal gelesen. Aber haben Sie schon einmal daran gedacht, ihn angesichts der wissenschaftlichen Erkenntnisse darüber, wie unser Gehirn funktioniert, auf Ihre Gedanken anzuwenden? Gott wusste schon immer, wie wichtig es ist, sich vor Sorgen zu schützen, indem wir unser Herz in Dankbarkeit verwurzeln und seine Kraft in unser Leben lassen. Sein Friede ist nicht nur ein geistlicher Segen, sondern auch ein körperlicher. Interessant, nicht wahr?

Es ist wichtig, dass wir über konstruktive Dinge nachdenken und unsere Gedanken in ihnen verankern, nicht in destruktiven. Gedanken, die uns aufbauen, nicht solche, die uns niedermachen. Gedanken, die lebenspendend sind, nicht solche, die das Leben aus uns heraussaugen. Gedanken, die zum Frieden führen, nicht zur Sorge.

Drei Fragen

Hier nun drei Fragen, mit denen wir unsere unkontrollierten Gedanken und Annahmen und unsere falschen Wahrnehmungen in den Griff bekommen können. Wir tun gut daran, sie uns selbst zu stellen, wenn das, was wir denken, was andere über uns denken, uns herunterzieht.

Frage 1: Hat die Person das wirklich gesagt oder denke ich nur, dass sie es denkt?
Andere denken nicht annähernd so viel über uns, wie wir oft meinen. Und selbst wenn sie tatsächlich etwas Negatives über uns denken, können wir uns immer noch damit auseinandersetzen, wenn wir es tatsächlich wissen. Wenn wir Vermutungen über die Gedanken anderer Menschen anstellen, ist das ungerecht ihnen gegenüber und unnötig schädlich für uns. Statt in unseren Sorgen stecken zu bleiben, sollten wir die Wahrheit herausfinden, indem wir die betreffende Person fragen. Gleichzeitig sollten wir Gott bitten, uns dabei zu helfen, das richtig zu verarbeiten, was wir zu hören bekommen.

Philipper 4,6 ist eine Einladung dazu, in jeder Lage anstelle der Sorgen das Gebet zu wählen. Statt zuzulassen, dass unsere Gedanken uns einholen, sei es mit Vermutungen oder Verzweiflung, können wir Gott darum bitten, seine Wahrheit in unsere Situation zu bringen: *Macht euch um nichts Sorgen! Wendet euch vielmehr in jeder Lage mit Bitten und Flehen und voll Dankbarkeit an Gott und bringt eure Anliegen vor ihn.*

Frage 2: Vertiefe ich mich aktiv in die Wahrheit?
Je mehr wir Gottes Wahrheit lesen und unsere Gedanken mit ihr füllen, desto weniger Zeit werden wir damit verbringen, über Unwahrheiten nachzudenken. Unkontrollierten, sorgenvollen Gedanken nachzuhängen, öffnet die Tür für Sorgen. Aber über Gottes Wahrheit nachzudenken, umhüllt unsere Gedanken mit einem Frieden, der über unseren Umständen steht. Denken Sie an die wissenschaftlichen Erkenntnisse: Wenn wir sorgenvoll sind, »leiten negative Gedanken den Körper dahin, sich auf Schutzmechanismen zu konzentrieren, was unsere Fähigkeit, klar zu denken und gesunde Gedankengänge zu entwickeln, einschränkt.«

Wenn wir also wollen, dass die Wahrheit unsere Herzen und

Sinne bewahrt, müssen wir uns in die Wahrheit vertiefen. Das können wir tun, indem wir uns für Gottes Wort öffnen. So werden unsere Sinne erneuert.

Philipper 4,7 ist eine Verheißung dessen, was passiert, wenn wir uns an Gott wenden und uns von seiner Wahrheit erfüllen lassen: Unser Herz wird von seinem Frieden beschützt. *Dann wird der Frieden Gottes, der alles Verstehen übersteigt, über euren Gedanken wachen und euch in eurem Innersten bewahren – euch, die ihr mit Jesus Christus verbunden seid.*

Frage 3: Gibt es Situationen oder Beziehungen, die meine Unsicherheit nähren?

Wenn es Situationen oder Beziehungen gibt, die unsere Unsicherheit verstärken, sollten wir uns vielleicht eine Zeit lang von ihnen fernhalten.

Einmal war ich gerade im Supermarkt, als ich eine Freundin traf, die es an sich hat, mich immer unsicher zu machen. Sie fragte mich, ob ich am folgenden Wochenende zum Spendenlauf der Schule kommen würde. Ich erzählte ihr, dass ich etwas spenden würde, aber nicht selbst zur Veranstaltung kommen könne, weil ich einen Vortrag halten müsse.

Ihre Antwort traf mich wie ein Dolchstoß mitten ins Herz. »Ich weiß nicht, wie du deine Kinder immer alleine lassen kannst. Ich könnte das nicht.«

Schweigend tat ich so, als müsse ich den Inhalt meines Einkaufswagens sortieren, um ihr nicht in die Augen zu sehen, während sie weiter ihre Meinung zum Besten gab. Ich hätte sagen können: »Könntest du mir bitte helfen richtig zu verstehen, was du gerade gesagt hast?«, und dann hätte ich ihr eine selbstsichere, sachliche Ich-habe-Frieden-mit-Jesus-darüber-Antwort gegeben. Stattdessen beendete ich die Unterhaltung so schnell wie möglich, brach meinen Einkauf ab, ging zum Auto und weinte. Ich fragte mich, ob ich eine gute Mutter war. Ich zweifelte daran, ob es richtig war, nicht zum Spendenlauf zu gehen. Ich verglich meine Unvollkommenheit mit der scheinbar perfekten täglichen Leistung meiner Anklägerin und fühlte mich im Vergleich mit ihr erbärmlich unzulänglich.

Später versuchte ich, mit dieser Freundin über das zu reden, was sie gesagt hatte. Aber mir wurde schmerzlich bewusst, dass sie meine Entscheidung, einem Beruf nachzugehen, nicht befürworten konnte. Und nachdem ich von ihr noch einige andere verletzende Kommentare zu hören bekommen hatte, wurde mir klar, dass unsere Beziehung für uns beide gleichermaßen lästig geworden war. Wir mussten akzeptieren, dass wir uns nicht einig waren, und mit der Zeit löste sich die Freundschaft auf. Die Beziehung war nicht von Achtung, Ermutigung und Liebe geprägt, und deshalb war sie für keine von uns gut.

Meine spontane Reaktion im Supermarkt hätte beinahe eine Kettenreaktion der Verurteilung ausgelöst. Aber stattdessen entschloss ich mich, an das zu denken, was Gott mir als seinen Willen für diese Phase meines Lebens gezeigt hatte. Ich brauchte *ihre* Zustimmung zu meinem Gehorsam nicht. Ich brauchte nur Gottes Zustimmung. Und daran habe ich gemäß Philipper 4,8 meine Gedanken festgemacht: *Und noch etwas, Geschwister: Richtet eure Gedanken ganz auf die Dinge, die wahr und achtenswert, gerecht, rein und unanstößig sind und allgemeine Zustimmung verdienen; beschäftigt euch mit dem, was vorbildlich ist und zu Recht gelobt wird.*

Die inneren Selbstgespräche zum Verstummen bringen

Wenn Achtung, Ermutigung und Liebe die Eigenschaften sind, die ich mir in einer Freundschaft wünsche, dann muss ich sie in meinen Beziehungen fördern. Eine Art, das zu tun, hat mit unseren inneren Selbstgesprächen zu tun.

Wir lassen uns auf innere Selbstgespräche ein, wenn wir im Nachhinein ein Gespräch bis ins Kleinste zerpflücken. In unserem Kopf spielt sich dann ungefähr Folgendes ab:

Als ich das gesagt habe, hat sie wahrscheinlich das gedacht.
Jetzt denkt sie wahrscheinlich das.
Vielleicht sollte ich das noch einmal klarstellen. Aber dann denkt sie womöglich, ich mache mir zu viele Gedanken über alles.
Oh Mann, warum habe ich das nur gesagt?

Wenn Sie jetzt nicht verstehen, wovon ich gerade rede, dann heben Sie die Hände und loben Sie Gott dafür, dass Sie nicht mit diesem Gespenst der inneren Selbstgespräche zu kämpfen haben. Aber wenn Sie verstehen, wovon ich rede, dann atmen Sie erleichtert auf, weil Sie nicht alleine sind.

Und nachdem Sie ausgeatmet haben, lassen Sie uns mit einem tiefen Atemzug eine neue Möglichkeit einatmen. Die Möglichkeit, die Achtung, Ermutigung und Liebe, die wir uns selbst von anderen wünschen, zu fördern, indem wir unseren Freunden die Gelegenheit geben, auch ihre inneren Selbstgespräche zum Schweigen zu bringen. Wie das geschehen kann? Vielleicht durch einen kurzen Anruf, bei dem Sie ihnen sagen: »Nach einem unserer Gespräche musst du dir niemals Gedanken darüber machen, wie ich es im Anschluss analysiere. Ich glaube nicht, dass du verrückt oder schwierig oder komisch bist. Ich mag dich sehr. Und wenn ich etwas nicht verstehe, dann rufe ich dich einfach an und kläre es mit dir.« Was für ein Geschenk wäre solch ein Anruf für eine Freundin, die sich gerade den Kopf über eine Unterhaltung zerbricht, die Sie vor Kurzem mit ihr geführt haben!

Innere Selbstgespräche sind etwas ganz Verrücktes. Letzte Woche hatte ich eine lustige Unterhaltung mit einer Freundin. Wir tranken zusammen Kaffee, und sie gestand mir, dass sie sich Gedanken über etwas gemacht hatte, was sie am Vorabend am Telefon zu mir gesagt hatte. Als sie ins Bett ging, hätte sie sich am liebsten selbst in den Hintern getreten. Denn sie meinte, dass ich sie wegen einer in ihren Augen dummen Äußerung für komisch hielt.

Als ich an dem Abend ins Bett ging, dachte ich keineswegs, dass sie komisch war. Ganz im Gegenteil. Als ich ins Bett ging, dachte ich, dass sie einer der reizendsten, nettesten Menschen ist, die ich kenne.

Freundschaften sind wie ein umgepflügtes Feld, das bereit ist, die Saat aufzunehmen. Was wir säen, wird auch wachsen. Wenn wir Samen der Bestätigung, des Segens und der Liebe säen, ernten wir jede Menge Sicherheit. Wenn wir natürlich Verleumdung, Kritik und Zweifel säen, ernten wir jede Menge Unsicherheit.

Heute ist eine großartige Gelegenheit, eine Freundin anzurufen und ihr zu sagen: »Ich mag dich sehr. Das ist alles, was ich über dich denke. Punkt.«

Ich habe entdeckt, dass ich umso mehr Liebe und Freude in meinem eigenen Leben erlebe, je mehr ich davon auch in das Leben anderer Menschen bringe. Aber diese überfließende Freude – diese überreiche Freude – habe ich nur, wenn ich mich auf Gottes Wahrheit und sein Wort konzentriere. Psalm 126,2-3 wäre ein wunderbares Titellied für die Filmmusik unseres Lebens:

Doch dann lachten und jubelten wir laut vor Freude. Auch die anderen Völker mussten zugeben: »Was der Herr für sie getan hat, ist groß und gewaltig!« Ja, der Herr hat große Taten für uns vollbracht! Wir waren außer uns vor Freude. (Hfa)

Nicht, dass alles immer toll ist. Ganz bestimmt nicht! Ich weiß, das ist starker Tobak. Ich weiß, dass diese Dinge kompliziert sein können und nicht mit drei einfachen Fragen zu lösen sind. Aber unsere Gedanken zu kontrollieren ist ein guter Anfang.

Wenn wir das Problem der inneren Selbstgespräche angehen, wird uns das letztlich in die Freiheit führen. Und zwar nicht nur Freiheit *von* negativen Dingen wie Zweifel und Unsicherheit, Verwirrung und Verdächtigungen, sondern auch Freiheit, *um* anderen Liebe zu schenken. Freiheit, *um* klar zu denken. Freiheit, *um* Gottes Ruf in unserem Leben zu folgen, ganz gleich, was andere darüber denken. Unsere Gedanken sind wichtig.

Denn was eine Frau denkt, bestimmt oft ihr Leben.

Ich glaube, das müssen wir noch einmal lesen, oder? Was eine Frau denkt, bestimmt oft ihr Leben. Mögen wir über die Wahrheit nachdenken und danach leben, und nur die Wahrheit – heute.

11

MEINE SEELE MUSS DURCHATMEN

Neulich war ich mit meinem Sohn im Teeniealter alleine in der Küche. Ich sah die Post durch und er rührte in einem Topf mit Reis. Es war ein seltener Moment der Ruhe in unserem Haus, weil alle anderen Kinder weg waren, und so wollte ich diese Gelegenheit zu einem Gespräch nutzen.

»Mark, woran denkst du gerade?«

»Nichts«, antwortete er.

An der sanften Art, wie das Wort aus seinem Mund kam, erkannte ich, dass er mich nicht einfach abwimmeln wollte. Aber wie um alles in der Welt konnte er an nichts denken?

Ich wollte es wissen. »Wenn du ›nichts‹ sagst, meinst du dann wirklich gar nichts? Oder meinst du damit, dass du an etwas denkst, das du mir aber nicht erzählen willst?«

»Nein. Ich meine damit, dass ich gerade wirklich an nichts denke.«

»Wie geht das? Du meinst, da ist gar nichts, worüber du dir Sorgen machst oder eine Unterhaltung, die dir durch den Kopf geht oder irgendwelche Listen, die du im Kopf durchgehst?«

Er legte den Kopf schräg und sah mich an, als wäre ich eine riesige ungezupfte Augenbraue. »Äh … nein.«

Erstaunlich. Wahrhaft erstaunlich. Und herausfordernd. Ich glaube, ich muss ein bisschen mehr wie Mark werden, was emotionale Pausen angeht.

Sein Gehirn kommt tatsächlich zur Ruhe.

Wow.

Ruhe. Das klingt so gut, aber für eine Frau wie mich ist das sehr schwer. Sogar wenn mein Körper ruht, tun das meine Gedanken meistens nicht. Können Sie das nachvollziehen?

Ich habe das Gefühl, dass ich in meinem Kopf immer mehrere Bälle jonglieren muss. Was die Kinder brauchen. Was im Haus zu tun ist. Projekte auf der Arbeit. Die To-do-Listen nehmen kein Ende.

Aber die Bibel sagt ganz klar, dass wir Ruhe suchen sollen. Wir sollen ganz buchstäblich einmal in der Woche den Pausenschalter in unserem Leben drücken und unsere Ruhepause verteidigen. Wir sollen sie vehement verteidigen. Wir sollen sie entschlossen verteidigen. Wir sollen sie auch dann verteidigen, wenn unser Zeitplan uns anfleht, es nicht zu tun.

Zur Ruhe zu kommen ist etwas, das ich definitiv noch nicht beherrsche. In diesem Kapitel bin ich keine Musterschülerin. Ich bin nur eine Botschafterin, die versucht hat, auf diesem Gebiet etwas unvollkommenen Fortschritt zu machen. Denn ich weiß, dort, wo es an Ruhe mangelt, gibt es Stress im Überfluss. Und wo es Stress im Überfluss gibt, ist die Wahrscheinlichkeit groß, dass ich die Nerven verliere.

Wenn ich immer auf dem Sprung bin und meinen Stresspegel nach oben treibe, dann ist das ein starker innerer Auslöser für mich, die Nerven zu verlieren. Das weiß ich. Und ich versuche, Gottes Rat, was man dagegen tun kann, zu befolgen.

Zeit zum Durchatmen

Die Sabbatruhe war schon immer Teil von Gottes Plan für sein Volk gewesen:

> *Tut an meinem heiligen Tag, dem Sabbat, nicht, was ihr wollt, sondern erlebt ihn als Wonne und ehrt den heiligen Tag des Herrn. Ehrt ihn, verfolgt nicht eure eigenen Interessen, geht nicht euren Geschäften nach und spart euch leeres Geschwätz. Dann wird der Herr eure Freude sein. Ich lasse euch über die Höhen der Erde gehen und euch das Erbe Jakobs, eures Vorfahren, genießen. Ich, der Herr, habe gesprochen!* Jesaja 58,13-14 (NLB)

Ja, der Sabbat. Ich liebe den Klang dieses Wortes. Es hallt tief in meinem Inneren wider, und ich weiß, dass es etwas ist, das ich brauche.

Sabbat ist die Zeit, in der meine Seele aufatmen kann. Richtig durchatmen. Im Alltag muss ich so oft einatmen, einatmen, einatmen – ich muss so viel aufnehmen, halte die Luft an und hoffe, dass ich das alles schaffe. Aber wir können nicht immer nur einatmen. Wir müssen auch wieder ausatmen – vor Gott alles rauslassen und einen gesünderen Lebensrhythmus entwickeln.

Obwohl ich darin nicht sehr gut bin, gefällt es mir, dass Gott möchte, dass wir zur Ruhe kommen. Es gefällt mir, dass es ihn nicht nur interessiert, was wir tun, sondern dass er auch dafür sorgt, dass wir nicht ausbrennen. Gott erinnert uns an die Sabbatruhe, damit wir einen neuen Rhythmus für unseren Alltag finden. Das sind vierundzwanzig Stunden, die unseren normalen Rhythmus unterbrechen, damit wir entdecken, dass *der Herr unsere Freude ist.*

Ich weiß nicht, wie es Ihnen geht, aber wenn ich genervt bin, habe ich das Gefühl, jede Freude verloren zu haben. Deshalb klingt für mich alles, was mir hilft, Freude zu finden, und ganz besonders tiefe, innere »Freude im Herrn«, gut. Meine Seele atmet auf mit einem tiefen »Ja!«.

Wenn es das ist, was ich will – dass Gott meine Freude ist –, dann gibt mir die Bibel ganz klar zu verstehen, dass *Ruhe* der Schlüssel dazu ist.

Ich muss langsamer machen. Anhalten. Eine Pause machen. Ja, ich bin dazu aufgefordert zu ruhen.

Aber ich bin auch aufgefordert nachzudenken. Wenn wir den Tag des Herrn ehren wollen, dann sollen wir von drei Dingen ruhen:

1. unsere eigenen Interessen verfolgen,
2. unseren Geschäften nachgehen,
3. leeres Geschwätz.

Das mag sich für Sie, praktisch gesehen, ganz anders darstellen als für mich. Aber eines weiß ich: Gott liegt viel mehr an unserer Herzenseinstellung als an dem, was wir äußerlich am Sabbat tun. Dabei sollten wir die lähmende Wirkung der Gesetzlichkeit auf jeden Fall vermeiden. Nur allzu gerne sind wir stolz darauf, Regeln zu befolgen, statt wirklich unserem Gott zu folgen. Der Apostel Paulus ruft uns in Erinnerung:

> *Darum lasst euch keine Vorschriften machen über eure Ess- und Trinkgewohnheiten oder bestimmte Feiertage, über den Neumondtag und über das, was man am Sabbat tun darf oder nicht. Das alles sind nur schwache Abbilder, ein Schatten von dem, was in Christus Wirklichkeit geworden ist.* Kolosser 2,16-17 (Hfa)

Es gefällt mir, dass die Bibel uns daran erinnert, dass die wahre Sabbatruhe in Christus zu finden ist. In ihm sehen wir ein Abbild der Gnade. Und in seiner Gnade können wir schonungslos ehrlich mit uns selbst sein.

Absolut ehrlich.

Es gibt ganz ehrliche, persönliche Gründe, weshalb wir den Sabbat einhalten sollten, und die sind für jeden anders. Es gibt persönliche Gedanken, die wir mit Gott austauschen und Gespräche, die wir mit ihm führen sollten. Wir haben es dringend nötig, den Pausenknopf zu drücken, uns zu Gott zu setzen und ihn zu bitten, uns wichtige Dinge zu zeigen.

Wo verfolge ich im Moment meine eigenen Interessen?
In welchem Bereich meines Lebens verfolge ich nur meine Vorlieben, ohne an das zu denken, was Gott Freude macht?
Welches leere Geschwätz muss ich zurückhalten, damit es sich nicht in meinen Gedanken ausbreitet oder aus meinem Mund kommt?

Wenn ich mir diese Fragen aus Jesaja 58 anschaue, dann geht mir etwas auf. Der Sabbat sollte nicht nur be*achtet*, sondern be*wahrt* werden.

Wer den Sabbat beachtet, denkt daran, zu ruhen.

Wer den Sabbat bewahrt, ruht um zu denken – daran zu denken, dass es nur um Gott geht.

Es geht ums Innehalten. Es geht darum, mit Gott in Verbindung zu sein, ohne den störenden Alltagsrhythmus, damit er uns einen besseren Rhythmus zeigen kann – einen, der das Beste in uns bewahrt und uns zeigt, wo wir vom Weg abkommen und uns mit unnötigem Krempel füllen lassen.

Wenn wir diesen Krempel erkennen – also die Stellen, an denen wir unsere eigenen Interessen verfolgen, wo wir mehr unseren eigenen als Gottes Geschäften nachgehen, das leere Geschwätz, das zurückgehalten werden muss –, können wir ihn ausräumen.

Der Sabbat trägt dazu bei.

Für mich ist dieser eine Tag in der Woche eine Gelegenheit, meine Seele zu reinigen, damit ich an den übrigen sechs Tagen frei durchatmen kann. Und das braucht meine Seele dringend.

Frei durchatmen. Raum haben zu atmen. Einatmen und ausatmen, in einem sanften Rhythmus, den Gott mir vorgibt. Darin ist mein Sohn Mark wirklich gut. Nicht nur, dass sein Gehirn zur Ruhe kommt und an nichts denkt. Er weiß wirklich, wie er diesen Freiraum für seine Seele annehmen kann.

Und wissen Sie was? Ich habe noch nie erlebt, dass Mark die Nerven verloren hätte. Nie. Das liegt zum Teil daran, dass er ein wunderbares Temperament hat. Aber es liegt auch daran, dass er weiß, was es heißt, seine Freude in Christus zu finden. In seiner Gnade. Am Sabbat.

Ich habe Mark einmal gefragt: »Warum wirst du eigentlich nicht wütend, wenn dein Bruder dich ärgert?«

Er erwiderte: »Ganz einfach. Wenn er mir auf die Nerven geht, sage ich ihm einfach, dass er das lassen soll. Wenn er es dann trotzdem noch macht, gehe ich weg.«

Er atmet das Problem ein, aber mit Gnade atmet er es auch wieder aus.

Na schön. Ich muss also nicht wütend und kompliziert sein und alles bis ins Kleinste zerpflücken. Eine ehrliche Einschätzung der Lage von einer Seele, die ausgeruht genug ist, um ruhig zu bleiben, genügt. Freude, Ruhe, Gnade. Ja, ich will mehr von diesem Sabbat.

Meine Freundin Bonnie Gray nennt diesen Prozess »seine geistlichen Leerstellen finden«. In der Typografie sind das Teile einer Druckseite, die unbedruckt bleiben. Bonnie sagt: »In der Grafik sind diese Leerstellen ein wichtiges Element, um etwas ästhetisch zu gestalten. Je kunstvoller etwas dargestellt ist, desto mehr Leerstellen, sogenannten Weißraum, wirst du finden. Und je kommerzieller etwas ist, desto mehr Text und Bilder werden auf eine Seite gequetscht. Der Sinn ist dann nicht mehr die Schönheit, sondern nur noch die Vermarktung.«[12]

Ich will nicht, dass mein Leben so voll ist, dass ich nur noch eine Werbeanzeige für Verrücktsein bin. So fühle ich mich manchmal. Aber das will ich nicht. Ich will ein Kunstwerk sein.

Wie der *David*, von dem wir weiter vorne sprachen, der mit der Zeit herausgemeißelt und vollkommen gemacht wurde.

Zeit mit dem Einen, der von Anfang an den Sabbat geschaffen hat. Zeit mit dem Einen, der hinter meine Fassade und in die tiefsten Tiefen meines Herzens sieht. Hinter die oberflächlichen Gründe dafür, dass ich die Nerven verliere, zu dem, was eigentlich dahintersteckt.

Und in dieser Zeit mit dem Einen, der wirklich sieht und alles weiß, werde ich ruhen und nachdenken.

Die drei Sabbat-Fragen

Während ich nachdenke, wage ich es, mir die drei Fragen zu stellen, die ich aus dem Text in Jesaja abgeleitet habe:

Frage 1: Wo verfolge ich im Moment meine eigenen Interessen? Manchmal ist es schwer zu erkennen, in welchen Lebensbereichen wir gerade unsere eigenen Interessen verfolgen, statt auf Gottes Wegen zu gehen. Offen gesagt sind es nicht gerade tiefgehende Gedanken, die mir durch den Kopf gehen, wenn ich in den Supermarkt renne, tanke oder es eilig habe, um die Kinder rechtzeitig in die Schule zu bringen. Aber an meinem Sabbat habe ich die Möglichkeit, mir diese Gedanken zu machen. Dann habe ich Zeit innezuhalten, zu beten und nachzudenken – wirklich zu beten und nachzudenken. Nicht nur um die nächsten Stunden irgendwie zu *über*leben, sondern damit meine Seele wieder *auf*lebt.

In solchen Momenten des Nachdenkens werde ich dann auch herausfinden, in welchen Bereichen ich meine eigenen Interessen verfolge, und kann mich dazu entscheiden, damit aufzuhören.

Gottes Wege sind Liebe, Freude, Frieden, Geduld, Freundlichkeit, Güte, Treue, Sanftmut und Selbstbeherrschung (Galater 5,22-23).

Meine Interessen sehen ganz anders aus. Man nehme diese Eigenschaften, kehre sie um und schnüre sie zu einem Paket aus Ungeduld, Eile und Druck. Das ist nicht schön, und es ist auch nicht das, was ich möchte. Ich möchte auf Gottes Wegen gehen. Das will ich, weiß Gott.

Aber wenn der Rhythmus meiner Seele auf Überleben steht, statt auf Aufleben, dann verliere ich leicht die Nerven.

Letztes Jahr gewöhnte ich mir die schreckliche Unart an, den Sabbat sausen zu lassen. Und das zeigte sich dann in entsetzlichen, unkontrollierten Gefühlsausbrüchen. Ich konnte diese Ausbrüche zwar ziemlich gut vor Außenstehenden verbergen, aber diejenigen, die mir am nächsten stehen, bekamen alles ab.

Einmal brauchte meine Tochter neue Leichtathletikschuhe. Also gingen wir zu unserem Schuhgeschäft vor Ort. Eigentlich hätte es eine wunderbare gemeinsame Zeit sein sollen, aber stattdessen merkte ich, wie ich schon bald barsch wurde. Das Erste, wovon ich überrumpelt wurde, war der hohe Preis der Schuhe. Wissen die Sportartikelhersteller denn nicht, dass wir in einer Wirtschaftskrise stecken?

Das Zweite, was meine Nerven an den Rand des Abgrunds brachte, war die Tatsache, dass sie diese Schuhe nur für diese eine Sportart tragen konnte, nicht auch noch in ihrer Freizeit. Und für den Gymnastikunterricht brauchte sie dann wieder andere Schuhe. Das hieß eine Woche lang nur Nudelauflauf zum Abendessen, damit die Füße meiner Tochter für den Sportunterricht in der Schule ihr Bestes geben können.

Dann erzählte mir meine Tochter, dass sie die Schuhe mit

Socken anprobieren müsse. Wir hatten keine Socken dabei. Im Laden gab es keine Socken zum Anprobieren, also mussten wir jetzt auch noch Socken kaufen, was die ohnehin schon hohe Rechnung noch um weitere acht Dollar erhöhte.

Grrrrr!

Als wir die Socken gekauft hatten und sie die Schuhe anprobierte, war sie unzufrieden, weil sie nicht richtig passten. Also probierte sie ein anderes Paar. Und noch eines. Und noch eines. Und … ach, zum Kuckuck, jetzt nimm endlich irgendein Paar!

Plötzlich war ich sehr angespannt. Es war, als befände sich jeder einzelne Nerv in meinem Körper plötzlich an der Hautoberfläche und verlangte, dass wir augenblicklich nach Hause gingen, sonst würde mein Kopf zu feinstem Feenstaub explodieren.

An mir war nichts mehr Liebendes, Freudiges, Friedvolles, Geduldiges oder Sanftmütiges. Nichts verriet: »Diese Frau liebt Jesus, dient Jesus, verbringt Zeit mit Jesus.« Ich ging meinen eigenen Weg und ließ meinen unkontrollierten Gefühlen ihren Lauf.

Kennen Sie das? Haben Sie so ein Szenario wie im Schuhladen schon einmal erlebt?

Hier ist ein großartiger Bibelvers, über den man in diesem Zusammenhang nachdenken sollte:

> *Folgt in allem Gottes Beispiel, denn ihr seid seine geliebten Kinder. Euer Leben soll von Liebe geprägt sein, wie auch Christus uns geliebt hat, denn er hat sich selbst als Gabe und Opfer für unsere Sünden gegeben. Und Gott hatte Gefallen an diesem Opfer, das wie ein wohlriechender Duft zu ihm aufstieg.*
>
> Epheser 5,1-2 (NLB)

Die englische Bibelübertragung *The Message* gibt die Verse so wieder:

Seht genau hin, was Gott macht, und dann tut dasselbe, wie Kinder, die das richtige Verhalten von ihren Eltern lernen. Was Gott hauptsächlich tut, ist euch zu lieben. Bleibt in seiner Gesellschaft und lernt ein Leben voller Liebe.

Aha, in seiner Gesellschaft bleiben. Der Sabbat. Ein Leben voller Liebe lernen. Der Sabbat.

Das lehrt mich der Sabbatrhythmus. Ich kann ein Leben voller Liebe, Freude, Frieden, Geduld, Freundlichkeit und all die anderen Eigenschaften von Gott lernen. Wenn ich einmal in der Woche innehalte, um wieder in Gottes Spur zu kommen, atmet meine Seele auf, und das ist gut. Sabbat, wie sehr braucht meine Seele ihn.

Frage 2: In welchem Bereich meines Lebens verfolge ich nur meine Vorlieben, ohne an das zu denken, was Gott Freude macht?

Herr, lass dir die Worte meines Mundes und die Gedanken meines Herzens gefallen! Herr, mein Fels und mein Erlöser.
Psalm 19,15 (NLB)

In unserer heutigen Zeit haben unsere Rechte manchmal Vorrang vor unserem Streben nach Gerechtigkeit, wenn wir uns dazu hinreißen lassen, eigennützig zu sein, statt Gottes Willen zu suchen.

So schnell beklagt man sich, wenn nicht alles glatt läuft.

So schnell vergisst man zu danken, wenn alles glatt läuft.

Und das stellt mich in Frage.

Mein Mann betreibt ein Schnellrestaurant für die Kette *Chick-fil-A*, wo man viele Varianten von Hühnchensandwiches bekommen kann. Wenn es jemals jemanden gab, dem es ein Herzensanliegen war, seinen Kunden zu dienen, dann ist es mein

Mann. Ihm geht es nicht nur darum, seine Kunden mit einem guten Hühnchensandwich zu bedienen. Ihm geht es darum, ihnen als Person zu dienen. Es ist seine Gelegenheit, den Kunden das Sandwich mit einem Lächeln, einem freundlichen Wort, mit irgendeiner Geste zu servieren, die zeigt, dass er sie ganz persönlich wahrnimmt. Und für einen kurzen Augenblick macht er ihren Tag ein wenig freundlicher und besser.

Dabei schafft er es, zu allen gleich freundlich zu sein.

Er begegnet dem schlecht gelaunten Kunden genauso freundlich wie dem fröhlichen.

Mit diesem Verhalten ist er mir ein großes Vorbild und es zeigt mir, dass er auch während der Arbeit Gottes Willen sucht. Wer eigennützig ist, würde in jedem Kunden nur den Umsatz sehen. Wer Gottes Willen sucht, sieht jeden Kunden als Person mit Bedürfnissen. Er schenkt ihnen immer ein freundliches, ermutigendes oder segensreiches Wort.

Nicht nur mein Mann sieht seine Kunden so – es ist ein Grundwert der Unternehmenskultur bei *Chick-fil-A*. Ich war bei vielen Treffen mit den Managern der Kette dabei, und Gottes Willen zu suchen, wird dort in jedem Bereich des Unternehmens vorgelebt. Interessanterweise ist *Chick-fil-A* auch eines der ganz wenigen Geschäfte in Amerika, die noch den Sabbat ehren. Sie haben sonntags geschlossen. Ein Tag der Ruhe. Ein Tag der Besinnung. Ein Tag, um sich neu zu organisieren und auf Gott und die Familie zu konzentrieren.

Kann ich es wagen, eine Sabbat-Frau zu sein, die mehr nach Gottes Willen fragt als nach ihrem eigenen? Kann ich eine Frau sein, die jenes seltene freundliche Wort für andere hat?

Und kann ich es sogar wagen, Freundlichkeit nicht nur auszusprechen, sondern sie auch zu den tiefsten Gedanken meines Herzens zu machen?

Das ist nicht leicht. Aber es ist gut.

Und das ist die Aufgabe, die ich mir selbst stelle: Ich möchte am Sabbat daran denken, das Gute in meinem Alltag zu sehen.

Ich möchte in jeder Situation, in jeder Begegnung, an jedem Tag jemand sein, der das Gute bemerkt. Das tun diejenigen, die nach Gottes Willen fragen – sie bemerken das Gute. Auch wenn das Gute nichts mit Ihren Umständen zu tun hat, sondern nur damit, dass Gott uns durch sie etwas lehren möchte – suchen Sie auch dann das Gute. Und in diesem Guten wird unsere Seele durchatmen und »Sabbat« sagen.

Frage 4: Welches leere Geschwätz muss ich zurückhalten, damit es sich nicht in meinen Gedanken ausbreitet oder aus meinem Mund kommt?

In einer der vielen englischen Bibelübersetzungen wird »leeres Geschwätz« mit »die eigenen Worte sprechen« wiedergegeben. Wir geraten in Schwierigkeiten, wenn wir in unseren Gedanken unseren eigenen Vorstellungen nachgehen, statt sie auf Gottes Wahrheit auszurichten. Das ist ganz gefährlich!

Ich glaube, dass Gott uns durch den Sabbat auch vor dieser Gefahr schützen will.

Als ich frisch verheiratet war, versuchte ich verzweifelt, eine »gute Ehefrau« zu sein und war entschlossen, herauszufinden, wie ich meine Sache richtig gut machen konnte. Also merkte ich mir, was eine »gute Ehefrau« alles tut:

- Sie bereitet wunderbare Sonntagsbraten zu.
- Sie saugt jeden Tag, sodass man an den Staubsaugerspuren auf dem Teppich erkennen kann, wie sauber es ist.
- Sie steckt ihm kleine Liebesbriefe in seine Aktentasche.
- Sie kauft sich Dessous und trägt sie auch.
- Sie trägt gerne Dessous und trägt sie mehrmals in der Woche.
- Sie lässt ihn in Ruhe, wenn er nach Hause kommt.

- Sie legt den Telefonhörer auf, wenn er nach Hause kommt.
- Sie lernt etwas über Fußball und schaut mit ihm Fußballspiele an.
- Sie betet jeden Tag für ihn.

Und die Liste wurde länger und länger.

Schließlich war die Liste in meinem Kopf, was eine gute Ehefrau zu tun hatte, so überwältigend, dass ich zu weinen anfing. Ich fühlte mich unzulänglich. Ich wurde verschlossen. Ich wurde bitter. Und in einem Augenblick völliger Erschöpfung schrie ich: »Deine Erwartungen sind absurd!«

Worauf er antwortete: »Welche Erwartungen?«

»Die Liste, die Liste mit Hunderten von Dingen, die ich tun soll, um eine gute Ehefrau zu sein«, brachte ich schluchzend und schniefend unter Tränen hervor.

Sein verständnisloser Gesichtsausdruck machte mich sprachlos. Er hatte gar keine solche Liste.

Sie existierte nur in meiner Vorstellung. Es waren leere Gedanken, die sich so lange in meinem Kopf ausgebreitet hatten, bis ich sie für die Wahrheit hielt. Die Wahrheit in 1. Korinther 13 erinnert mich daran, dass die Liebe geduldig ist, freundlich, sie prahlt nicht und trägt das Böse nicht nach. Ich hatte die Liste dessen, was ich zu tun hatte, so ausgedehnt, dass ich aus dem Blick verloren hatte, meinen Mann einfach nur zu lieben.

Tun Sie weniger. Seien Sie mehr. Lichten Sie das Durcheinander der leeren Worte. Finden Sie Ihre geistlichen Pausenzeiten. Geben Sie Gott die Ehre.

Hätte ich den Sabbat regelmäßig gehalten, bevor ich diese Probleme vor Gott brachte, hätte ich mir in meiner Ehe wahrscheinlich viele Jahre erspart, in denen ich ständig genervt war.

Schließlich bin ich zu meinem Mann gegangen. »Schatz«, sagte ich mit dem Gefühl, dass das Gewirr von Erwartungen sich allmählich von mir löste, »ich kann nicht alles tun, was gute Ehefrauen anscheinend tun sollten. Aber ich kann drei Dinge tun. Nenn mir drei Dinge, die für dich am wichtigsten sind, und die werde ich dann richtig machen.«

Ich hatte die Wahl: Ich konnte ein ganzes Eheleben lang hundert Dinge halbherzig und verbittert tun und mich dabei überfordert fühlen, oder ich konnte drei Dinge von ganzem Herzen, mit einem Lächeln auf den Lippen und Liebe im Herzen tun.

Seine drei wichtigsten Dinge waren einfach: Investiere dich emotional und geistlich in das Leben deiner Kinder, sorge gut für deinen Körper und deine Seele und halte das Haus in Ordnung. (Man beachte: Er sagte »in Ordnung«, nicht »makellos sauber«!) Das war alles.

Selbst gekochte Mahlzeiten waren ihm egal. Er hat nichts dagegen, wenn ich jemanden dafür bezahle, bei mir sauber zu machen. Und für ihn ist es völlig in Ordnung, wenn ich eine Serie sehen will, während er sich auf einem anderen Fernseher Sportsendungen anschaut.

Über Dessous hat er allerdings nichts gesagt. Aber er könnte natürlich argumentieren, dass das dazugehört, wenn man für seinen Körper sorgt. Das Problem dabei ist nur, dass ich eher der Typ für weite, bequeme Sachen bin. *Victoria's Secret* wird für mich immer ein Geheimnis bleiben.

Aber das ist ein ganz anderes Thema.

Erst einmal habe ich meine Liste auf drei Dinge beschränkt, und diese Einschränkung hat meinen Horizont für eine wunderbare Ehe erweitert.

Ich bin eine Drei-Dinge-Frau. So einfach ist das. Aber einfach ist gut. Und was noch wichtiger ist: Ich habe aufgehört, meine Ehe zu zerstören, indem ich aufgehört habe, meinen unnützen Gedanken nachzugehen.

Könnte Ihnen das auch helfen? Könnte das auch Ihre Beziehungen verbessern?

Die Seele atmen lassen

Ich weiß, dass solche Veränderungen – sei es, dass wir wieder auf Gottes Spur kommen, Gottes Willen suchen und nach dem Guten Ausschau halten oder unnütze Gedanken stoppen – nicht über Nacht geschehen. Aber je mehr wir den Sabbat bewusst einüben, desto selbstverständlicher wird der Sabbatrhythmus für uns. Einatmen. Ausatmen. Das ist der Rhythmus der Seele, die atmet und lebt, der Seele, die nicht nur überlebt, sondern auflebt.

Ich möchte Sie ermutigen, das, was wir hier besprochen haben, ernsthaft in irgendeiner Form umzusetzen. Und tragen Sie sich Ihren Sabbat, an dem Sie zur Ruhe kommen und nachdenken wollen, diese Woche in Ihren Kalender ein – egal ob am Sonntag oder einem anderen Tag.

Wie schon gesagt, soll man den Sabbat nicht nur beachten, sondern bewahren. Wer den Sabbat beachtet, denkt daran, zu ruhen. Wer den Sabbat bewahrt, ruht um zu denken. Denken Sie daran, dass es um Gott geht. Halten Sie Ihren Sabbat fest. Und dann tun Sie es nächste Woche wieder. Und die Woche darauf. Ja, ich genervte Frau bin fest entschlossen, den Sabbat zu einem der wichtigsten Bestandteile meines unvollkommenen Fortschritts zu machen.

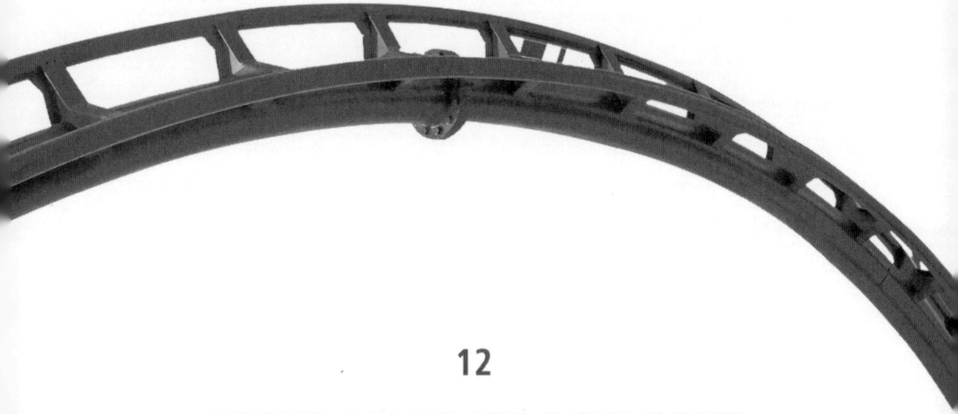

12

NICHT ALLES IST SCHLECHT

Ich weiß, dass es nicht gut ist, die Nerven zu verlieren und mit seinen unkontrollierten Gefühlen herauszuplatzen oder sie hinunterzuschlucken. Es verursacht Verletzungen und schadet Beziehungen. Die Verletzungen sind echt, gehen tief und dauern an. Ich will das überhaupt nicht leugnen. Aber ich will auch einräumen, dass die Nerven zu verlieren nicht nur schlecht ist. Und ich hoffe, dass Sie mir zustimmen werden, nachdem Sie dieses Kapitel gelesen haben.

Stellen wir uns einmal vor, Sie und ich würden an meinem klebrigen Küchentisch sitzen und all das von Angesicht zu Angesicht besprechen. Vor mir läge eine Mappe mit Dingen, die ich Ihnen zeigen möchte. Ein Blogbeitrag von einer Freundin namens Jenni. Eine Nachricht von einer Freundin namens Sharon. Und ein paar E-Mails zwischen Samantha und Abby. Ihnen würde auffallen, dass auf den Blättern kleine Fettflecke sind und wahrscheinlich auch der eine oder andere Marmeladefleck, den ich mit Spucke versucht habe wegzuwischen. Und zwischen alldem würden wir uns unterhalten. Zuerst wollen wir einmal darüber sprechen, einige Bereiche unserer Seele ehrlich zu betrachten, die wir vielleicht schon länger nicht mehr betrachtet haben.

Ein ehrlicher Blick in unsere Seele

Ich lebe seit zwanzig Jahren im gleichen Haus. So lange bin ich jetzt verheiratet. Mein Mann und ich haben wunderbare Pläne, was alles repariert, erneuert oder renoviert werden müsste. Wir machen uns gemeinsam daran … die Profis zu holen. Richtig. Wir haben Gaben und Talente, aber Teppich verlegen, Leitungen legen und Rohre anschließen gehört nicht dazu. Diese Aufgaben vergeben wir an andere.

Meine Freundin Jenni und ihr Mann sind anders. Sie können alle möglichen Reparaturen und Renovierungsarbeiten selbst durchführen, wie zum Beispiel Rohrleitungen reparieren, Fugen abdichten, Elektroleitungen erneuern und Wände verspachteln, was mich absolut verblüfft.

Kürzlich schrieb Jenni etwas in ihrem Blog, was mich faszinierte. Da ich von ihrer Arbeit an ihrem Haus tief beeindruckt war, inspirierte mich die Parallele, die sie zwischen den Renovierungsarbeiten am Haus und der Notwendigkeit zog, einen Blick in unser Innerstes zu werfen. Unsere »tieferen Schichten«, wie Jenni es nennt. Das hat sie geschrieben:

> *Manchmal ist es mir peinlich, wenn Freunde vorbeikommen, um zu schauen, ob wir Fortschritte machen, und es sieht nicht aus, als seien wir weitergekommen.*
> *Ich würde so gerne gleich streichen und alle Räume schön dekorieren, damit sie für unsere Freunde einladend aussehen. Aber wir würden die Löcher, Beulen und kaputten Stellen nur übertünchen, und ich weiß, dass sie später einmal zum Vorschein kommen würden. Irgendwann einmal wird sich all die harte Arbeit an den tieferen Schichten auszahlen, wenn ich dann weiß, dass der schöne Anstrich nicht dazu da ist, irgendetwas zu verdecken, sondern um die Architektur hervorzuheben.*

Und genauso ist es auch mit der tieferen Schicht in meinem Leben.
Machen wir es in unserer persönlichen Entwicklung und unserem geistlichen Leben nicht genauso? Wir haben es so eilig, möglichst gut auszusehen, dass wir schnell einen schönen »Anstrich« auftragen, um so zu wirken, als hätten wir alles im Griff, aber oft genug kümmern wir uns nicht um unsere »tieferen Schichten«. Doch das ist wirklich harte Arbeit und manchmal scheint es, als wäre ich dort noch nicht besonders weit gekommen …
Ich bin immer noch beleidigt, wenn mir jemand eine Frage stellt, die mir das Gefühl vermittelt, versagt zu haben. Ich will immer noch zurückschlagen, wenn mich jemand verletzt. Ich werde immer noch unsicher, wenn ich mich nicht wohlfühle. Ich werde immer noch neidisch, wenn jemand anderer das schafft, was ich gerne können möchte.
Die tieferen Schichten erfordern harte Arbeit, die nicht immer sofort erkennbar ist, aber sie ist die Grundlage für unsere Gesundheit – die emotionale und die geistliche.[13]

Ja, Jenni, das ist es. Aber wir werden niemals erkennen, was in unseren tieferen Schichten alles repariert und aufgeräumt werden muss, wenn wir es nicht machen wie Jenni und ihr Mann mit ihrem renovierungsbedürftigen Haus: genau hinsehen.

Mit unseren tieferen Schichten, unserem tiefsten Inneren, machen wir das nicht allzu oft. Wir versuchen nur zu überleben, ohne durchzudrehen. Vielleicht liegt es daran, dass wir zu beschäftigt sind, oder dass wir nicht wissen, wo genau wir nachschauen sollen. Nun, ich glaube, ich habe wenigstens eine Stelle entdeckt, an der wir anfangen können, genauer hinzusehen: an den wunden Punkten, an denen wir ausrasten.

Sollten unsere wunden Punkte wie klare Glasscheiben für uns sein, die uns einen ehrlichen Blick in unsere Seele erlauben, sodass wir an diesen Stellen erkennen, was wirklich in uns abgeht? Das Prinzip ist das gleiche wie bei den Renovierungsarbeiten von Jenni und ihrem Mann. Sie wissen, dass sie an den tieferen Schichten arbeiten müssen, wie zum Beispiel an alten Stromleitungen, bevor sie Bilder aufhängen und Möbel aufstellen können. Sie müssen zuerst die grundlegenden Probleme beheben.

Wir müssen es genauso machen. Im letzten Kapitel haben wir davon gesprochen, einmal pro Woche eine Pause einzulegen, damit unsere Seele während dieser Sabbatruhe durchatmen kann. Das ist gut und notwendig. Aber was ist mit den übrigen sechs Tagen in der Woche? Wie können wir mitten im Alltagsdurcheinander, wo wir unbedingt alles im Griff haben wollen, ruhig bleiben und durchatmen.

In meinem Bestreben, wie eine Frau zu wirken, die es draufhat, kann ich vieles tun: mich für alle möglichen Komitees melden, meinen Mädchen passende Schleifen zu ihren Kleidern in die Haare flechten, pünktlich sein, mir die Augenbrauen zupfen und die Beine rasieren, ein sauberes Auto fahren und die Haustür mit jahreszeitlicher Deko schmücken. Dann könnte ich mir selbst auf die Schulter klopfen und denken: *Ha, ich hab's drauf. Ich habe mein Leben mit beeindruckenden Dingen geschmückt.* Aber in meinem stillen Kämmerlein ist die Dekoration bedeutungslos, angesichts der Gefühlsausbrüche oder meines Schweigens, mit dem ich meinen Mann strafe. Ein hübsch dekoriertes Leben ist kein Zeichen dafür, dass man es draufhat. Es mag vorübergehend beeindruckend wirken, aber langfristig spielt es keine Rolle, wie viele hübsche Bilder an der Wand hängen, wenn tiefere Schichten zu bröseln beginnen. Das ganze Haus wird schließlich einstürzen.

Und deshalb ist es nicht immer nur schlecht, wenn wir unsere Nerven verlieren. Genauso wie eine Lampe, die beim Anschalten nicht angeht, auf eine kaputte Stromleitung hinweisen kann, kann es auf eine defekte Leitung in unserem Inneren hinweisen, wenn wir die Nerven verlieren. Unsere äußerliche Reaktion weist auf etwas in unserem Inneren hin. Wenn wir nach außen hin die Nerven verlieren, ist etwas in unserem Inneren kaputt. Aber kaputte Stellen gehen wir erst an, wenn wir gezwungen sind, uns einzugestehen, dass sie auch existieren. Auch wenn es schmerzhaft ist, diese kaputten Stellen beim Namen zu nennen, so ist es doch gut, uns selbst zu sehen – wirklich zu sehen, tief im Inneren und ganz ehrlich.

Wenn ich durch das Fenster meiner genervten Reaktionen in mein Inneres schaue, entdecke ich dort vielleicht Stolz, den ich mir nicht eingestehen will. Oder alte Dinge, die ich nicht vergeben habe. Oder tief sitzende Bitterkeit. Schwelenden Zorn. Freude raubenden Neid. Selbstverurteilung. Quälende Reue. Ablehnung. Oder vielleicht entdecke ich einen Zeitplan, der viel zu voll ist, und ich muss mir eingestehen, dass ich das Gefühl habe, für selbstverständlich genommen und nicht geschätzt zu werden. Es könnte aber auch sein, dass ich mir den Schaden, den der andauernde Stress verursacht hat, endlich eingestehe – dass ich mein Leben manchmal gleichzeitig liebe und hasse. Und ich kann dieses Gefühl nicht ausstehen. Warum fühle ich mich so?

Wenn die Sache jemals besser werden soll, müssen wir uns unserer tieferen Schichten bewusst werden, die unsere genervten Reaktionen schüren. Es gefällt uns vielleicht nicht, was wir da sehen, aber wenigstens wissen wir dann, womit wir es zu tun haben. Wir können die Sache beim Namen nennen und Gott um Hilfe bitten.

Ich bin müde, Gott. Was soll ich tun?
Ich bin einsam, Gott. Was soll ich tun?
Ich bin wütend, Gott. Was soll ich tun?
Ich bin unsicher, Gott. Was soll ich tun?
Ich bin frustriert, Gott. Was soll ich tun?

Ich nehme mir viel zu selten Zeit, um Gott zu fragen, was ich tun soll. Ist das bei Ihnen auch der Fall? Vielleicht hilft uns ein klarer Blick auf unsere tieferen Schichten, öfter zu Gott zu gehen – regelmäßiger, aufrichtiger, demütiger.

Vielleicht können Sie mir jetzt zustimmen, dass es nicht immer nur schlecht ist, wenn wir die Nerven verlieren, auf jeden Fall dann nicht, wenn es uns näher zu Gott bringt. Und wenn es ans Licht bringt, was uns innerlich zerfrisst. Aber vor allem können Sie mir vielleicht zustimmen, dass es herrlich ist, die Nerven zu verlieren, wenn unsere Zerbrochenheit uns letztlich zur Heiligung führt.

Ein Blick auf meine eigenen tieferen Schichten

Haben Sie es schon einmal erlebt, dass sich etwas Kleines sehr groß angefühlt hat? Vielleicht war es der Blick von jemandem, der Ihnen plötzlich das Gefühl vermittelt hat, dass der andere Sie nicht mag. Vielleicht ruft eine Freundin nicht zurück, und Sie haben das Gefühl, dass das ein Zeichen dafür ist, dass Sie nicht wichtig sind. Ihr Kind macht eine Bemerkung darüber, wie toll die Mutter eines anderen Kindes ist, und Sie haben das Gefühl, dass das ein Anzeichen dafür ist, dass Ihr Kind von Ihnen enttäuscht ist.

Normalerweise stimmen diese Dinge gar nicht. Der Blick war ein ganz normaler Blick, ohne versteckte Botschaft. Der ausgebliebene Rückruf ist etwas, das Ihrer Freundin einfach entgangen ist. Die Bemerkung Ihres Kindes – nun ja, das war vielleicht eine Spitze. Aber vielleicht war es auch nur ein Kompliment für die andere Mutter und keine Aussage über Sie. Wenn wir nicht aufpassen, können diese fehlgeleiteten Gefühle uns ablenken, entmutigen und vergangene Verletzungen wachrufen, die uns dann verfolgen.

Das ist mir letztes Jahr am Tag nach Thanksgiving passiert. Meine

Schwester Angee und ich sind um drei Uhr morgens aufgestanden und standen eine halbe Stunde später in der Warteschlange vor einem gewissen Geschäft. Ich weiß. Ich stimme Ihnen zu. Es war verrückt. Aber ich war hinter etwas her wie ein Jäger, der seiner Beute auflauert. Sie müssen wissen, dass ich ein ziemliches Problem mit meiner Waschmaschine hatte – oder sollte ich sie lieber meine *Nichtwaschmaschine* nennen? Meine Teenie-Kinder steckten ihre dreckige Wäsche hinein, und sie kam nass, aber immer noch schmutzig wieder heraus. Das ist etwas problematisch, wenn Ihre Pappenheimer ihre Sachen nach *jedem Anziehen* waschen.

Für mich ist das nicht so problematisch. Ich bin die Beste im Mehrfach-Tragen von Kleidung. Sie wären wahrscheinlich schockiert, wenn ich Ihnen verraten würde, wie oft ich meine Jeans trage, bevor ich sie wasche. Das ist ein bisschen schräg. Aber es stört mich nicht im Geringsten. Doch meine Kinder sind da anders. Sie übertreiben es ein wenig mit der Sauberkeit. Meine Schwester hat das gleiche Waschfimmel-Problem bei sich zu Hause. Meine Mutter nennt es ihre lebendige Zwangsneurose.

So standen wir also um halb vier Uhr morgens in der Schlange. Ich war scharf auf das Sonderangebot von einer Waschmaschine und einem Trockner zum Preis von einem. Angee wollte den Computer zum halben Preis. Als der Laden um fünf Uhr öffnete, landeten wir beide einen Treffer. Wir waren überglücklich. Dann gingen wir frühstücken, bevor wir unseren Einkauf fortsetzten. Und jetzt verflog das Glück allmählich.

Beim Fast-Food-Restaurant wurde meine Kreditkarte nicht akzeptiert.

Lassen Sie mich das klarstellen. Noch fünf Minuten früher war in dem anderen Laden meine Kreditkarte bei einer größeren Summe akzeptiert worden. Und jetzt sollte sie bei dem kleinen Betrag von zwei Dollar irgendwas für Ei, Käse, kanadischen Speck und einen englischen Muffin nicht mehr gedeckt sein?

Nicht akzeptiert.

Nicht *akzeptiert.*

Autsch.

Meine Schwester regte sich nicht im Geringsten darüber auf, bezahlte mein Frühstück, und dann gingen wir zum nächsten Geschäft auf unserer Liste. Aber dieses »nicht akzeptiert« hing wie eine dunkle Wolke über mir. Es ärgerte mich ungemein. Ich wusste, dass es nur eine technische Störung war, aber es fühlte sich nicht so an.

Als sich die Kassiererin beim Autoschalter aus dem Fenster lehnte und mit gedämpfter Stimme sagte: »Es tut mir leid, aber Ihre Kreditkarte wird nicht akzeptiert«, fühlte es sich persönlich an. Sehr persönlich.

Plötzlich flüsterten der Schmerz aus der Vergangenheit und die gegenwärtige Verlegenheit in meinem Kopf: *Du bist eine Versagerin. Du bist unerwünscht. Du bist ungeliebt. Du bist so unorganisiert. Du bist arm. Du bist unakzeptabel. Du bist nicht akzeptiert.*

Sehen Sie, wie solche Kleinigkeiten sich plötzlich so groß anfühlen können? Erkennen Sie die subtile Verlagerung von »*meine Kreditkarte* wird nicht akzeptiert« zu »*ich* werde nicht akzeptiert«? Und schon ist es da. Das Genervtsein überkam mich mit aller Macht. Denken Sie daran, dass wir davon sprachen, dass all die negativen Selbstgespräche ein dunkelrotes Warnsignal dafür sind, dass das, was in mir abläuft, zu einer äußerlichen, unkontrollierten Reaktion führen wird.

Ich habe meine Wut nicht an der Kassiererin oder dem Kreditkarteninstitut ausgelassen, sondern habe dieses schreckliche Gefühl unterdrückt. Wie der heimtückische Anfang von Lepra fraß es an meiner Seele.

Ich spürte es.

In Verbindung mit der Tatsache, dass ich am Nachmittag todmüde war, steigerten sich meine Emotionen bis in die Gefahrenzone. Es fehlte nur noch eine kleine Bemerkung von einem meiner Kinder darüber, dass Tante Angee irgendetwas viel besser konnte, und schon verlor ich die Beherrschung.

Ich brüllte. Ich drohte. Ich zog eine Schnute und zeigte mit dem Finger.

Und dann hasste ich mich selbst.

Gerade hier, mitten in meiner Familie, in der ich ein »christliches Vorbild« sein sollte, hatte ich es vermasselt. Warum, warum, warum nur hatte ich es vermasselt? Was zum Kuckuck ist nur mein Problem? In meinem Kopf hörte ich wieder die leise Warnung der Kassiererin am Autoschalter: »nicht akzeptiert.«

Ich wünschte, ich könnte den Sack jetzt mit einer hübschen Schleife zubinden und Ihnen von einem guten Ende erzählen, aber ich kann es nicht. Es war alles andere als gut. Ich fühlte mich schrecklich. Und als ich ins Bett ging, fragte ich mich, ob Gott wohl selbst vom Himmel herunterkommen und sagen würde: »Lysa TerKeurst, ich habe jetzt endgültig genug von deinen unreifen Reaktionen. Du wirst ab jetzt nicht mehr als geistliche Leiterin akzeptiert. Schau dich doch an!«

Aber das ist nicht Gottes Stimme. Gott flüstert uns keine verdammenden Sätze zu. Er zeigt uns unsere Fehler, aber er verdammt uns nicht.

Ich kroch ins Bett und starrte mit weit aufgerissenen Augen in die Dunkelheit, die das Zimmer erfüllte, und betete: »Gib mir deine Stimme, Jesus. Ich muss dich durch all dieses Durcheinander hindurch hören. Wenn ich dich nicht hören kann, habe ich Angst, dass diese Dunkelheit mich bei lebendigem Leib verschlingt.«

Keine Reaktion. Ich hörte gar nichts. Also hatte ich die Wahl: Ich konnte in der Dunkelheit liegen bleiben und die erbärmlichen Ereignisse dieses Tages im Kopf noch einmal durchgehen, oder ich konnte das Licht anmachen und Gottes Wort lesen.

Wenn die Lügen um mich herumschwirren und mich attackieren wie ein Schwarm blutrünstiger Schnaken, dann ist es das Beste, Gottes Wort aufzuschlagen und in seine Wahrheit einzutauchen. Denn in der Gegenwart der Wahrheit fliehen die Lügen.

Haben Sie das gehört? In der Gegenwart der Wahrheit fliehen die Lügen. Aber genauso wie man das Licht anschalten muss, um die Dunkelheit zu vertreiben, muss man auch die Wahrheit einschalten. Wir müssen unsere Gedanken festhalten, sie an der Wahrheit messen und mit ihr in Einklang bringen, bevor wir ihnen weiter nachhängen. Ich mache das so:

- ***Gedanke***: *Ich bin eine schreckliche Mutter.*
- ***Bibelvers***: »Alles menschliche Denken nehmen wir gefangen und unterstellen es Christus, weil wir ihm gehorchen wollen.« (2. Korinther 10,5, Hfa)
- ***Wahrheit***: *Ich bin keine schreckliche Mutter. Ich habe vielleicht schrecklich reagiert, aber das bestimmt deshalb nicht meine ganze Persönlichkeit.*
- ***Gedanke:*** *Ich habe nicht so reagiert, wie eine gute Mutter es tun würde.*
- ***Bibelvers:*** *»Orientiert euch an dem, was wahrhaftig, gut und gerecht, was redlich und liebenswert ist …«* (Philipper 4,8, Hfa).
- ***Wahrheit:*** *Ich liebe meine Kinder. Das ist wahr. Ich liebe Gott. Das ist wahr. Ich war müde. Das ist wahr. Ich habe mich unsicher gefühlt, und das hat mich beeinflusst. Das ist wahr. Gottes Gnade hört niemals auf. Das ist wahr. Ich kann um Vergebung bitten und dieses Chaos wieder in Ordnung bringen. Das ist wahr. Je mehr ich über die Wahrheit nachdenke, desto leiser werden die Lügen. Das ist wahr.*
- ***Gedanke:*** *Das wird niemals besser. Ich werde immer in meinen unkontrollierten Gefühlen gefangen sein.*
- ***Bibelvers:*** *»… richtet euer ganzes Leben nach ihm aus. Seht dahin,*

wo Christus ist… Richtet eure Gedanken auf Gottes unsichtbare Welt …« (Kolosser 3,1-2, Hfa)

- ***Wahrheit:*** *Ich habe es satt, meine Gedanken auf die Stimme des Feindes auszurichten. Mein Herz und meine Gedanken auf Lügen auszurichten ist so, als würde man im Radio einen schlechten Sender einstellen – was ich aufnehme, beeinflusst mich. Herr, hier ist mein Herz. Ich richte es auf die Wahrheit aus und nur auf die Wahrheit. Hier sind meine Gedanken, Herr. Ich richte sie auf die Wahrheit aus und nur auf die Wahrheit.*

Ich lese diese Bibelstellen immer und immer und immer wieder, bis sie mir bessere Gedanken einflößen. Ich habe gelernt, dass es ein Anzeichen ist, dass meine Seele nach dem Wort Gottes hungert, wenn die Lügen lauter werden als die Wahrheit. Also gebe ich meiner Seele Wahrheit und entziehe ihr die Lügen, die unbedingt tief in mich dringen und mich durcheinanderbringen wollen.

Am nächsten Tag rief ich mein Kreditkarteninstitut an, um ihnen zu versichern, dass es kein Missbrauch meiner Karte war, sondern dass ich diejenige war, die am Vortag um fünf Uhr morgens eine Waschmaschine und einen Trockner gekauft hatte. Nachdem das Kreditkarteninstitut sich der Wahrheit vergewissert hatte, gaben sie meine Kreditkarte wieder frei. Aber noch besser war, dass ich mich wieder frei fühlte, nachdem ich mich Gottes Wahrheit vergewissert hatte.

Anschließend nahm ich die Gelegenheit beim Schopf, dass ich sogar nach meiner grauenvollen Reaktion das tun kann, was Jesus uns gelehrt hat. Ich bat meine Familie um Vergebung. Und obwohl ich es am Vortag total vermasselt hatte, wurde mir klar, dass Gottes Gnade uns immer eine neue Chance gibt. Anstatt mich in meinem Loch zu suhlen, kam ich heraus und ging den Weg des unvollkommenen Fortschritts und der Heiligung weiter.

Ein Schritt in Richtung Heiligung

Das war ein Schritt in Richtung Heiligung. Heiligung. Ist das für eine Frau wie mich überhaupt möglich? Ich habe erkannt, dass es das war. Also kann ich auch hier sagen, dass es möglich ist. Und Gott sagt uns das auch: »Wer sich nun von alldem rein hält, gleicht einem Gefäß für Reines; er ist geheiligt, für den Herrn brauchbar, zu jedem guten Werk tauglich« (2. Timotheus 2,21, EÜ). Mich reinhalten von alldem, ja, das möchte ich. Aber es ist so schwer, mich von Dingen reinzuhalten, die ich nicht sehe.

Ach, wenn ich meine ungebändigten Gefühle doch als Aufforderung zum Handeln sehen könnte. Hier ist immer noch ein wenig unvollkommener Fortschritt nötig – hier und jetzt. Ja, wenn eine meiner genervten Reaktionen es mir erlaubt, meine tieferen Schichten zu erkennen, dann hat es doch auch etwas Gutes. Und wenn das alles mich letztlich zu dem führt, was Jesaja »heilige Straße« nennt, sodass ich immer seltener die Nerven verliere, dann ist es nicht nur gut, dann ist es von Gott.

> *Eine Straße wird es dort geben, die man »heilige Straße« nennt. Kein unreiner Mensch wird sie betreten, sie ist nur für das Volk des Herrn bestimmt. Wer auf dieser Straße reist, kann sich nicht verirren, auch wenn er sich nicht auskennt. Kein Löwe liegt auf der Lauer, auch andere Raubtiere gibt es dort nicht. Nur die erlösten Menschen betreten diese Straße. Alle, die der Herr befreit hat, kehren jubelnd aus der Gefangenschaft zum Berg Zion zurück. Von Freude ergriffen, jubelnd vor Glück, kommen sie heim. Trauer und Sorge sind für immer vorbei.*
>
> Jesaja 35,8-10 (Hfa)

Ich hoffe, dass ich eines Tages das reuevolle Jaulen in mir zum Schweigen bringen kann. Und dass das Seufzen einer erschöpften

Seele ein Ende hat; einer Seele, die sich dabei ertappt, dass sie denkt, sie wird niemals besser werden. Ist das möglich? Kann es sein, dass all diese unvollkommenen Fortschritte und unbeholfenen Schritte in Richtung Heiligung – diese verborgenen Schätze meiner genervten Reaktionen – mich tatsächlich an einen Ort bringen werden, an dem ich mehr Jubel und Freude erlebe als Trauer und Sorge?

Heute Morgen hat meine Freundin Sharon Sloan mir in einer Mail erzählt, dass sie in einem unbeherrschten Moment einen verborgenen Schatz entdeckt hat:

> *Gestern Abend saß ich in der Küche auf dem Fußboden, umgeben von Schulranzen, Büchern und Schulbroten, heulte und war total fertig. Äußerlich war ich fertig, aber innerlich war ich zerbrochen. Zerbrochen für Ihn. Auf wunderbare Art zerbrochen. Ich hatte den ganzen Tag »Miss Daisy und ihr Chauffeur« gespielt, oder genauer gesagt »Miss Eileen und ihr Chauffeur«, für meine liebe Mutter, die vor Kurzem ihren Führerschein abgegeben hat. Ich war ausgelaugt, erschöpft und zerbrochen. Dann musste ich mich um die Kinder kümmern – Fußball, Klassenarbeiten, Hausaufgaben – und um meine bessere Hälfte, meinen lieben Mann.*
>
> *Mitten in diesem hässlichen, genervten Zustand erkannte ich den Segen des Genervtseins. ... Wenn wir es zulassen, führt uns das Genervtsein dazu, demütig und wunderbar zerbrochen zu sein für Gott. Ich bete, dass ich immer öfter zerbrochen und immer seltener genervt sein werde. Aber wenn das Genervtsein mich zum Zerbrochensein führt, bin ich dankbar dafür.*[14]

Oh ja, ja, ja, meine Freundin! Genau das ist es! Das ist die Kehrseite unseres Versagens. Die Nerven zu verlieren ist tatsächlich nicht immer nur schlecht. Dadurch kann ich zwei ganz wichtige

Dinge erkennen: mich selbst – wie ich wirklich bin, und andere – wie sie wirklich sind.

Und wenn andere mir gegenüber ausrasten, dann muss ich daran denken, dass ihre äußeren Reaktionen auch nur Anzeichen für das sind, was sich in ihnen abspielt. Da ist Zerbrochenheit. Und auch wenn ihre unkontrollierten Reaktionen in mir keine zärtlichen und sanftmütigen Gefühle auslösen, so kann ich doch zärtlich und sanftmütig auf ihre Zerbrochenheit reagieren.

Auch sie haben tiefere Schichten

Das kotzt mich an. Das ist gewöhnlich mein erster Gedanke, wenn sich jemand mir gegenüber genervt verhält. Vielleicht habe ich eine unfreundliche E-Mail bekommen. Vielleicht macht jemand eine kleine verdeckt aggressive Bemerkung, die sich aber nicht so klein anfühlt. Vielleicht ruft mich jemand nicht mehr an und gibt mir damit zu verstehen, dass er oder sie mir aus dem Weg geht. Vielleicht hat jemand hinter meinem Rücken etwas Verletzendes über mich gesagt. Wie auch immer sich die genervte Reaktion äußert, es fühlt sich schlecht an.

Im Grunde kritisieren sie mich. Manchmal ist Kritik gerechtfertigt. Vielleicht habe ich etwas vermasselt und sollte besser noch einmal darüber nachdenken. Aber manchmal ist Kritik auch nur gemein. Und das kotzt mich richtig an. Aber wenn ich an diesem Punkt stecken bleibe, dann nützt das nichts.

Kann man scharfe Kritik auch noch anders sehen? Kann man über die Verletzung hinwegsehen, um zu erkennen, ob auch der andere eine tiefere Schicht hat, die ich beachten sollte?

Vor Kurzem habe ich ein bisschen bei Google gestöbert und bin auf einen Artikel über den Panzergürtelschweif gestoßen. Dieses faszinierende Geschöpf hat einen Panzer aus harten, stacheligen Schuppen, auf denen groß »Finger weg!« steht. Aber wie alle

Wesen mit einem harten Panzer hat auch er eine verwundbare Stelle.

Der harte Panzer des Panzergürtelschweifs zieht sich über den ganzen Rücken, die Beine und den Schwanz, aber sein Bauch ist weich. Wenn er bedroht wird, beißt sich die Echse in den Schwanz und rollt sich so zu einem stacheligen Ball zusammen, um Raubtiere abzuschrecken. In dieser Position dient sein ganzer Körper nur einem Zweck: seine einzige verwundbare Stelle zu verstecken und zu schützen.

Was hat nun dieses seltsame Wüstenlebewesen mit Kritik zu tun?

Bei dem Versuch, meine weiche Unterseite, meine tieferen Schichten, zu schützen, verwickle ich mich manchmal so sehr in mich selbst und vergesse dabei leider völlig die Unterseite meines Kritikers – die Stelle, an der der andere verwundbar ist, und die er mit seinen harten Worten und seinem abweisenden Äußeren vor mir versteckt und schützt. Diese Stelle wird er mir vielleicht nie zeigen. Es ist der Ort, an dem er seine Verletzungen und Enttäuschungen sammelt. Dort liegt die Wurzel seiner Skepsis und seiner Wut, die wahrscheinlich kaum etwas mit mir zu tun hat. Bedenken Sie: »Wovon das Herz erfüllt ist, das spricht der Mund aus!« (Matthäus 12,34b, Hfa). Und das, was mein Gegenüber in seinen tieferen Schichten gesammelt hat, spuckt er aus.

Wenn ich vergesse, dass auch der andere eine verletzliche Unterseite hat, dann bin ich versucht, selbst Verletzungen, Kritik, Skepsis, Wut und Enttäuschung anzusammeln. Wenn ich aber an diese verletzliche Unterseite denke, habe ich viel eher die Möglichkeit, alles im richtigen Verhältnis zu sehen.

Aber was, wenn die Kritik nicht nur eine bedeutungslose, schmerzhafte Erfahrung ist? Was, wenn Gott sie zulässt, damit er mich für etwas Gutes gebrauchen kann, wenn ich mich darauf einlasse? Ja, ich weiß, dass das nicht einfach ist. Mir wäre es lieber,

Gott würde mich auf einen Missionseinsatz zum Häuserbauen schicken, als mich mit meinen Problembereichen konfrontieren und damit anschließend einem kritischen, verletzten Menschen zu helfen.

Es ist schwierig. Aber es ist das, was Gott sich wünscht. Wir sollen Christus überall repräsentieren, wo wir hingehen, gegenüber allen Menschen, mit denen wir in Kontakt kommen. Deshalb repräsentieren wir ihn bei jeder Begegnung. Wenn ich mich positiv verhalte, erinnert mich Lukas 21 daran, dass ich dann dieser Person gegenüber Jesus bezeuge: »In alldem werdet ihr für mich Zeugnis ablegen. Nehmt euch schon jetzt fest vor, euch keine Sorgen darüber zu machen, was ihr dann zu eurer Verteidigung sagen werdet. Ich werde euch die Worte und die Weisheit geben, der alle eure Ankläger weder widersprechen noch widerstehen können« (Verse 13-15, WD).

Haben Sie das gelesen, dass wir uns das schon jetzt fest vornehmen sollen? Bevor die schwierige Situation kommt, sollen wir es uns fest vornehmen. Genau das tun wir in diesem Kapitel, indem wir über unsere tieferen Schichten nachdenken und über die der anderen. Wir nehmen uns von vornherein schon vor, uns keine Sorgen zu machen, nicht defensiv zu werden und Gottes Worte und seine Weisheit zu sammeln.

Wie einfach es doch ist, diese Worte zu schreiben und wie schwer, sie auszuleben!

Aber ich will Ihnen eine Geschichte erzählen, die vielleicht verdeutlicht, wie das im Alltag aussehen kann.

Vor Kurzem bekam ich eine E-Mail von einer Frau namens Abby, die sehr verletzt war, weil meine Organisation nicht mehr unternahm, um Frauen, die in der gleichen Lage waren wie sie, zu ermutigen. Als berufstätige Mutter kämpfte sie mit den Belastungen und Spannungen, zum Familienunterhalt beizutragen und sich gleichzeitig noch um die Kinder zu kümmern. Sie hatte einige

Zeit lang unsere Radiosendungen gehört und war enttäuscht, dass wir berufstätige Mütter so wenig ermutigten. Folgendes hat sie mir geschrieben:

Liebes Sprüche-31-Team,
ist Ihnen bewusst, dass Sie bestimmt viele berufstätige Mütter unter Ihren Zuhörern haben? Ich bin in einer sehr konservativen Familie aufgewachsen. Deshalb ist diese Konstellation für mich seltsam und alles andere als leicht. Aber es scheint im Moment wirklich dem Willen Gottes zu entsprechen. Leider gehört Ihre Organisation zu den schlimmsten, wenn es darum geht, berufstätige Mütter, wie ich eine bin, zu ermutigen.

Das Ironische an der Kritik in dieser Mail ist, dass ich selbst zu den berufstätigen Müttern gehöre. Zugegeben, ich arbeite die meiste Zeit von zu Hause, aber die Belastungen und Spannungen, gleichzeitig einen Haushalt und eine Organisation zu leiten, kenne ich ganz bestimmt. Sogar als ich diese E-Mail las, schmierte ich gerade nebenher Schulbrote auf einem Küchentisch voller Saftflecke, Krümel und Marmeladenklekse. Zwei meiner Kinder meckerten, dass es bei uns nie etwas Leckeres zu knabbern gibt und stritten sich um die letzte Apfelschorle. Die nächste versuchte mich davon zu überzeugen, dass es absolut ungefährlich sei, wenn sie bei ihrer Freundin im Auto mitfuhr, die gerade eben ihren Führerschein gemacht hatte.

Mitten in alledem hatte ich das Gefühl, dass gerade eine Leuchtschrift vor meinen Augen aufflackerte, die sagte: »Deine Organisation ist eine der schlimmsten, schlimmsten, schlimmsten!« Das Wort »schlimmste« schlich sich in mein Herz, wie eine Schlange, die sich durch das Gras schlängelt. »Schlimmste!« »Schlimmste Mutter.« »Du machst die schlimmsten Schulbrote.« »Schlimmste christliche Organisation.« »Du bist die Schlimmste!«

Moment mal. Das hatten wir doch schon einmal. Noch einmal falle ich nicht darauf herein. Wie waren doch gleich die Bibelverse, die ich mir in der Sache mit der Kreditkarte vorgesagt hatte?

»Alles menschliche Denken nehmen wir gefangen und unterstellen es Christus« (2. Korinther 10,5, Hfa).

»… orientiert euch an dem, was wahrhaftig … ist …« (Philipper 4,8, Hfa).

»Seht dahin, wo Christus ist, … Richtet eure Gedanken auf Gottes unsichtbare Welt« (Kolosser 3,1-2, Hfa).

Ich unterbrach die »schlimmsten« Gedanken, indem ich mir klarmachte, dass das eine harte Aussage von einer Frau in harten Umständen war. Die Mail sagte mehr über Abbys Verletzung aus als über mich und meine Arbeit. Ja, ich habe an die tieferen Schichten gedacht. Und mir wurde bewusst, dass es im Moment wichtigere Dinge gab, um die ich mich kümmern musste, wie zum Beispiel Apfelschorlen und das Benehmen meiner Kinder. Also rief ich Samantha an, eine meiner Mitarbeiterinnen, und bat sie, für eine freundliche Antwort an Abby zu beten. Ich wusste, dass Samantha nicht Verletzungen mit Verletzungen heimzahlen würde. Sie würde erkennen, dass Abby verletzt war und würde sanftmütig darauf reagieren.

Samantha schrieb folgende wunderbare Mail als Antwort:

Liebe Abby,
vielen Dank, dass Sie Ihre Bedenken geäußert haben. Es ist immer gut, wenn wir von unseren Zuhörern erfahren, was sie von unseren Sendungen halten. Wir bedenken jeden Vorschlag, den wir bekommen.
Ich konnte nicht herausfinden, welche Sendungen Sie gehört haben. Wenn Sie mich wissen lassen könnten, welche Sendungen es genau waren, die Ihnen nicht zugesagt haben, wäre das sehr hilfreich.

Wie es scheint, arbeiten Sie ziemlich hart und haben viel um die Ohren mit Beruf, Ehemann, Kindern und Haushalt. Wir verstehen die komplexe und besondere Situation, in der berufstätige Frauen stehen. Wir sitzen sogar im gleichen Boot! Jede von uns hat mehrere Hüte auf, in der Familie, im Freundeskreis, in der Gemeinde und bei Sprüche 31.
Meine liebe Schwester, Sie sollen wissen, dass wir nicht nur das schon durchgemacht haben, was Sie durchmachen, wir stecken mit Ihnen mittendrin! Unsere Sendungen und unsere gesamte Arbeit soll jeder viel beschäftigten Frau Gottes Frieden, Gottes Perspektive und Gottes Ziele für ihr Leben nahebringen. Wir sind bemüht, unsere Beiträge praktisch zu gestalten, damit sie für Frauen in den unterschiedlichsten Lebenslagen anwendbar sind.
Darf ich für Sie beten?
Herr, ich danke dir für Abby und ihr Verlangen, dich mit ihrem Geld zu ehren. Danke, dass du es ihr aufs Herz gelegt hast, sich mit Leidenschaft für ihre Familie und im Beruf einzusetzen. Es scheint, als sei sie begabt und sehr tüchtig. Wir bitten dich, dass du ihr wunderbare Augenblicke der Ruhe zwischen all ihrer Arbeit schenkst. Und ich bitte dich, dass du es ihr und ihrer Familie möglich machst, dass sie eventuelle Schulden schnell abbezahlen können. Segne Abby, indem du ihr mehr von deiner Wahrheit, von deinem Frieden und von deiner Freude schenkst.
In Jesu Namen, Amen.
Vielen Dank noch mal, Abby, für Ihre Rückmeldung und Ihre Themenvorschläge für unsere Radiosendung.
Möge Gott Ihnen heute seinen Frieden schenken,
Samantha

Wenige Stunden später bekam Samantha eine Antwort von Abby, die uns einen seltenen Blick auf die tieferen Schichten einer Frau und ihre Verletzungen gewährte. Ich fühlte mit ihr. Und unsere Vermutungen erwiesen sich als richtig – in ihrer ersten E-Mail ging es eigentlich gar nicht um uns. Das tut es fast nie in dieser Art von Mail. Es ging um andere Dinge, die tief in ihr schwelten. Abby schrieb:

Liebe Samantha,
Ihre rücksichtsvolle Antwort hat mich sehr berührt. Ich möchte mich bei Ihnen entschuldigen. Mir ist jetzt klar, dass ich vielleicht Botschaften, die ich über die Jahre anderswo gehört habe, auf Sprüche 31 projiziert habe.
Ihre Antwort hat mir gezeigt, dass ich trotz meiner Gebete dafür in diesem Bereich immer noch Bitterkeit/Wut/Groll in mir trage, die ich noch auf angemessene Art verarbeiten muss.
Vielen Dank auch für Ihr Gebet. Es hat mir sehr viel bedeutet. Ich werde auch für Ihre Arbeit beten. So Gott will, kann ich eines Tages vielleicht auch andere Menschen auf eine bedeutungsvollere Art erreichen.

Meine liebe Schwester, das ist nicht leicht, aber es ist gut. Es ist ein wesentlicher Teil unseres unvollkommenen Fortschritts. Mit jeder Begegnung dieser Art bekommen wir die Chance zu zeigen, dass Jesus der Herr unserer Herzen und unserer Reaktionen ist. Deshalb müssen wir daran denken, dass Jesus uns lehrt: »Bittet Gott um seinen Segen für alle, die euch verfolgen, ja, betet für sie, anstatt sie zu verfluchen« (Römer 12,14, Hfa).

Würden Sie mit mir gemeinsam diesen Fortschritt im Umgang mit dem Genervtsein als gut ansehen? Als gut für uns selbst, für unsere Reaktionen und vielleicht sogar dafür, dass andere Jesus in uns erkennen können?

Dazu müssen wir es wagen, um aufrichtige Herzen zu bitten. Wir müssen kritische Menschen nicht in unserer Mitte willkommen heißen und täglichen Umgang mit ihnen pflegen. Aber es ist etwas sehr Seltenes und Schönes, wenn wir in einer Situation mit Liebe reagieren, in der die meisten Menschen mit Hohn oder Missachtung reagieren würden.

Trauen Sie sich, Gott um seine überwältigende Liebe zu bitten – nicht Liebe für die Unfreundlichkeit, die von Ihrem Gegenüber kam, sondern Liebe für die Seele in der Person, die Gott geschaffen hat. Der andere gehört Gott. Gott liebt diesen Menschen. Dieser Mensch ist für ihn wertvoll, auch wenn er sein Verhalten nicht billigt. Wir sind für ihn wertvoll, auch wenn er unser Verhalten nicht billigt. Gott sei Dank!

Und ich frage mich, ob es uns nicht die Augen für einen ganz anderen Blickwinkel öffnen könnte, wenn wir – wie wir vielleicht meinen – unverdiente Liebe schenken. Ob wir dann wohl etwas sehen, was wir dringend sehen müssen – etwas über die anderen, über uns selbst, über Jesus? Wagen wir es, uns dafür zu entscheiden, uns in so einem Augenblick mehr von Jesu Geboten als von unseren Gefühlen bestimmen zu lassen? »Ich sage aber: Liebt eure Feinde und betet für alle, die euch verfolgen!« (Matthäus 5,44, Hfa)

Wenn jemand etwas Hässliches über mich sagt, überlege ich, woher das kommt. Das ist ein großartiger Rat, den wir alle schon einmal gehört haben, nicht wahr? Aber wäre es nicht wunderbar, wenn derjenige, der dieses unverdiente Geschenk der Liebe bekommen hat, auch überlegen würde, woher es kommt? Und wenn er oder sie dann nicht mich sehen würde, sondern Jesus, der in mir regiert? Das wäre genau das, was die Bibel in Apostelgeschichte 4,13 zeigt: »Die Mitglieder des Hohen Rates wunderten sich darüber, wie mutig Petrus und Johannes redeten; wussten sie doch, dass es einfache Leute ohne besondere Bildung waren. Aber *sie erkannten die beiden als Jünger Jesu wieder*« (Hfa, Hervorhebung vom Autor).

Ich wünsche mir, dass man das auch an meinem Leben erkennt! Ich wünsche mir, dass meine Worte und meine Liebe für die, die mich lieben – und noch mehr meine Liebe für die, die mich nicht lieben – zeigen, dass ich ein Jünger Jesu bin.

Ich, die genervte Frau, die es gewagt hat, einen Blick auf ihre tieferen Schichten zu werfen und dabei einige schwer zu erkennende Dinge entdeckt hat:

- Wunden.
- Zerbrochenheit.
- Möglichkeiten.
- Veränderung.
- Schritte in Richtung Heiligung.
- Unvollkommener Fortschritt.
- Die Verletztheit derer, die mich verletzen – ihre tieferen Schichten.
- Gnade.
- Liebe.
- Dass ich Jesus viel ähnlicher sehe als früher.

Und bei all dem habe ich entdeckt, dass Genervtsein nicht nur negativ ist.

Nachwort
Nehmen Sie die Einladung zum unvollkommenen Fortschritt an

Letzte Woche stand ich in der Küche und musste mich buchstäblich entscheiden, ob ich jetzt gnädig sein und lachen oder ob ich ausrasten sollte. Das war ganz einfach die Entscheidung, vor der ich stand. Und letzten Endes läuft alles doch genau darauf hinaus: eine Entscheidung.

Können Sie das nachvollziehen?

Natürlich können Sie das. Deshalb mag ich Sie so.

Es ging um die Einladungen zur Schulabschlussfeier meines Sohnes, die wir verschicken wollten. Wir erhielten sie zu spät, und sie waren, sagen wir mal, anders, als ich es erwartet hatte. Weil mein Sohn nicht das entsprechende Bestellformular für die richtigen Karten nach Hause gebracht hatte, enthielten die Einladungen nicht die gedruckten Namen der Gäste, sondern wir mussten sie per Hand einfügen. Statt eines Bildes mit Hut und Robe gab es ein irgendwo ausgegrabenes Bild aus der achten Klasse, bei dem wir das 2005 am unteren Bildrand abgeschnitten hatten, damit die Empfänger nicht anfingen, sich wegen dieses mathematischen Rätsels die Köpfe zu zerbrechen.

Und ich weiß auch, dass man eigentlich zwei Umschläge braucht – einen äußeren und einen inneren. Aber wenn man die äußeren vermasselt und keine in Reserve hat, muss man sich mit den inneren Umschlägen begnügen, die keinen Klebestreifen zum Verschließen haben. So mussten wir uns außerdem noch wegen der Flecken vom lila Klebestift entschuldigen, der in diesem Notfall zum Einsatz kam.

Ich stand also in der Küche, kommandierte mein Herz ein wenig herum und beschloss schließlich, mich von einer Wahrheit aus Sprüche 3 leiten zu lassen:

> *Gnade und Treue sollen dir nicht verloren gehen. Trage sie wie eine Kette um deinen Hals und schreibe sie dir tief in dein Herz. Dann wirst du freundlich und klug werden und Anerkennung bei Gott und den Menschen finden.* Sprüche 3,3-4 (NLB)

Ich wollte nicht, dass Gnade und Treue mir verloren gingen. Ich weiß nicht recht, ob ich sie mir wie eine Kette um den Hals legen will, aber ich will sie mir auf jeden Fall tief in mein Herz schreiben. Also lernte ich diese Verse auswendig oder ich hatte sie zumindest sinngemäß in meinem Kopf und in meinem Herzen. Und das half.

Auch wenn unsere Einladungen etwas exzentrisch aussehen, können Sie hoffentlich die Liebe erkennen, die in jedem Umschlag steckte. Ich hoffe, Sie können eine Mutter sehen, die so schrecklich stolz auf ihren Sohn ist, dass sie beschlossen hat, dass es nicht wirklich darauf ankommt, wie die Einladungen aussehen. Ich hoffe, Sie können das Lachen hören, das in jedem Umschlag steckt, weil eine Mutter beschlossen hat, dass die Freude über diesen Anlass die Notwendigkeit ordentlich gestalteter Einladungen bei Weitem überwiegt.

Außerdem wurde bei dieser Gelegenheit mein Bedürfnis nach ordentlich gemachten Dingen ganz bestimmt gezügelt, genau wie meine unkontrollierten Emotionen. Und Sie? Haben Sie auch bereits unvollkommene Fortschritte gemacht? Haben Sie immer noch manchmal das Gefühl, dass es mehr unvollkommen als Fortschritt ist? Ich auch. Aber ein anderes Mal bin ich von mir selbst überrascht, wenn ich in einer Situation nicht die Nerven verliere, in der ich früher ganz bestimmt ausgerastet wäre.

Ich denke, Sie verstehen mich. Und deshalb hat es mir solche Freude gemacht, mich mit Ihnen gemeinsam durch dieses Buch zu arbeiten. Es ist mehr als ein Haufen bedruckter, zusammengeleimter Seiten mit einem schicken Einband drum herum.

Während der Monate, an denen ich an diesen Seiten gearbeitet habe, habe ich erleben dürfen, wie die Gnade einiges geheilt und mir auch einiges gezeigt hat. Ich hoffe, Ihnen ging es beim Lesen genauso.

In diesem Buch haben wir sicherlich gemeinsam ein paar verrückte Dinge durchgemacht, nicht wahr? Die Urzeitkrebse, die sich zu einer Fliegenplage entwickelten, die »Schäm dich«-Mail, der Wutausbruch wegen der Cola Light, die Frau im Flugzeug, die »Bombe« geschrien hat, und jetzt noch die vermasselten Einladungen zur Schulabschlussfeier.

Ich bin mir sicher, dass Sie ebenfalls einige solcher Situationen erlebt haben – Situationen, in denen Sie sich gefragt haben: »Was soll das denn jetzt, Jesus? Warum erlebe ich jeden Tag ein Stück Zerbrochenheit? Es ist so frustrierend. Ich muss das Ganze mit deinen Augen sehen lernen … oder ich brauche eine Pause.«

So habe ich auch schon gebetet. Genau genommen gerade erst gestern.

Eine neue Herausforderung

Im Herzen müde, setzte ich mich mal wieder an meinen klebrigen Küchentisch und schlug mein abgenutztes Wahrheitsbuch auf – meine Bibel. Und was ich dort fand, war die perfekte Herausforderung für diesen Tag und vielleicht auch die perfekte

Herausforderung, die ich Ihnen zum Abschied mit auf den Weg geben kann – erst einmal. Gottes Wort sagt:

> *Sät als eure Saat Gerechtigkeit aus, so werdet ihr ernten, wie es der (göttlichen) Liebe entspricht. Nehmt Neuland unter den Pflug! Es ist Zeit, den Herrn zu suchen; dann wird er kommen und euch mit Heil überschütten.* Hosea 10,12 (EÜ)

Sät als eure Saat Gerechtigkeit aus. Wir sollen in unser eigenes Leben Samen der Gerechtigkeit einpflanzen – richtige Entscheidungen, die Gott ehren. Treffen Sie diese Entscheidungen. Entscheiden Sie sich, Gott mitten in alledem zu ehren. Auch wenn Sie verwirrt, entmutigt oder entehrt sind, ehren Sie ihn trotzdem.

So werdet ihr ernten, wie es der göttlichen Liebe entspricht. Jede Entscheidung, die Gott ehrt, bringt die Frucht seiner unerschöpflichen Liebe. Vergessen Sie nicht, dass uns nichts von der Liebe Gottes scheiden kann (Römer 8,38-39). Aber genau das ist die Taktik des Teufels: Er will Sie in Kleinigkeiten verstricken, damit Sie Gottes unerschöpfliche Liebe vergessen. Oder noch schlimmer: damit Sie an Gottes unerschöpflicher Liebe zweifeln. Widerstehen Sie diesen Ablenkungsmanövern, indem Sie in der Situation, in der Sie gerade jetzt stecken, Gott durch Ihre Entscheidung ehren.

Nehmt Neuland unter den Pflug. Wehren Sie sich nicht gegen den Segen, den die Zerbrochenheit bringt, wenn der Boden Ihres Herzens gepflügt wird. Den ungepflügten Boden Ihres Herzens aufzubrechen, bereitet Ihr Herz für neues Leben, neues Wachstum und eine neue Reife vor.

Es ist Zeit, den Herrn zu suchen. Suchen Sie Gott wie noch nie zuvor. Wenn wir Gott suchen, gehört es dazu, dass wir der Gnade in unserem Leben Raum geben. Geben Sie Gottes Gnade Raum in Ihren Gedanken, Ihrem Herzen und Ihrer Welt. Wie? Wenn Ihre Lebensumstände Sie auslaugen, versuchen, Sie diese Leere als

Chance zu sehen. Statt aus Ihrer Leere heraus zu reagieren, sehen Sie Ihre Leere als den perfekten Ort, an dem die Gnade wachsen kann.

Dann wird er kommen und euch mit Heil überschütten. Wenn Sie denen, die es nicht verdient haben, Gnade schenken, wird der Himmel seine Gnade wiederum über Ihnen ausgießen.

Wir wachsen. Wir sind in der Lage, immer mehr richtige Entscheidungen zu treffen, die Gott ehren. Wir fangen an, das Leben und die Menschen – und ärgerliche Situationen – mit anderen Augen zu sehen. Und wir wagen sogar ein leises »Danke«, wenn wir immer und immer wieder Gottes Gnade Raum geben müssen.

Und wir werden ihr immer wieder Raum geben müssen. Derselbe liebe Junge, der die Einladungskarten zu seiner Schulabschlussfeier vermasselt hat, hat die Treue und Güte, die ich mir gerade ins Herz geschrieben hatte, erneut auf die Probe gestellt und mir die Gelegenheit gegeben, Gottes Gnade noch mehr Raum zu geben – indem er meine Mikrowelle geschmolzen hat.

Mehr Gnade

Erinnern Sie sich noch an die Geschichte mit dem Jungen, der die Mikrowelle geschmolzen hat? Ich denke, ich sollte Ihnen einmal die ganze Geschichte erzählen. Kennen Sie den Gestank von Popcorn, das zu lange in der Mikrowelle war? Der schlimmste Gestank, den es gibt, richtig?

Falsch.

Ein Keks in Alufolie, der so lange in der Mikrowelle war, bis das Innere der Mikrowelle buchstäblich geschmolzen ist – das ist ein Gestank, den ich nicht wirklich beschreiben kann. Er ist grausam. Und ich bin mir ziemlich sicher, dass er auch irgendwie giftig ist. Vor allem für eine Mutter, die riechen kann, ob ihr Kind es wagt, angekautes Pfefferminzkaugummi, tief im Schulranzen versteckt, mit nach Hause zu bringen. Und ja, ich nehme immer nur Zimt bei allem. Aber das ist eine andere Geschichte.

Der Geschmolzene-Mikrowelle-verkohlter-Keks-Gestank war das Ergebnis eines Möchtegern-Mannes, der beschlossen hatte, dass Kekse erst gründlich in der Mikrowelle heiß gemacht werden mussten, bevor man sie verzehrte. Als ich in die Küche eilte, um nachzusehen, was um alles in der Welt den Geruch verursachte, der in mein Büro geweht kam, zuckte mein Sohn nur mit den Schultern und meinte lapidar: »Äh, ich glaube, der Mikrowelle hat mein Keks nicht so gefallen.«

In mir kämpften zwei Gedanken darum, was jetzt als Nächstes aus meinem Mund kommen sollte.

Gedanke Nr. 1: Ich glaube, in dieser Situation sollte ich völlig zu Recht einen richtigen Wutanfall bekommen, inklusive völlig irrationaler Aussagen, wie zum Beispiel: »Wie oft habe ich dir schon gesagt, dass du keine Alufolie in die Mikrowelle tun sollst? Du darfst die Mikrowelle nie, nie, nie, nie wieder benutzen. Nicht einmal in der Ewigkeit. Ich werde Jesus sagen, dass du seine Mikrowellen im Himmel nicht benutzen darfst.«

Das ist doch sehr erwachsen.

Gedanke Nr. 2: Denke an die Lektion, Raum für Gnade zu lassen, die du erst heute Morgen gelernt hast. Du hast diesen Vers in Hosea nicht nur gelesen, um deine obligatorische Stille Zeit zu machen. Du hast ihn gelesen, damit Gott dich auf das vorbereiten konnte, was er schon kommen sah. Nun lass Gottes Wahrheit in dir wirken.

Triff die richtige Entscheidung, die Gott ehrt. Lass nicht zu, dass Satan dich von dem Guten, das Gott für dich hat, abhält.

Lass es zu, dass dein Herz umgepflügt wird, damit Reife und

ein neuer Blickwinkel der Geduld entstehen und du das leise Flüstern der Wahrheit hörst.
Wenn diese Situation dich auslaugt, dann fülle die Leere mit Gnade auf. Gib die Gnade weiter, die Gott dir so großzügig immer und immer wieder schenkt. Und wenn du das tust, dann wird er die Schleusen des Himmels öffnen und dich mit noch mehr Gnade überschütten. Seine Gnade hört nie auf. Seine Gnade reicht vollkommen.

Mir war danach, dem ersten Gedanken nachzugeben. Aber ich entschied mich bewusst dafür, mich von Gedanke Nr. 2 leiten zu lassen. Anstatt das Problem noch schlimmer zu machen, nutzte ich die Gelegenheit für eine wichtige Lektion. Mein Sohn lernte, wie mühsam es ist, Gestank aus dem Haus zu bekommen. Ich glaube, diesen Fehler wird er so schnell nicht wieder machen.

Aber er war nicht der Einzige, der etwas aus dem verkohlten Keks lernte. Ich lernte auch etwas. Ich bin tatsächlich in der Lage, den Raum für Gnade in meinem Herzen auszudehnen. Ich kann tatsächlich eine geduldige Frau sein, was ich manchmal schon nicht mehr für möglich gehalten habe. Ich muss mich nur für die Geduld entscheiden. Oder für die Sanftmut. Oder die Gnade. Es ist eine Entscheidung.

Jaaa – unvollkommener Fortschritt – ein gesundes Seelenleben – und mehr Raum für Gnade.

Ich hatte unrecht

Mit Gnade haben wir diese Reise begonnen, und mit Gnade werden wir sie auch beenden.

Aber ich muss zugeben, dass ich unrecht hatte, was Gottes Gnade betrifft. Ich hatte unrecht mit etwas, das für uns Jesus-Frauen ganz wichtig zu wissen und auszuleben ist.

Jahrelang habe ich mit dieser nagenden Angst gelebt, dass ich den Bogen bei Gott irgendwann einmal überspannen würde. Ich hatte Angst, dass ich alle meine zweiten Chancen aufbrauchen und der Strom seiner Gnade plötzlich austrocknen würde. Was einst so süß floss, wäre dann wie der eingetrocknete Rest in einem Glas. Ich würde das Glas seiner Gnade ansetzen, aber heraus käme nur noch abgestandene Luft.

Ich war mir sicher, dass das passieren würde, weil mein geheimes Ich sich immer noch im Schatten meines Vorzeige-Ichs versteckte. Mein äußeres Ich ist einigermaßen gut, freundlich und großzügig. Es ist nicht vollkommen, aber es bleibt normalerweise ruhig, ist fröhlich, locker und singt gerne laut. Den wirklichen Text beachten wir lieber nicht. Warum soll ich nicht »Happy Birthday to you – Marmelade im Schuh« singen, wenn es sich doch reimt? Oh.

Das äußere, vorzeigbare Ich entspricht den christlichen Idealen und den Bibelversen, die ich auswendig gelernt habe. Ich lese Bücher und setze die Ratschläge um. Und meistens bin ich auch eine gute Freundin, Ehefrau, Schwester und Mutter. Noch einmal: Ich bin nicht perfekt. Aber ich bin gar nicht so schlecht.

Und immer wenn ich denke, das versteckte Ich sei nur noch eine Erinnerung aus vergangenen Zeiten, kommt es aus dem Schatten hervor. Es schreit. Es spielt verrückt. Oder es unterdrückt Dinge und schmollt vor sich hin. Es ist wie ein Wirbelsturm, völlig außer Kontrolle. Es ist destruktiv und chaotisch und voller Bitterkeit. Es ist ein schreckliches Gefühl zu wissen, dass dieser Wirbelsturm am Rande der fröhlich-flotten Frau lauert, die ich so gerne wäre.

Völlig außer Atem und in der verzweifelten Sehnsucht, die trockenen, rissigen Stellen meiner Seele zu befeuchten, rannte ich zum Glas der Gnade. Immer wieder hatte ich Angst, dass es *jetzt* soweit war – die Gnade würde versiegt sein. Gott hatte endgültig genug von mir. Diesmal würde er sagen: »Geh weg!«

Ich dachte, dass Gott das eines Tages sagen würde, weil ein Vater das manchmal sagt. Oder ein Freund oder der Ehepartner oder jemand anderer, den wir lieben. Und sie meinen es ernst. Dann verlassen sie uns oder stoßen uns von sich. Sie verlassen mich nicht wegen meines äußeren Ichs. Sie verlassen mich, weil sie das versteckte Ich entdeckt haben und es nicht mögen. Wer könnte ihnen einen Vorwurf machen? Ich mag es ja auch nicht. Und ich frage mich, wie Gott es mögen, geschweige denn lieben kann.

Diese Gedanken sind ein Problem. Es gibt keine zwei Ichs. Es gibt nur ein Ich. Wenn ich zu glauben beginne, dass Gott einen Teil von mir nicht annimmt, dann glaube ich im Grunde der Lüge, dass Gottes Liebe Bedingungen stellt und von meinen Leistungen abhängt. Ich werde mein äußeres Ich dazu bringen, immer und immer und immer wieder zu versuchen, Leistung zu bringen, damit ich seine Liebe oder seine Gnade verdiene. Und die ganze Zeit versuche ich immer und immer wieder, das versteckte Ich zum Schweigen zu bringen und zu verjagen.

Diese Gespaltenheit ist der eigentliche Kampf der unbeherrschten Frau. Die Frau mit den zwei Seiten – einer guten und einer bösen. Einer bestärkten und einer beschämten. Und obwohl sie die meiste Zeit als das gute und vorzeigbare Ich verbringt, kann schon ein kleines bisschen von dem versteckten Ich alles ruinieren.

Aber genau hier hatte ich unrecht. Gott hat keinen begrenzten Vorrat an Gnade.

In der Weltwirtschaft sind die Vorräte begrenzt, aber nicht in Gottes Wirtschaftssystem.

Ja, ich hatte unrecht. Sehr unrecht.

Und es war Eva, die erste Frau der Bibel, die mir geholfen hat, die Wahrheit zu entdecken. Vom Anfang der Zeitgeschichte an ist Gott sehr sanft mit den Frauen umgegangen. Eva war das perfekte Beispiel für eine unbeherrschte Frau. Sie war gut und böse. Sanft wie eine Brise, aber zum Wirbelsturm der Sünde verführt.

Wissen Sie noch, wie Adam und Eva von der verbotenen Frucht

gegessen haben und dann aus dem Garten Eden verbannt wurden? Jedes Mal, wenn ich die Geschichte gelesen habe, dachte ich, sie mussten das Paradies zur Strafe verlassen. Weil Gott von ihnen enttäuscht war. Gott gab ihnen, was sie verdient hatten.

Aber ich hatte unrecht.

Im Garten Eden gab es zwei ganz besondere Bäume. Einer war der Baum der Erkenntnis von Gut und Böse. Das war der mit der verbotenen Frucht. Der andere war der Baum des Lebens. Das war der Baum, der Adam und Eva immer neues Leben schenkte – ohne Krankheiten, ohne Tod, ohne schlaffe, faltige Hautpartien. (Na schön, beim letzten Punkt bin ich mir nicht ganz sicher, aber ich verlasse mich darauf, dass es im Himmel so sein wird.)

Wie auch immer.

Als sie vom Baum der Erkenntnis von Gut und Böse aßen, kam die Sünde in die Welt und hat alles verdorben. An dieser Stelle führte Gott Adam und Eva aus seiner großen Liebe und zärtlichen Gnade heraus aus dem Garten – nicht aus Wut und Rache.

Sie mussten gehen. Hätten sie bleiben dürfen, dann hätten sie weiterhin vom Baum des Lebens gegessen, hätten ewig gelebt und hätten sich ewig im Schmutz der Sünde und der ganzen Zerbrochenheit, die die Sünde mit sich bringt, gewälzt. Und Gott konnte diese Aussicht für die Menschen, die er liebte, nicht ertragen. Deshalb zwang er sie in seiner Liebe, zu gehen.

Und in seiner Liebe und Gnade schickte Gott schließlich Jesus, um die Menschheit einzuladen, zurückzukommen. Zurück aus der Sünde. Zurück aus der Zerbrochenheit. Wenn wir nur Jesus Christus als unseren auferstandenen Herrn bekennen, dann wird Gottes Gnade niemals enden.

Von der Zerbrochenheit zur Erlösung, wo Barmherzigkeit und Gnade uns auf beide Wangen küssen.

Zerbrochenheit, wo wir zutiefst zerrissen sind.

Erlösung, wo Gott uns wieder zusammenflickt.

Barmherzigkeit, wenn wir nicht die Strafe bekommen, die wir verdient haben.

Gnade, wenn wir die überreiche Liebe geschenkt bekommen, die wir nicht verdienen.

Und so stehen wir da.

Und ich möchte Ihnen nun zusprechen: *»Gott liebt Sie. Gott liebt Sie genau jetzt. Gott liebt Sie, wenn Sie die Nerven verlieren. Gott liebt Sie, wenn Sie Dinge unterdrücken. Gott liebt Sie, wenn Sie in die Luft gehen. Er liebt Sie, wenn Ihr Seelenleben gesund ist, und er liebt Sie, wenn es nicht gesund ist. Er liebt Sie. Er liebt Sie. Er liebt Sie. Er liebt Sie so sehr, dass er sich weigert, Sie an dieser Stelle festsitzen zu lassen. Nehmen Sie seine Hand, vertrauen Sie seiner Liebe, und folgen Sie der wunderbaren Gelegenheit zum unvollkommenen Fortschritt.«*

Natürlich wird uns das Genervtsein immer noch überfallen und versuchen, uns in seine wilden und unvorhersehbaren Gedankengänge zu entführen. Aber Sie sind eine neue Schöpfung, genau wie ich. Wenn Sie mich also zufällig im Supermarkt treffen und sehen, dass ich das vergesse und gerade ein wenig die Nerven verliere, dann flüstern Sie mir einfach sanft zu: »Es ist eine Entscheidung. Entscheide dich für den unvollkommenen Fortschritt, meine Freundin«, und erinnern Sie mich lächelnd an diese Hoffnung.

Hinweis

Solche Kämpfe mit ungebändigten Gefühlen können gelegentlich auch ein kritisches Ausmaß annehmen. Wenn Sie oder ein Ihnen nahestehender Mensch meinen, dass Ihre Wut oder Ihre Niedergeschlagenheit ein ungesundes oder sogar schädliches Ausmaß angenommen haben, nehmen Sie bitte ärztliche Hilfe in Anspruch.

Stellen Sie Ihren Reaktionstyp fest

In den Kapiteln 4-6 haben wir über die vier verschiedenen Reaktionstypen gesprochen:

- der explosive Typ, der sich selbst die Schuld gibt,
- der explosive Typ, der anderen die Schuld gibt,
- der Unterdrücker, der Mauern baut,
- und der Unterdrücker, der Steine für die Vergeltung sammelt.

Um einen ersten Eindruck davon zu bekommen, welcher Reaktionstyp Sie sind, beantworten Sie einfach die Fragen auf den folgenden Seiten.

Denken Sie bei der Beantwortung der Fragen immer nur an eine bestimmte Beziehung. Wie wir bereits gesehen haben, variiert unsere Reaktion je nach Art der Beziehung.

1. Stellen Sie sich eine Person aus Ihrem Leben vor: Ihre Mutter, Ihren Ehepartner, Ihr Kind, Ihren Chef, etc.
2. Wenn Sie mit dieser Person im Konflikt stehen, tendieren Sie dann dazu, Ihre Verärgerung nach außen zu zeigen? Oder brüten Sie eher insgeheim darüber?
   - Wenn Sie darüber brüten oder erst einmal alleine sein wollen, um zu entscheiden, ob Sie die Sache ansprechen oder

nicht, dann verarbeiten Sie die Dinge in dieser Beziehung wahrscheinlich innerlich und Sie finden sich in der oberen Hälfte des Diagramms wieder.

- Wenn Sie darüber sprechen oder schreien, dann verarbeiten Sie die Dinge in dieser Beziehung wahrscheinlich äußerlich und Sie finden sich in der unteren Hälfte des Diagramms wieder.

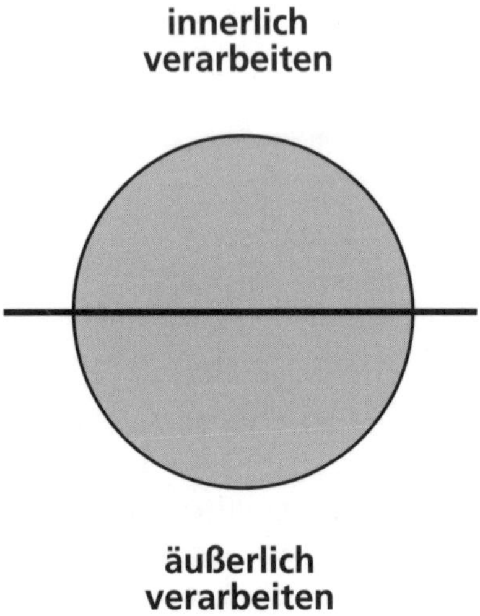

3. Wenn Sie dieser Person gegenüber ein Problem ansprechen müssen, sprechen Sie es dann direkt an beziehungsweise streiten Sie mit der Person, oder tun Sie so, als sei alles in Ordnung?
   - Wenn Sie dazu tendieren, das Problem direkt anzusprechen, dann sind Sie jemand, der Dinge ausdrückt und Sie finden sich auf der linken Seite des Diagramms wieder.
   - Wenn Sie dazu tendieren, das Problem nicht anzusprechen und stattdessen so zu tun, als sei alles in Ordnung, sind Sie jemand, der Dinge unterdrückt und Sie finden sich auf der rechten Seite des Diagramms wieder.

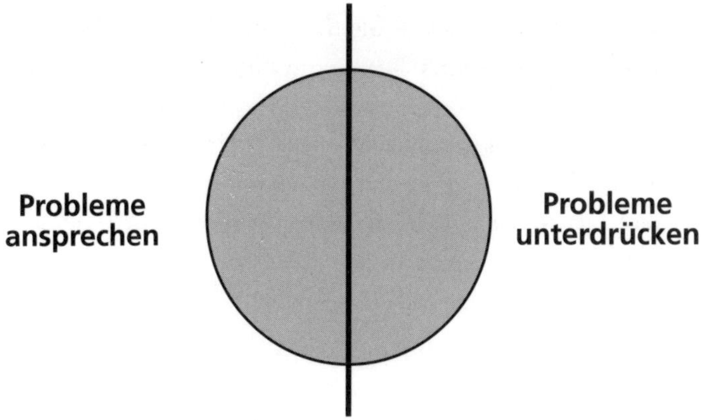

4. Nachdem Sie jeden dieser Punkte bestimmt haben, können Sie sehen, in welchen Sektor des nachfolgenden Diagramms Sie sich einordnen können und können nun Ihren Reaktionstyp in dieser speziellen Beziehung festlegen.
5. Bedenken Sie die folgenden wichtigen Dinge:
   - Sie werden wahrscheinlich je nach Art der Beziehungen in unterschiedliche Sektoren des Diagramms fallen. Denken Sie also über verschiedene wichtige Beziehungen in Ihrem Leben nach und werten Sie jede davon auf diese Art aus.
   - Wir wollen diese Bezeichnung nicht als Verurteilung sehen. Sie soll uns nur sanft auf Bereiche hinweisen, an denen wir arbeiten müssen. Wenn wir die Strategien in diesem Buch anwenden, können wir uns auf den Weg zu gesünderen Reaktionen machen – was wiederum zu gesünderen Beziehungen führt.
   - Wenn Sie dazu tendieren, Probleme anzusprechen, hat das eine sehr positive Seite: Sie sind ehrlich! (Siehe das nächste Diagramm.) Denken Sie nur daran, Ihre Ehrlichkeit mit dem göttlichen Prinzip des Friedenstiftens auszugleichen.
   - Wenn Sie dazu tendieren, Probleme zu unterdrücken, hat

das eine sehr positive Seite: Sie können gut Frieden stiften. (Siehe nachfolgendes Diagramm.) Denken Sie nur daran, Ihre Fähigkeit, Frieden zu stiften, mit gottesfürchtiger Ehrlichkeit auszugleichen.

- Ziel dieser Übung ist ein »gesundes Seelenleben«, wie es das Zentrum des nachfolgenden Diagramms darstellt. Ein gesundes Innenleben kommt zustande, wenn wir in allen unseren Beziehungen ehrlich und friedfertig sind.

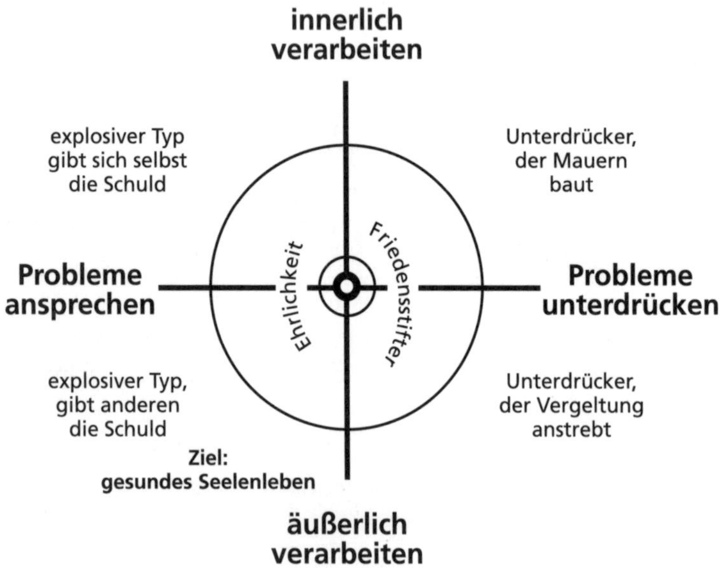

Anmerkungen

1 Tiller, Mike: »Within These Walls«. My Daily Bread. Siehe: www.TheBible.net/modules.php?name=Read&cat=24&itemid=362
2 Walvoord, John F. und Roy B. Zuck, Hrsg.: The Bible Knowledge Commentary, Old Testament. Victor Books, Wheaton 1985. Siehe Erklärung zu Josua 5,12-6,20.
3 Cowman, Mrs. Charles E.: Streams in the Desert. Zondervan, Grand Rapids 1999, überarb. Aufl., Beitrag vom 1. September.
4 Townsend, Dr. John: Beyond Boundaries. Zondervan, Grand Rapids 2011, S. 39-40.
5 Groeschel, Craig: Soul Detox. Zondervan, Grand Rapids 2011, S. 171.
6 Salovey, Peter und Judith Rodin: »Some Antecedents and Consequences of Social-Comparison Jealousy«, Journal of Personality and Social Psychology. 1984, Bd. 47, S. 780-792.
7 Eugene H. Peterson: The Message. NavPress, Colorado Springs 2002.
8 http://gitzengirl.blogspot.com/
9 Leaf, Dr. Caroline: Who Switched Off My Brain? Thomas Nelson, Nashville 2009, überarb. Aufl., S. 52.
10 Kandel, E. R., J. H. Schwartz und T. M. Jessell, Hrsg.: Principles of Neural Science. McGraw Hill, New York 2000, 4. Aufl.
11 Leaf: Who Switched Off My Brain?, S. 53.
12 Aus einem noch nicht erschienenen Buch von Bonnie Gray: Spiritual White Space. Revell, und ihrem Blog: »White Space and Soul Rest«, http://www.faithbarista.com/2011/03/i-stress-therefore-i-am-10-ways-to-de-stress-soul-rest-series-kick-off/.
13 Catron, Jenni: »The Underbelly«. Eintrag aus ihrem Blog »Leading in Shades of Grey«, http://www.jennicatron.tv/the-underbelly/.
14 Sharon Sloan schreibt täglich in zwei wunderbaren Blogs: www.histablefortwo.blogspot.com und www.joyinthetruth.blogspot.com

MIX
Papier aus verantwortungsvollen Quellen
FSC
www.fsc.org
FSC® C014496

Verlagsgruppe Random House FSC®N001967
Das für dieses Buch verwendete FSC®-zertifizierte Papier
Enso Classic 95 liefert Stora Enso, Finnland.

Die Bibelzitate wurden, wenn nicht anders vermerkt,
der folgenden Bibelübersetzung entnommen:
Willkommen daheim von Fred Ritzhaupt Gerth Medien GmbH, Asslar 2009.
Außerdem wurde vereinzelt aus den folgenden Übersetzungen zitiert:
Hoffnung für alle, Brunnen Verlag, Basel und Gießen 1983, 1996, 2002. (Hfa)
Neues Leben. Die Bibel, SCM R.Brockhaus im SCM-Verlag GmbH & Co. KG,
Witten 2002 und 2006. (NL)
Einheitsübersetzung der Heiligen Schrift, Katholische Bibelanstalt,
Stuttgart 1980. (EÜ)
Schlachter Übersetzung, Genfer Bibelgesellschaft 2000. (SLT)
Neue Genfer Übersetzung – Neues Testament und Psalmen,
Genfer Bibelgesellschaft 2011. (NGÜ)
Neue evangelistische Übersetzung, Karl-Heinz Vanheiden 2013. (NEÜ)

Die amerikanische Originalausgabe ist im Verlag
Zondervan, Grand Rapids, Michigan 49530, USA erschienen
unter dem Titel »Unglued«.

1. Auflage 2014
Best.-Nr. 816920
ISBN: 978-3-86591-920-5

Umschlaggestaltung: Björn Steffens
Titelfoto: Shutterstock
Satz: Vornehm Mediengestaltung GmbH, München
Druck und Verarbeitung: GGP Media GmbH, Pößneck
Printed in Germany